百濟復興運動研究

金榮官 著

■ 머리말

　내 고향은 충북 청원군 강외면 상봉리이고, 강 건너가 충남 조치원이다. 백제에 관심을 갖게 된 것은 대학 입학 전부터였다. 고향이 충청도 백제 땅이라는 것이 우선 백제사에 관심을 갖도록 하였다. 내가 태어나고 자란 고향에는 주변에 백제시대의 고분과 산성이 흩어져 있었다. 우리 밭둑에는 부처님이 한 분 앉아계셨다. 옆집에서는 집을 짓다가 삼국시대 금동불이 출토되었고, 아랫마을에서는 고구려계 귀걸이가 출토되어 9시 뉴스에 나온 일도 있었다. 이런 주변 환경 속에서 자라면서 역사에 대해 관심을 갖게 되었고, 『三國遺事』를 구해 읽게 되면서부터 삼국시대의 역사에 더욱 흥미를 느끼게 되었다. 특히 내 고향이 공주와 멀지 않고 청주와도 가까워서 백제와 관련이 깊은 곳이라는 것도 깨닫게 되었다. 이런 관심이 확대되어 충북대 사학과에 입학하게 되었고, 유물과 유적에 대한 관심은 나를 자연스럽게 박물관으로 이끌었다.
　한국고대사를 공부하기 위해서는 고고학과 미술사에 대해서도 기본적인 지식을 갖추어야 된다는 주변의 조언은 4년 간 학교 박물관에서 유물조사와 발굴현장을 따라다니게 만들었다. 그래서 그런지 아직 내 전공이 고고학이라고 생각하는 사람도 있다. 더구나 대학 졸업 후 취직한 곳이 박물관이었고 여태 박물관에서 일하면서 공부하고 있으니 내 전공이 고고학이라고 알려진 것이 어찌보면 당연한지도 모른다.
　고고학을 통해 백제사를 공부하고 연구하는 일도 매우 의미있고 중요한 일이지만, 우선 내 호기심을 해결하기 위해서 문헌에 관심을 가졌다. 『三國史記』와 『日本書紀』, 『隋書』, 『唐書』, 『資治通鑑』 등의 역사서를 구해 읽노라면 모르는 부분과 이해하기 어려운 부분이 너무도 많아졌다. 특히 백제사와 관련한 기록을 보면 더욱 그러했다. 게다가 국내에서 출판된 책을 찾아보아도 몇 권 되지 않았고, 관련 논문도 그다지 흡족한 편이 아니었다.

지금 생각해 보면, 백제사에 대한 갈증이 초학자가 가질 수밖에 없는 당연한 것이고 쉽게 해소될 수 있는 것이 아니라고 판단되지만, 내가 조금 공부하면 금방 해결할 수 있을 것 같다는 생각이 앞섰던 것 같다. 정말 치기어린 만용이었다. 이런 만용은 우선 문헌사료를 통해서 백제의 역사에 대해 공부한 다음에 고고학을 공부하는 것이 옳겠다는 판단을 하게 했다. 박물관에서 선배들을 따라 지표조사와 발굴조사를 다니고, 수집한 자료를 정리하고 보고서를 쓰는 과정을 지켜보면서 문헌사료에 대한 중요성을 먼저 깨닫게 되었다. 문자로 기록된 것도 다 알지 못하면서 유적과 유물을 통해 무언가 역사적인 사실을 알아내려고 한다는 것이 내겐 무리한 시도로 보였다. 먼저 있는 기록부터 제대로 알고 나서 유적과 유물을 공부하는 것이 순서라고 생각되었다.

나는 백제사에 대한 호기심을 닥치는 대로 책과 논문을 읽어대는 것으로 해소하려 하였다. 그런데 3학년 말에 졸업논문을 작성할 준비를 해야 했고, 무언가 논문주제를 잡아야만 했다. 막상 어떤 주제를 잡아서 논문을 작성하여야 할지 고민하다가 선택한 것이 '백제부흥운동'이었다. 교과서에 복신과 도침, 흑치상지가 멸망한 나라를 다시 일으켜 세우려고 부흥운동을 전개했다는 한 구절 밖에 나와 있지 않은 것에 관심이 갔다. 백제가 멸망한 것에 대한 아쉬움도 내심 있었던 차라 졸업논문 주제로 냉큼 결정을 했던 것이다. 『三國史記』를 중심으로 사료를 정리하고 『日本書紀』와 『唐書』, 『資治通鑑』에서 관련되는 기록들을 추출하여 정리한 다음 글을 써나갔다. 그리고 관련되는 논문들을 찾아 읽어보고 참고하려 했으나 마땅치 않았다. 대개가 백제부흥운동의 중심지였던 주류성이 어디고 백강이 어디에 있었다는 것을 밝히는 정도에서 그쳤지 백제부흥운동의 전모에 대해서 알려주는 글은 찾을 수가 없었다. 이러저러한 문제가 있다는 것을 알고 또 내 자신의 능력도 없다는 것을 알았지만, 다행히 찾아가서 도움을 청할 선생님이 계셨다. 이 때 찾아가서 의논한 분이 지금의 내가 백제사를 공부하게끔 만들어 주신 양기석 선생님이셨다. 선생님의 가르침 덕분에 졸업논문을 제출할 수 있었고, 지금까지도 내 백제사 연구에 지남철이자 버팀목이 돼주시고 계신다. 백제사에 대한 관심은 내가 대학원에 진학하고, 박물관에 취직하여 생활하면서도 계속되었다. 특히 백제부흥운동에 대한 궁금증은 언젠가 해소해야 할 문제로 남아 있었다.

내 궁금증은 백제부흥운동이 왜 일어나게 되었는가하는 문제에서부터 시작하여, 어떤 사람들이 주도하였고, 어디에서 일어났으며, 어떤 방식으로 전개되었는가하는 기초적인 문제들이었다. 백제를 멸망시킨 신라와 당에서는 백제부흥운동을 어떻게 진압했으며, 신라와 당의 입장은 어떠했는가에 대한 궁금증도 포함되어 있었다. 그리고 주변 국가인 고구려와 왜는 백제 멸망과 백제부흥운동의 전개에 따라 어떤 반응을 보이고 조치를 취했는지에 대해서도 알고 싶었다. 또한 백제부흥운동이 성공하지 못한 이유에 대해서도 알고 싶었고, 어떤 역사적인 의미를 가지는지에 대해서도 나름대로 해석을 해보고 싶었다. 다만 지금까지 논의의 중심이었던 역사지리적인 문제는 백제부흥운동의 본질을 밝히는 문제와는 약간의 거리가 있는 문제이므로 다른 기회를 이용하고자 간략히 짚어보는 선에서 마무리 하였다. 백제부흥운동에 대한 전반적인 내용을 다루다보니 엉성한 부분도 많이 보이지만, 백제부흥운동에 대한 개괄적인 이해에는 약간의 보탬이 될 수 있는 부분도 있을 것이다. 부족하지만 이 책이 백제사 연구에 도움이 될 수 있다면 다행이겠다.

1987년 말에 시작된 백제부흥운동에 대한 나의 관심은 2003년 박사학위논문이 되었고, 2005년 봄 박사학위논문을 약간 다듬고 보완하여 책으로 만들어 세상에 내놓게 된 것이다.

이 책을 펴내는 데는 많은 분들의 도움이 있었다. 모교인 충북대학교 사학과의 김진봉, 이석린, 김정화, 오광호, 신영우 선생님은 학부시절 필자가 학문적인 첫 걸음을 내디딜 때부터 지금까지 질책과 격려를 아끼지 않으셨다. 그리고 역사교육과의 정선영, 차용걸, 신호철, 홍성표, 전순동, 최병수 선생님의 가르침 역시 각별하여 잊을 수 없다. 단국대학교의 차문섭, 송병기 선생님의 배려 또한 잊을 수 없다.

단국대학교 사학과의 고 이호영 선생님은 대학원 석박사 과정의 지도교수로서 시골내기를 감싸 안아주셨다. 그리고 이화여대 신형식, 상명대의 최규성, 고려대의 최광식, 단국대의 박경식 선생님은 박사학위논문 심사를 맡아 거칠고 부족하기만한 논문을 고치고 다듬어 주셨다.

충북대학교 박물관에서 동고동락하던 우종윤, 김성명, 길경택, 정동찬, 하문식, 김석훈, 우장문, 홍순두, 이윤석, 윤용현, 노병식 선배는 옛날을 그립게 만들고, 남상식, 서난원, 오문선, 권기윤 등 동기와 후배들과 쌓은 정도 너무 두터워 잊혀지질 않는다. 단국대 동양학연구소의 박찬규, 김세봉 선배와 충북학연구소의 김양식 선배, 김삼현 선배 모두에게 고맙다. 친구인 이창송은 전공도 다른 내 논문을 일일이 읽어내느라 무던 애를 썼다.

빈 내 마음에 아름다운 기억을 채워준 잊지 못할 사람에게도 고마움을 전하고 싶다. 서경문화사의 김선경 사장님은 보잘 것 없는 글을 책으로 엮어주셨다. 고맙다는 말씀 다시금 전하고 싶다.

이 책의 출간을 돌아가신 아버지께 고하고, 어머니께 영광을 돌린다.

2005년 3월

김 영 관

CONTENTS

제 1 장

序論

백제의 멸망은 국가간의 세력균형을 무너뜨려 동아시아의 국제질서가 개편되는 단초가 되었다. 당은 동아시아 제국 중 강력한 라이벌이던 고구려를 제압하고 당 중심의 지배질서를 동아시아국가에 강제할 수 있을 만큼 강력한 국가로 자리매김 할 수 있게 되었다. 신라는 6세기에 있었던 가야제국의 통합에 이어 적대적이던 백제를 멸망시킴으로써 한반도 남부에서 역사적인 주도국가로 떠오르게 되었고, 이어 당과 연합하여 고구려를 멸망시킴으로써 한국역사의 주류로서 자리 잡을 수 있었다. 또한 삼국통일전쟁을 통하여 중대전제왕권을 확립함으로써 전성기를 구가하게 되었다.

백제의 멸망으로 당과 동아시아의 패권을 겨루던 고구려는 당과 신라의 사이에서 외교적으로 고립되어 멸망에 이르렀다. 일본열도의 왜는 전통적인 우호국이었던 백제의 멸망과 함께 새로운 국제질서에 적응하기 위하여 당과 신라를 중심으로 한 동아시아의 국제질서 내에 편입되는 계기가 되었다. 그리고 왜로 건너간 수많은 백제인들은 일본고대의 정치와 문화에 지대한 영향을 주었다. 이들의 활동으로 선진문화와 선진적인 정치제도를 받아들인 왜는 이후 비약적인 발전을 거듭하여 고대국가로서의 면모를 갖추게 되었다.

제1장   序論

1. 硏究 目的

　백제가 역사 속으로 사라진 것은 660년의 일이 아니었다. 660년
7월 나당연합군의 공격으로 수도 사비성이 함락당하고 의자왕이 항
복을 했다고 하지만, 백제유민들이 왕조의 부흥을 목표로 부흥운동
을 일으켰기 때문이다.[1] 백제유민들은 무너진 백제왕조의 부흥을

---

[1] "百濟復興運動"이라는 용어에 대해 적절치 못하다는 비판도 있다. 대신 "百濟
復興戰爭"(盧重國, 「百濟 滅亡後 復興軍의 復興戰爭硏究」, 『歷史의 再照明』,
1995)이라든지, "百濟祖國回復戰爭"(이도학, 「百濟 祖國回復戰爭期의 몇 가지
爭點 檢討」, 『백제부흥운동과 백강전쟁』, 2003)이라는 용어를 사용하는 경우도
있다. 그러나 백제부흥운동과 관련한 기록인 『三國史記』 金庾信 列傳에 "百濟
諸城 潛圖興復 其渠帥據豆率城"이라고 한 기사로 보아 일반적으로 사용해 오
던 "百濟復興運動"이란 용어가 더 나을 듯하다. 또한 高句麗復興運動과 관련한
기록인 『三國史記』 高句麗本紀 寶臧王 27년 기록에 "劍牟岑 欲興復國家 叛唐立
王外孫安舜爲主"라고 한 기사를 보아도 史書의 표현에 근거한 復興이라는 용
어를 사용하는 것이 더 합리적이라고 판단된다. 그리고 戰爭 대신 運動이라는
용어문제에 있어서도 단순히 백제유민들에 의한 "무장투쟁"만을 강조하는 전쟁
보다는 "무장투쟁"의 배후에 있는 백제유민의 "결집된 국가부흥활동"이라는 의
미에서 운동이라는 용어를 사용하는 것이 타당하다고 본다.

위해 활발하게 부흥운동을 전개하였고, 백제가 역사 속으로 완전히 사라진 것은 나당연합군에 의해 부흥운동이 완전히 진압된 이후였다. 부흥운동군이 나당연합군에 의해 진압될 때까지 백제의 이름은 역사 속에 지속되었던 것이다.

백제의 멸망은 국가간의 세력균형을 무너뜨려 동아시아의 국제질서가 개편되는 단초가 되었다. 당은 동아시아 제국 중 강력한 라이벌이던 고구려를 제압하고 당 중심의 지배질서를 동아시아국가에 강제할 수 있을 만큼 강력한 국가로 자리매김 할 수 있게 되었다. 신라는 6세기에 있었던 가야제국의 통합에 이어 적대적이던 백제를 멸망시킴으로써 한반도 남부에서 역사적인 주도국가로 떠오르게 되었고, 이어 당과 연합하여 고구려를 멸망시킴으로써 한국역사의 주류로서 자리 잡을 수 있었다. 또한 삼국통일전쟁을 통하여 중대전제왕권을 확립함으로써 전성기를 구가하게 되었다.

백제의 멸망으로 당과 동아시아의 패권을 겨루던 고구려는 당과 신라의 사이에서 외교적으로 고립되어 멸망에 이르렀다. 일본열도의 왜는 전통적인 우호국이었던 백제의 멸망과 함께 새로운 국제질서에 적응하기 위하여 당과 신라를 중심으로 한 동아시아의 국제질서 내에 편입되는 계기가 되었다. 그리고 왜로 건너간 수많은 백제인들은 일본고대의 정치와 문화에 지대한 영향을 주었다. 이들의 활동으로 선진문화와 선진적인 정치제도를 받아들인 왜는 이후 비약적인 발전을 거듭하여 고대국가로서의 면모를 갖추게 되었다.

이렇듯 백제의 멸망은 동아시아사상 매우 중대한 사건이었으며, 동아시아의 국제질서를 개편하는 계기가 되었다. 백제의 멸망 이후에는 당시의 체제를 유지하고 복구하려는 움직임이 맞물려 전개되었다. 그 복구 움직임의 중심에는 백제를 다시 일으키려는 백제부흥운동이 있었다. 백제의 멸망으로 흐트러진 동아시아의 국제질서를 복구하려는 움직임은 당과 신라, 고구려와 왜를 백제부흥운동의 과정 속으로 끌어들이게 되었다. 동아시아의 4개국이 모두 백제부흥운동 과정에 참여하게 된 것은 이런 국제적인 문제를 배경으로 하고 있었다.

이러한 백제부흥운동에 대하여 지금까지 우리가 파악하고 있는 것은 단편적인 사실 뿐이었다. 백제사에 대한 연구가 대개 그러하였듯이, 백제부흥운동에 대한 연구도 구체적이고 체계적이지 못했다. 특히 백제사의 대미를 장식한 백제부흥운동의 전모에 대한 일목요연한 정리도 부족했다. 단지 백제 멸망 후 백제유민들이 당과 신라의 점령군에 대항하여 백제를 다시 회복하기 위해 싸웠다는 것에만 의미를 두어왔다. 그리고 백제부흥운동에 일본열도의 왜가 가담함으로써 일본이 동아시아의 국제무대에 등장하는 계기가 되었다는 연구가 중심이 되어왔다.

특히 동아시아사상의 획기적인 사건이었던 백제부흥운동이 일본사적인 시각에서 연구되어 왔을 뿐, 정작 한국사적인 시각에서 바라보려는 연구는 미흡했다. 따라서 백제부흥운동이 어떠한 배경에서 어떻게 일어나게 되었고, 또 어떻게 전개되었는지에 대한 구체적인 사실도 정확히 밝혀내지 못하였다. 단지 백제부흥운동군의 거점 중 하나였던 周留城의 위치비정에만 너무 매달려 왔다고 볼 수 있다.

백제부흥운동을 주도한 사람들과 그들의 활동과 관련된 역사적 기록에 대한 분석도 미미했다. 백제부흥운동이 어떻게 소멸되었고, 왜 소멸되게 되었는지에 대한 구체적인 분석도 부족했다. 또한 백제부흥운동과 직접 관련 있는 당과 신라의 대응에 대한 연구도 빠져 있다. 이러한 문제들은 백제부흥운동의 전반적인 이해를 위해서 반드시 해결해야만 할 것들이다. 그러므로 백제부흥운동의 실상을 밝히고 이해하기 위한 연구의 일단으로서 위와 같은 문제들에 대한 구체적인 접근이 필요하다.

2. 研究 動向

백제부흥운동에 대해서는 비교적 일찍 연구가 시작되었다. 그러나 연구를 시작한 사람들과 연구목적이 일본학자들에 의해 일본사적인 관심에서 비롯되었다는 한계를 가지고 있다. 이것은 대부분의 한국사 연구의 경우와 마찬가지로 근대적인 학문으로서의 역사연구가 일본의 식민지시대에 일본학자들이 주도하였기 때문에 나타난 어쩌면 당연한 결과이다. 일본학자들의 관심은 한국사 자체에 있었던 것이 아니다. 그들의 관심과 연구영역은 일본사의 연장선상에 있었다.

그러므로 백제부흥운동에 대한 연구는 자연히 일본사의 연장에서 연구되기 시작했다. 任那日本府 문제나 「廣開土大王陵碑」의 碑文에 대한 연구처럼 百濟復興運動에 대한 연구도 일본과 한반도와의 관계를 구명하기 위한 목적에서 시작되었다. 이들에 대한 연구는 한결같이 일본열도의 倭가 언제 어떻게 한반도로 진출해서 어떤 일들을 했는지에 관심의 초점이 맞춰져 있었다. 백제부흥운동에 대한 연구도 이러한 관점에서 시작되었다. 그러므로 백제부흥운동 자체보다는 백제부흥운동에 倭가 어떤 관련을 갖고 있었는가에 연구의 초점이 모아졌다.

그 첫 번째 관심은 倭의 한반도 출병과 관련한 구체적인 지리적 위치에 있었다. 倭가 출병한 곳의 위치를 밝혀내기 위한 연구가 중심이 된 것이다. 그리고 이러한 연구는 地名考證이라는 방법으로 나타났고 역사지리적인 연구로 귀결되었다.

　일본학자들에 의해 시작된 백제부흥운동에 대한 역사지리적인
연구는 周留城과 白江(白村江)의 위치를 비정하는 데 모아졌다. 周
留城과 白江은 百濟復興運動을 돕기 위해 파견한 倭軍이 참패를 당
한 곳이다. 倭軍은 周留城과 白江 전투에 참전함으로써 당시 동아
시아의 국제무대에 처음으로 발을 내딛게 된 것으로 일본사적인 입
장에서는 대단히 중요한 사건이었다. 그러므로 倭軍이 참여한 周留
城과 白江 전투에 대해서는 두 곳의 위치 비정이 중요한 연구주제
가 될 수밖에 없었던 것 같다.2)

　이러한 일본학계의 연구경향은 한국학계에도 영향을 미쳐 백제
부흥운동연구에 있어서 지명고증문제는 매우 중요한 논제로 다루어
졌다.3) 여기에는 향토사학자들을 중심으로 周留城과 白江의 위치를

---

2) 周留城과 白江의 위치에 대한 일본학자들의 대표적인 연구 성과는 다음과 같
　다.
　　津田左右吉, 「百濟戰役地理考」, 『朝鮮歷史地理』 上, 南滿洲鐵道株式會社, 1913.
　　大原利武, 「朝鮮歷史地理」, 『朝鮮一般史』, 朝鮮總督府, 1924.
　　小田省吾, 「朝鮮上世史」, 『朝鮮一般史』, 朝鮮總督府, 1924.
　　山口照吉, 「百濟の白江と白江口(白村江)について」, 『歷史と地理』 23-6, 1929.
　　今西龍, 「周留城考」, 『百濟史研究』, 近澤書店, 1934.
　　今西龍, 「白江考」, 『百濟史研究』, 近澤書店, 1934.
　　池內宏, 「百濟滅亡後の動亂及び唐·羅·日三國の關係」, 『滿鮮地理歷史研究報告』
　　　　제14책, 1933 : 『滿鮮史研究』 上世第二冊, 1960.
　　輕部慈恩, 「百濟都城及び百濟末期の戰跡に關する歷史地理的檢討」, 『百濟遺跡の
　　　　研究』, 吉川弘文館, 1971.
3) 우리나라에서는 1970년대 이후 周留城과 白江의 위치 및 부흥운동과 관련한 지
　명들에 대한 위치비정이 있어 왔다. 대표적인 연구 성과는 다음과 같다.
　　全榮來, 『周留城·白江 位置比定에 관한 新研究』, 扶安郡, 1976.
　　盧道陽, 「百濟周留城考」, 『明知大論文集』 12, 1980.
　　金在鵬, 「全義 周留城考證」, 『燕岐地區古蹟研究調査報告書-全義篇-』, 1981.
　　全榮來, 「三國統一戰爭과 百濟復興運動-周留城·白江의 軍事地理學的 考察-」,
　　　　『軍史』 4, 1982.
　　沈正輔, 「百濟復興軍의 主要據點에 關한 研究」, 『百濟研究』 14, 忠南大學校 百

지기 고장에 비정하려는 연구도 한 몫을 담당하였다.4) 그리고 문헌 고증에 의한 지명비정의 한계를 고고학적인 지표조사와 발굴조사를 통해 밝혀보려는 노력도 계속되었다.5) 그러나 현재까지도 周留城과

濟研究所, 1983.

沈正輔, 「百濟 豆陵尹城에 대하여」, 『大田開放大論文集』 1, 1984.

沈正輔, 「雨述城考」, 『尹武炳博士 回甲紀念論叢』, 通川文化社, 1984.

沈正輔, 「百濟復興軍의 「熊津道」에 관한 연구」, 『大田開放大論文集』 3, 1985.

沈正輔, 「中國側史料를 통해 본 白江의 位置問題」, 『震檀學報』 66, 1988.

沈正輔, 「「白江」의 位置에 대하여」, 『韓國上古史學報』 2, 1989.

卞麟錫, 「白江口戰爭을 통해 본 古代 韓日관계의 接點-白江・白江口의 역사지리적 고찰을 중심으로-」, 『東洋學』 24, 1994.

全榮來, 『百濟最後決戰場의 研究-白村江에서 大野城까지-』, 新亞出版社, 1996.

沈正輔, 「三國史記 文武王 答書에 나타나는 「熊津道」에 대하여」, 『黃山 李興鍾博士 華甲紀念 史學論叢』, 1997.

서정호, 「백강의 위치에 대하여」, 『력사과학』 166, 과학백과사전출판사, 1998.

공주교육대학교 박물관・공주문화원, 『백제 주류성의 연구현황과 과제』, 1999.

沈正輔, 「百濟 周留城考」, 『百濟文化』 28, 公州大學校 百濟文化研究所, 1999.

심정보, 「白江에 대한 研究現況과 問題點」, 『백제 부흥운동과 백강전쟁』, 공주대학교 백제문화연구소, 2003.

4) 전북 부안군, 충남 연기군, 홍성군, 서천군에서 周留城 등의 위치를 자기고장에 비정하는 주장을 하고 있다.

全榮來, 『周留城・白江 位置比定에 관한 新研究』, 扶安郡, 1976.

洪州鄕土文化研究會 編, 「홍주 주류성고」, 『洪州의 故地名研究』, 洪城文化院, 1989.

朴性興, 『洪州 周留城考』, 洪城郡, 1994.

金在鵬, 『百濟周留城의 研究』, 燕岐郡, 1995.

朴性興, 『洪州周留城考-百濟復興戰의 歷史地理的 考察-』, 洪城郡, 1995.

全榮來, 「周留城・白江과 扶安地方」, 『백제 주류성의 연구현황과 과제』, 공주교육대학교 박물관・공주문화원, 1999.

朴性興, 「唐津 白村江과 洪州 周留城-百濟復興戰史의 歷史地理的 考察-」, 『백제 주류성의 연구현황과 과제』, 공주교육대학교 박물관・공주문화원, 1999.

金在鵬, 「百濟 周留城研究」, 『백제 주류성의 연구현황과 과제』, 공주교육대학교 박물관・공주문화원, 1999.

舒川郡, 『백제부흥운동과 백강전쟁』, 2003.

白江의 위치를 명확하게 밝혀내지는 못하고 있다.[6]

다음으로 倭가 한반도로 출병하게 된 동기와 출병한 이후 당과 신라와의 관계가 어떻게 변화되었는가 하는 문제에 관심이 모아졌다. 그리하여 7세기 중엽 동아시아의 국제무대에 등장한 倭가 국제관계에 미친 영향에 대한 연구가 중심 과제로 선택되어졌다. 이러한 연구는 倭의 역할을 강조하고 부각시킴으로써 당시 동아시아 역사에 있어서 倭가 주도적인 국가로서 자리하고 있었다는 역할론을 강조하는 연구로 귀결되었다. 일본학계의 백제부흥운동에 대한 연구는 이 두 가지 관점에서 시작되었으며, 이러한 연구 경향은 현재까지도 이어지고 있다.

倭가 백제부흥운동에 파병함으로써 동아시아의 국제무대에 처음으로 발을 내딛었다는 점에서 왜군의 파병동기 및 당과 신라와의 관계 등에 초점을 맞춘 연구가 있다.[7] 그리고 고대한일관계사 이해

---

5) 대개 周留城으로 비정될만한 산성에 대한 조사가 이루어졌다. 그러나, 조사결과 周留城이라고 주장할만한 구체적인 증거를 찾는데는 실패하였다.
   상명여자대학교 박물관·홍성군청, 『洪城郡 長谷面 一帶 山城 地表調査報告書』, 1995.
   상명대학교 박물관·홍성군, 『洪城 石城山城建物址 發掘調査報告書』, 1998.
   公州大學校 博物館·忠淸南道 燕崎郡, 『雲住山城』, 1996.
   公州大學校 博物館·忠淸南道 燕崎郡, 『燕岐 雲住山城』, 1998.
   全榮來, 『우금(周留)山城 關聯遺蹟 地表調査報告書』, 圓光大學校 馬韓百濟文化研究所·扶安郡, 1995.
   전영래·박현수, 『부안 우금산성내 건물지 발굴조사 보고서』, 부안군·전주대학교 박물관, 1999.
   忠淸南道 舒川郡·(財)忠淸埋藏文化財研究院, 『乾芝山城』, 1998.
   忠淸南道 舒川郡·(財)忠淸埋藏文化財研究院, 『韓山 乾芝山城』, 2001.
6) 周留城과 白江의 위치에 대해서는 津田左右吉이 맨 처음 주창한 周留城 韓山說과 白江 錦江說과 小田省吾가 맨 처음 주창한 周留城 扶安說과 白江 東津江說의 두 가지 설로 대별된다. 이 두 가지 설 중 周留城 韓山說과 白江 錦江說이 우세하였으나, 현재는周留城 扶安說과 白江 東津江說이 더 많은 지지를 얻고 있다.
7) 池內宏, 「百濟滅亡後の動亂及び唐·羅·日三國の關係」, 『滿鮮地理歷史研究報告』

의 한 방편으로 倭軍의 파병을 중심으로 백제와 왜의 관계, 백제와 고구려와의 관계에 대한 연구도 진행되었다.[8] 그런데 이러한 연구

제14책, 1933 ;『滿鮮鮮史研究』上世第二冊, 1960.

八木充,「百濟の役と民衆」,『小葉田淳退官紀念國史論集』, 1970.

鈴木靖民,「百濟救援の役後の日唐交涉－天智紀唐關係記事の檢討－」,『續日本古代史論集』上, 1972.

鈴木英夫,「百濟救援の役について」,『林陸郎先生還曆紀念 日本古代の政治と制度』, 1985.

直木孝次郎,「近江朝末年における日唐關係－唐使・郭務悰の渡來を中心に」,『古代日本と朝鮮・中國』, 1988.

直木孝次郎,「百濟滅亡後の國際關係－とくに郭務悰の來日をめぐって」,『朝鮮學報』147, 1993.

森公章,「朝鮮半島をめぐる唐と倭－白村江會戰前夜－」,『古代を考える 唐と日本』, 1992 ;『古代日本の對外認識と通交』, 吉川弘文館, 1998.

8) 鈴木祥造,「齊明・天智朝の朝鮮問題－百濟救援戰爭の歷史的 意義」,『大阪學藝大學紀要』1, 1952.

鈴木靖民,「百濟救援の役後の百濟および高句麗の使について」,『日本歷史』241, 1968.

村尾次郎,「白村江の戰」,『軍事史學』7－1, 1971.

鬼頭淸明,「7世紀後半の國際政治史試論」,『朝鮮史研究會論文集』7, 1970 ;『古代の日本と朝鮮』, 1974.

鬼頭淸明,「白村江の戰いと律令制の成立」,『日本古代國家の形成と東アジア』, 校倉書房, 1976.

田村圓澄,「百濟救援考」,『文學部論集』5, 熊本大學文學會, 1981.

田村圓澄,「百濟救援の歷史的意義」,『日本佛敎史』4, 1983.

井上秀雄,「百濟の滅亡と白村江の戰い」,『變動期の東アジアと日本－遺隋使から日本國の成立－』, 日本書籍, 1983.

坂元義種,「白村江の戰い－百濟の滅亡を中心に－」,『歷史讀本』28－19, 1983.

長瀨一平,「白村江敗戰後における「百濟王權」について」,『千葉史學』6, 千葉歷史學會, 1985.

山尾幸久,「百濟復興戰朝の日朝關係」,『古代の日朝關係』, 塙書房, 1989.

新藏正道,「「白村江の戰」後の天智朝外交」,『史泉』71, 1990.

鬼頭淸明,「白村江の戰いと山陽道」,『大和朝廷と東アジア』, 吉川弘文館, 1994.

鈴木治,「白村江の戰」,『白村江』, 學生社, 1995.

鈴木英夫,「百濟復興運動と倭王權－鬼室福信斬首の背景－」,『朝鮮社會の史的展開と東アジア』, 山川出版社, 1996.

笠井倭人,「白村江の戰と水軍の編成」,『古代の日朝關係と日本書紀』, 吉川弘文

는 대개 백제에 대해 우월한 지위를 가지고 있던 倭가 白江口 전투의 패전으로 인하여 백제에 대한 권리를 당에게 상실하게 되었다는 논지를 펴고 있다. 白江口 전투의 패전을 둘러싼 전후 시기의 국제 정세와 白江口 전투의 패배가 倭에 미친 영향 등에 연구가 집중되는 것은 이와 같은 이유가 있기 때문이다.

또한 倭에 인질로 가 있던 백제의 왕자 豊과 관련하여 백제부흥운동에 대하여 접근한 연구도 있다.[9] 이러한 연구는 주로 1950년대 이후에 주로 진행된 연구로 최근까지 지속되고 있다. 그러나 모두 일본사의 관점에서 백제부흥운동이 倭에 끼친 영향을 강조하는 연구이다. 中國에서도 백제부흥운동과 관련한 일련의 연구논문이 발표되었으나 일본학자들의 영향을 받아 거의 일본학자들의 주장을 되풀이 하거나 사료의 정리와 나열에 그치고 있다.[10]

한국학계에서 부흥운동에 대한 본격적인 연구는 1980년대 들어

館, 2000.

9) 胡口靖夫, 「百濟豊璋王について」, 『國學院雜誌』 80-4, 1979.
西本昌弘, 「豊璋と翹岐-大化改新前後の倭國と百濟-」, 『ヒストリア』 107, 1985.
渡邊康一, 「百濟王子豊璋の來朝目的」, 『國史學研究』 19, 1993.
高寬敏, 「百濟王子豊璋と倭國」, 『古代朝鮮諸國と倭國』, 雄山閣出版, 1997.
10) 余又蓀, 「白江口之戰」, 『大陸雜誌』 十五卷 十期, 1957 ; 『隋唐五代中日關係史』, 臺灣 商務印書館, 1963.
石曉軍, 「唐日白江之戰的兵力及幾個地名考」, 『狹西師大學報』 1983-3.
嚴佐之, 「唐代中日白江之戰及其對兩國關係的影響」, 『華東師範大學學報』 1986-1.
黃清連, 「「扶餘隆墓誌」에서 본 唐代 韓中關係」, 『百濟史의 比較研究』, 忠南大學校 百濟研究所, 1993.
韓 昇, 「唐平百濟前後東亞國際形勢」, 『唐研究』 1, 1995.
馬 馳, 「『舊唐書』 「黑齒常之傳」의 補闕과 考辨」, 『百濟의 中央과 地方』, 忠南大學校 百濟研究所, 1997.
胡 戟, 「中國水軍与白江口之戰」, 『百濟史上의 戰爭』, 忠南大學校 百濟研究所, 1998.
韓 昇, 「당과 백제의 전쟁 : 배경과 성격」, 『백제 부흥운동과 백강전쟁』, 공주대학교 백제문화연구소, 2003.

와서야 시작되었다. 沈正輔는 百濟復興運動의 주요거점에 대한 연구를 토대로 하여 留鎭唐軍의 활동과 帶方州刺史로 임명되어 온 劉仁軌의 행적에 대해 살펴보았다. 그는 당이 百濟故地에 설치한 5도독부와 유인궤가 제수받은 帶方州刺史라는 직함에서 보이는 帶方州는 실재했던 것이 아닌 허구적인 것이었음을 밝혔고, 留鎭唐軍의 활동도 매우 제한적인 것이었음을 입증했다.[11] 그리고 大田地方의 백제부흥운동에 대해 현재 남아있는 성곽과 연계하여 살펴봄으로써 특정지역의 부흥운동을 부각시켰고,[12] 任存城에서 일어난 부흥운동군의 활동도 아울러 살펴보았다.[13] 그러나 부흥운동에 대한 전반적인 이해보다는 역사지리적인 연구의 범위를 벗어나지 못해 부흥운동의 실체에 대한 구체적인 접근이 부족했다는 아쉬움이 있다.

최효식은 부흥운동에 대한 전반적인 이해를 돕기 위한 개설적인 글을 선보였다.[14] 李道學은 熊津都督府와 백제유민들과의 관계를 부각시킴으로써 부흥운동연구에 새로운 지평을 열었다.[15] 특히 부흥운동을 이끌었던 주요 인물인 「黑齒常之墓誌」를 분석한 연구를 토대로[16] 黑齒常之評傳을 발표함으로써 백제부흥운동에 대한 연구성과를 평이하게 일반인들에 전달할 수 있는 계기를 만들었다.[17] 또한 부흥운동에 대한 연구상의 문제점과 앞으로의 해결과제 등에

---

11) 沈正輔, 「百濟故地 帶方州考」, 『百濟硏究』 18, 1987.
12) 沈正輔, 「대전지방의 백제부흥운동」, 『대전문화』 5, 大田廣域市史編纂委員會, 1996.
13) 심정보, 「任存城과 百濟復興運動」, 『禮山 任存城』, 禮山郡・忠南發展硏究院 2000.
   沈正輔, 「百濟復興運動과 任存城」, 『백제 부흥운동의 재조명』, 공주대학교, 2002.
14) 崔孝軾, 「百濟의 滅亡과 復興運動」, 『統一期의 新羅社會硏究』, 東國大學校 新羅文化硏究所, 1987.
15) 李道學, 「熊津都督府의 支配조직과 對日本政策」, 『白山學報』 34, 1987.
16) 李道學, 「百濟 黑齒常之墓誌銘의 檢討」, 『우리문화』 8, 1991 ; 『鄕土文化』 6, 鄕土文化硏究會, 1991.
17) 이도학, 『백제장군 흑치상지 평전』, 주류성, 1996.

대해서도 제시하였다.18) 盧重國은 부흥운동의 발생에서 몰락에 이
르는 과정을 정리하였다.19) 그리고 백제고지에 대한 신라의 지배형
태에 대해서『三國史記』地理志의 기사와20) 통일신라의 軍制 변화
를 통해 살펴보았다.21) 또한 부흥운동군 지도자들의 활동과22) 부흥
운동군과 고구려와 왜와의 관계에23) 대한 분석을 통하여 부흥운동
의 전반적인 상황을 밝히고자 하였다.24) 李昊榮은 백제부흥운동을
신라가 삼국통합을 성취하는 과정에서 있었던 역사적 사건의 하나
로 인식하고, 백제부흥운동의 진압에 신라가 주도적인 역할을 했었
다는 사실을 밝혀냈다.25) 이 외에 백제유민에 대한 분석을 통한 연
구도 진행되었다. 梁起錫은「扶餘隆墓誌」를 분석하여 멸망기 백제
의 지배층을 복원하고 부흥운동과의 관련성을 구명하였다.26) 李文

18) 李道學,「百濟復興運動의 시작과 끝, 任存城」,『百濟文化』28, 公州大學校 百濟
　　文化研究所, 1999.
　　李道學,「'百濟復興運動'에 관한 몇 가지 檢討」,『東國史學』38, 東國史學會,
　　2002.
　　이도학,「百濟 祖國回復戰爭期의 몇 가지 爭點 檢討」,『백제 부흥운동과 백강
　　전쟁』, 공주대학교 백제문화연구소, 2003.
19) 盧重國,「百濟 滅亡後 復興軍의 復興戰爭研究」,『歷史의 再照明』, 한림대학교
　　한림과학원, 1995.
　　노중국,「復興百濟國의 성립과 몰락」,『백제 부흥운동의 재조명』, 공주대학교,
　　2002.
20) 盧重國,「『三國史記』의 百濟 地理關係 記事 檢討」,『三國史記의 原典檢討』, 韓
　　國精神文化研究院, 1995.
21) 盧重國,「신라 통일기 九誓幢의 성립과 그 성격」,『韓國史論』41・42, 서울대학
　　교 국사학과, 1999.
22) 盧重國,「百濟復興運動과 福信」,『恩山別神祭 韓日學術大會 발표요지』, 은산별
　　신제보존회, 1992.
23) 盧重國,「7世紀 百濟와 倭와의 關係」,『國史館論叢』52, 國史編纂委員會, 1994.
24) 盧重國,「百濟 滅亡後 復興軍의 復興戰爭研究」,『歷史의 再照明』, 한림대학교
　　한림과학원, 1995.
25) 李昊榮,『新羅三國統合과 麗・濟敗亡原因研究』, 書景文化社, 1997.
　　李昊榮,「삼국통일」,『한국사』9, 국사편찬위원회. 1998.
26) 梁起錫,「百濟 扶餘隆 墓誌銘에 대한 檢討」,『國史館論叢』62, 國史編纂委員會,

基는 黑齒常之와 黑齒俊 父子, 그리고 「難元慶墓誌」를 통하여 당으로 끌려간 백제유민들의 활동에 대한 이해의 폭을 넓혔다.[27] 方香淑은 백제 멸망 후 당이 백제고토를 어떻게 지배하려 했었는가에 대해 사비성이 百濟都護府였고 劉仁願이 백제도호로서 熊津都督보다 상위에 있던 실질적인 통수권자였다는 주장을 피력했다.[28] 鄭載潤은 백제고토에 대한 당과 신라의 점령정책에 대하여 부흥운동의 진압과 관련하여 이해하고자 하였다.[29]

백제부흥운동과 倭와의 관계에 대한 한국사적인 시각에서의 괄목할 만한 연구 성과들도 있었다. 卞麟錫은 倭軍의 백제파병 원인과 결과, 당시 白江口 전투에 참가한 倭軍의 성격 등에 대한 일련의 연구 성과에서 白江口 전투에 참가한 倭軍의 주류는 백제계 渡來人으로서 조국을 구하기 위해 참전했다는 주장을 일관되게 하였다.[30] 金鉉球는 倭가 백제에 파병한 원인은 일본열도에 대한 당의

　　　　1995.
　　梁起錫, 「百濟 扶餘隆 墓誌銘의 '百濟 辰朝人'」, 『金顯吉教授定年紀念鄕土史學論叢』 62, 1997.
27) 李文基, 「百濟 黑齒常之 父子 墓誌銘의 檢討」, 『韓國學報』 64, 一志社, 1991.
　　李文基, 「百濟 遺民 難元慶 墓誌의 紹介」, 『慶北史學』 23, 慶北史學會, 2000.
28) 方香淑, 「百濟故土에 대한 唐의 支配體制」, 『李基白先生古稀紀念 韓國史學論叢(上)』, 一潮閣, 1994.
29) 鄭載潤, 「新羅의 百濟故地 점령 정책 - 完山州 설치 배경을 중심으로 - 」, 『國史館論叢』 98, 國史編纂委員會, 2002.
30) 卞麟錫, 「7c 白江口戰의 序說的 考察 - 역사용어의 사용을 중심으로 - 」, 『富山史叢』 1, 1985.
　　卞麟錫, 「七世紀 中葉 白江口戰의 硏究史的 檢討」, 『富山史叢』 2, 1986.
　　卞麟錫, 「七世紀 中葉 日本의 白江口戰 派兵의 性格에 관한 考察」, 『人文論叢』 2, 아주대학교, 1991.
　　卞麟錫, 「7世紀 中葉 白江口戰에 있어서의 日本의 敗因에 관한 考察」, 『東方學志』 75, 1992.
　　卞麟錫, 「7세기 중엽 白江口戰을 둘러싼 東아시아의 國際情勢」, 『人文論叢』 4, 아주대학교, 1993.
　　卞麟錫, 「白江口戰爭을 통해 본 古代 韓日관계의 接點 - 白江・白江口의 역사지

위협을 사전에 저지하기 위한 것이었다는 주장을 펼쳐,[31] 과거 일본학자들이 주장했던 속국인 백제를 구원하기 위한 것이라는 주장을 반박했다. 그리고 야마토정권의 수뇌부를 차지하고 있던 백제계 도래인들이 조국을 구원하기 위하여 왜군을 파병했다는 조국해방설에도[32] 비판을 가했다. 延敏洙는 백제의 지속적인 왕족외교를 통한 친백제적 관인층의 형성과 선진문물 수입이라는 왜왕권의 국가적 이익과 대외적 긴장을 이용한 왕권강화와 권력집중이라는 이해관계가 맞아떨어져 倭軍의 파병이 이루어졌다고 주장하였다.[33] 鄭孝雲도 왜의 국가적 이익이라는 이해관계 때문에 倭軍의 파병이 이루어졌으며, 신라정벌을 목표로 한 것이라고 하였다.[34] 박윤선은 백제부흥운동 과정에서 倭로 건너간 백제계 이주민들의 활동이 일본의 고대율령국가 건설에 기여한 바를 논증하였다.[35] 金壽泰는 熊津都督

　　　　리적 고찰을 중심으로-」,『東洋學』 24, 檀國大學校 東洋學研究所, 1994 ;『省谷論叢』 25, 성곡학술문화재단, 1995.
　　　卞麟錫,「七世紀 中葉 白江口戰에 참가한 日本軍의 성격에 대하여」,『國史館論叢』 52, 1994.
　　　卞麟錫,『白江口戰爭과 百濟・倭 관계-일본의 기존학설에 대한 재조명-』, 한울, 1994.
31) 金鉉球,「白村江싸움 전야의 동아시아정세」,『師大論集』 21, 고려대학교 사범대학, 1997.
　　　金鉉球,「白村江싸움 직후 일본의 大陸關係의 재개-신라와의 관계를 중심으로-」,『日本歷史研究』 8, 日本歷史研究會, 1998.
　　　金鉉球,「동아시아세계와 白村江 싸움」,『日本學』 20, 東國大學校 日本學研究所, 2001.
　　　김현구,「白江戰爭과 그 역사적 의의」,『백제 부흥운동과 백강전쟁』, 공주대학교 백제문화연구소, 2003.
32) 林宗相,「7世紀中葉における百濟・倭國關係」,『古代日本と朝鮮の基本問題』, 1975.
　　　김은택,「7세기중엽 고대일본 야마또국가안의 조선계통 문벌들」,『력사과학론문집』 16, 과학백과사전종합출판사, 1991.
33) 연민수,『고대한일관계사』, 혜안, 1998.
34) 鄭孝雲,『古代韓日政治交涉史研究』, 學研文化社, 1995.
35) 박윤선,「渡日 百濟遺民의 活動」,『淑明韓國史論』 2, 淑明女子大學校 韓國史學科,

府를 기반으로 한 백제유민들의 부흥운동을 설정하고 부흥운동의 시간적 범위를 671년 신라가 소부리주를 설치하는 시점까지 연장하고자 했다.[36]

이처럼 백제부흥운동에 대한 연구는 지명고증을 중심으로 전개되었으며, 일본사의 관점에서부터 출발하였다. 그러나 최근에 들어 한국학자들을 중심으로 백제부흥운동에 대한 구체적인 사실들에 대한 이해에 필요한 연구가 시작되었다고 볼 수 있다. 그럼에도 불구하고 아직도 주류성과 백강 등의 지명비정에 토대를 둔 연구로부터 자유롭지 못한 것이 백제부흥운동연구의 현단계이다.[37]

3. 研究 方法

백제부흥운동에 대한 기존의 연구는 단편적이고 특정주제에 편중되어 이루어져왔다고 할 수 있다. 백제부흥운동의 전반적인 추이에 대해서도 개괄적인 연구는 있었으나 세세한 사실에 대한 분석은 부족한 편이다. 그러므로 본 연구는 백제부흥운동의 전모를 밝히는

1996.
36) 김수태, 「웅진 도독부의 백제 부흥운동」, 『백제 부흥운동의 재조명』, 공주대학교, 2002.
37) 이밖에 부흥운동과 관련하여 다음과 같은 연구를 참고할 수 있다.
　　成周鐸, 「百濟僧道琛의 思想的 背景과 復興活動」, 『恩山別神祭 韓日學術大會 발표요지』, 은산별신제보존회, 1992.
　　金周成, 「연기 불상군 명문을 통해 본 연기지방 백제유민의 동향」, 『백제 불교의 새로운 연구』, 한국고대학회, 2000.
　　이재석, 「백제 부흥운동과 야마토 정권」, 『백제 부흥운동의 재조명』, 공주대학교, 2002.
　　서정석 「부흥운동기 백제의 군사활동과 산성」, 『백제 부흥운동의 재조명』, 공주대학교, 2002.

데 주력하고자 한다. 특히 백제부흥운동군의 활동과 그에 대한 당과 신라의 대응문제를 한국사적인 관점에서 접근하고자 한다. 즉일본사적인 입장에서 주로 연구되어 온 백제부흥운동에 대해 백제유민을 주체로 한 백제사의 틀 안에서 살펴보고자 한다. 이를 위하여 문헌자료에 대한 세밀한 비교와 분석을 시도하며 백제부흥운동의 진행과정에서 발생한 역사적 사실들에 대한 구체적인 구명작업이 이루어질 것이다. 아울러 백제부흥운동의 발생에서부터 소멸에 이르는 전과정을 시기별로 정리해 나갈 것이다.

이러한 연구는 다음과 같은 몇 가지 연구주제를 순차적으로 살펴보는 방향으로 진행하고자 한다. 첫째로, 백제부흥운동이 일어나게 된 역사적 배경과 부흥운동에 참여한 백제유민들은 어떠한 부류의 사람들이었는지를 살피기 위해 백제멸망 후 유민의 동향에 대하여 살펴볼 것이다. 그리고 이들 백제유민들이 부흥운동에 참여하게 된 직간접적인 원인 즉, 백제부흥운동의 발생 배경과 원인에 대해 살펴볼 것이다. 그리고 백제멸망 후 일어난 부흥운동이 언제까지 계속되었는지에 대해 살펴보고, 기존 연구의 문제점에 대해 지적함으로써 백제부흥운동의 시간적 범위를 확정할 것이다.

둘째로, 백제부흥운동 발발 시점에서 유민세력의 결집 양상을 살펴봄으로써 부흥운동 초기의 주도세력과 활동영역에 대하여 살펴볼 것이다. 그리고 福信과 道琛의 활동 및 豊王의 옹립과정에 대한 고찰을 통하여 부흥운동의 주도세력이 백제유민의 역량을 어떻게 결집하여 부흥운동을 전개하였는지에 대해서도 살펴볼 것이다. 또한 백제유민들의 결집된 역량이 어떻게 발휘되었는지를 나당군과의 전투와 熊津都督府 留鎭唐軍이 처해진 상황을 통해 살펴봄으로써 당의 百濟故地 지배체제가 어떠하였는지를 밝혀 볼 것이다.

셋째로, 부흥운동이 성공하지 못하고 실패로 돌아가게 된 원인에 대해서 부흥운동군 내부의 자체적인 문제와 주변국들의 상황을 중심으로 살펴볼 것이다. 그리고 부흥운동의 역사적 성격과 의의에 대해서도 살펴볼 것이다.

한편 본고의 전체적인 논지전개는 부흥운동의 주도세력인 백제 유민들의 활동을 중심으로 살펴볼 것이고, 이를 위하여 『三國史記』 와 『三國遺事』와 같은 한국측 문헌자료 뿐만 아니라 및 『舊唐書』, 『新唐書』, 『資治通鑑』, 『日本書紀』와 같은 외국의 문헌자료도 철저히 비교하여 분석하도록 할 것이다. 이들 자료는 모두 백제부흥운 동에 관한 기본적인 연구자료로 사료적 가치가 매우 높다. 그러나 백제부흥운동에 대한 각국의 입장을 대변하는 것이기도 하기 때문에 해석상에 신중을 기할 필요가 있다. 그러므로 각국에서 작성된 사료를 상호 비교하면서 부흥운동 당사자인 백제유민의 입장에서 새롭게 재구성할 것이다. 그리고 당대에 직접 기록된 것이 아니고, 후대에 편집되어 기록된 것이기 때문에 착오가 있을 가능성도 염두에 두었다. 이러한 문제를 보완하기 위해서 부흥운동과 관련있는 當代의 인물들에 대한 자료인 「黑齒常之墓誌」를 비롯하여 「唐劉仁願紀功碑」와 「大唐平百濟國碑銘」과 같은 金石文자료도 아울러 이용할 것이다. 그리고 비록 조선시대 이후에 편찬된 기록들이기는 하지만 『高麗史』 地理志, 『新增東國輿地勝覽』, 『大東地志』 등의 地理關係 자료도 활용할 것이다.

제 2 장

百濟遺民의 動向과 復興運動

　　백제멸망 후 유민의 동향은 크게 세 부류로 구분하여 살펴볼 수 있다. 첫째는 전쟁포로가 되거나 나당연합군에 투항하여 당과 신라에 끌려간 부류이고, 둘째는 나당연합군의 공격을 받고 해외로 달아난 부류이다. 이 중 일부는 고구려로 달아났고, 일부는 왜로 달아나 정치적 망명을 하였던 것으로 볼 수 있다. 셋째는 백제고지에 그대로 남아있었던 대부분의 백제유민들이었다.

　　이들 백제 유민들은 이후 전개된 부흥운동에 직간접으로 관련을 맺고 있는 부류도 있고, 전혀 부흥운동과는 무관한 부류도 있을 것이다. 그러나 부흥운동 자체가 백제가 멸망한 후에 유민들이 일으키고 전개한 것이므로, 이들 유민들의 동향을 살펴보는 것은 백제부흥운동의 이해에 중요한 단서가 된다고 할 수 있을 것이다.

제2장　百濟遺民의 動向과 復興運動

1. 百濟遺民의 動向

백제멸망 후 유민의 동향은 크게 세 부류로 구분된다. 첫째는 전쟁포로가 되거나 나당연합군에 투항하여 당과 신라에 끌려간 부류이고, 둘째는 나당연합군의 공격을 받고 해외로 달아난 부류이다. 이 중 일부는 고구려로 달아났고, 일부는 왜로 달아나 정치적 망명을 하였던 것으로 볼 수 있다. 셋째는 백제고지에 그대로 남아있었던 대부분의 백제유민들이었다.

이들 백제 유민들은 이후 전개된 부흥운동에 직간접으로 관련을 맺고 있는 부류도 있고, 부흥운동과는 전혀 무관한 부류도 있을 것이다. 그러나 부흥운동 자체가 백제가 멸망한 후에 유민들이 일으키고 전개한 것이므로, 이들 유민들의 동향을 살펴보는 것은 백제 부흥운동의 이해에 중요한 단서가 된다고 할 수 있다.

1) 戰爭捕虜

(1) 唐의 內地로 徙民

나당연합군에 의해 수도 사비성이 함락당하고 난 이후 백제는 국왕을 비롯한 많은 사람들이 당과 신라의 포로가 되었다. 이때 당에 포로가 되어 끌려간 사람들에 대한 기록은 다음과 같다.

> A-① 於是 王及太子孝與諸城皆降 定方以王及太子孝 王子泰隆演及大臣將士八十八人 百姓一萬二千八百七人 送京師(『三國史記』 百濟本紀 義慈王 20년).
> ② 定方以百濟王及王族臣僚九十三人 百姓一萬二千人 自泗沘乘舠回唐(『三國史記』 新羅本紀 太宗武烈王 7년).
> ③ 虜百濟王及臣僚九十三人 卒二萬人 以九月三日 自泗沘泛船而歸(『三國史記』 列傳 金庾信 中).
> ④ 定方以王義慈及太子隆 王子泰 王子演及大臣將士八十八人 百姓一萬二千八百七人 送京師(『三國遺事』 紀異 太宗春秋公).

『三國史記』와 『三國遺事』에서 발췌한 사료 A는 蘇定方이 백제 국왕 義慈 및 太子, 王子, 大臣과 將士, 百姓들을 당의 수도에 포로로 끌고 갔다는 사실에 관계된 기록들이다. 그러나 사료마다 약간의 차이를 보이고 있다.

『三國史記』 新羅本紀와 金庾信列傳에는 당의 포로가 된 義慈王 및 王族, 臣僚들의 수가 93인으로 기록되어 있으나, 『三國史記』 百濟本紀와 『三國遺事』 太宗春秋公條에는 88인으로 기록되어 있다. 그리고 포로로 끌려간 백성의 수는 『三國史記』 新羅本紀와 金庾信列傳에는 1만 2천인과 卒 2만인으로 기록되어 있으나, 『三國史記』 百濟本紀와 『三國遺事』 太宗春秋公條에는 1만 2천 807인으로 아주 자세히 기록되어 있다. 이러한 기록상의 차이는 포로를 헤아리는 방식에 따라 차이가 나타날 수 있는 일이라고 생각된다. 이 가운데에 『三國史記』百濟本紀와 『三國遺事』太宗春秋公條의 기록이 보다 구체적인 사실을 나타낸 것으로 판단된다. 그것은 만약 포로의 수를 대략 계산했다면 『三國史記』新羅本紀와 金庾信列傳의 경우와 같이 1만 2천 또는 2만 등으로 개략적인 수치를 적었을 터인데, 『三國史記』百濟本紀와 『三國遺事』太宗春秋公條는 1만 2천 807인으로 아주 자세하게 기록한 것은 분명히 典據가 있었기 때문일 것이다.

이러한 차이는 王族 및 臣僚들의 수를 헤아리는 데에도 마찬가지로 적용되었을 것이다. 『三國史記』新羅本紀와 金庾信列傳의 기록과, 『三國史記』百濟本紀와 『三國遺事』太宗春秋公條의 기록은 큰 차이가 없다. 실상 위 사료들을 살펴보면 두 종류의 기록은 동일한 것임을 알 수 있다. 『三國史記』百濟本紀는 왕 및 태자 각 1인, 왕자 3인 및 대신, 장사 88인과 백성 1만 2천 807인을 당의 수도로 보냈다고 기록하고 있다. 즉, 왕과 왕족 및 신료 등을 합쳐 93인과 백성 1만 2천 807인이 되는 것이다. 그러나 똑같이 지배층의 인질이 88인이라고 기록하고 있는 『三國遺事』의 기록은 왕자의 수에서 『三國史記』百濟本紀와 일치하지 않는다. 이는 『三國遺事』에서는 『三國史記』百濟本紀에 義慈王의 太子를 孝라고 기록해 놓은 것을 부정하고, 당시 태자는 隆이라고 하였기 때문에 孝를 염두에 두지 않고 기록에서 누락시킨 결과로 생각된다.[1]

이상과 같이 살펴보았을 때 위의 기록들은 『三國史記』金庾信列傳의 기록을 제외하면 동일한 자료에 근거한 동일한 기록이라고 유추할 수 있다. 다만 金庾信列傳의 卒 2만이라는 기록은 혹, 오기인

---

[1] 『三國遺事』太宗春秋公條의 細注에 太子隆을 或作孝라 한 것은 誤라고 기록하였다.

지는 알 수 없으나 포로로 잡은 백제군졸에 백제 백성의 수를 더한 것일 가능성이 있다.

위 사료 A에 나타난 기록을 통해 보면 백제에서 당으로 포로로 잡혀 간 사람들은 국왕 및 왕족, 대신, 장사를 포함하여 1만 2천 9백인에 달한다. 이와 같은 대규모의 포로가 당으로 송환된 것은 在地的 세력기반으로부터 강제로 격리시키기 위한 것이라고 볼 수 있다. 백제의 멸망과 함께 왕족을 포함한 지배층 대부분은 당으로 徙民되어진 것이다.

이러한 사정은 다음과 같은 사료들을 통해서도 살필 수 있다.

B-① 十一月戊戌朔 邢國公蘇定方獻百濟王扶餘義慈 太子隆等五十八人 俘
於則天門 責而宥之(『舊唐書』 권4 本紀 제4 高宗 5년 11월).
② 虜義慈及太子隆小王孝演僞將五十八人等 送於京師(『舊唐書』 권195 列
傳 제149 東夷 百濟國).
③ 定方執義慈 隆及小王孝演酋長五十八人 送京師(『新唐書』 권220 列傳
제145 東夷 百濟).

그런데 위에서 제시한 『舊唐書』와 『新唐書』의 기록은 앞서 살펴본 『三國史記』와 『三國遺事』의 기록과 차이가 있다. 즉, 蘇定方이 義慈王 등 포로들을 당에 끌고 갔다는 내용은 동일하다. 그러나 포로로 잡아간 백성 등에 대한 기록은 빠져 있고, 국왕 및 왕족, 대신 93인이라는 『三國史記』와 『三國遺事』의 기록과는 달리 58인을 京師로 송환한 것으로 기록하고 있다.[2]

『舊唐書』本紀는 蘇定方이 義慈王 등을 포로로 하여 개선한 후 11월 戊戌朔日에 義慈王과 태자 隆 등 58인을 唐의 東都인 洛陽城

---

2) 『唐會要』 권 95 백제조에도 "虜其王義慈及太子崇 將校五十八人 送于京師"라고 기록하고 있다. 다만 여기에서는 태자를 隆이 아닌 崇으로 기록하고 있다.

의 則天門에서 高宗에게 바치자 고종이 죄를 꾸짖고 사면해주었다는 기록만이 있다. 『舊唐書』와 『新唐書』 東夷列傳도 같은 내용을 기록하고 있다. 이것은 왕과 왕족, 신료 등 93인을 인질로 끌고 갔다는 사료 A의 기록과 차이를 보인다. 이러한 차이는 蘇定方이 잡아간 포로들 모두를 고종에게 바친 것이 아니라 왕족 및 신료 중 일부인 58인만을 직접 고종 앞에 끌고 가서 戰果로 獻上하였기 때문에 생긴 차이일 것이다.

이와 관련하여 다음의 기록을 살펴볼 필요가 있다. 이 『日本書紀』의 기록은 『舊唐書』의 기록을 보충해 준다.

> C-① 十一月一日 爲將軍蘇定方等所提百濟王以下 太子隆等 諸王子十三人 大佐平沙宅千福國辯成以下卅七人 並五十許人 奉進朝堂(『日本書紀』 권 제26 齊明天皇 6년 秋7월 細註 伊吉連博德書).
> ② 百濟王義慈其妻恩古其子隆等 其臣佐平千福國辯成孫登[3]等 凡五十餘 秋七月十三日 爲蘇將軍所捉 而送去於唐國(『日本書紀』 권 제26 齊明天皇 6년 冬10월 細註).

위의 기록을 보면 포로로 잡혀 당으로 끌려간 왕족 중에는 왕비인 恩古도 포함되어 있다. 이를 통해 의자왕을 비롯해 왕비 恩古, 태자 隆 등 13인의 왕족과 大佐平 沙宅千福, 國辯成, 沙宅孫登을 비롯한 신료 37인 등 50여 인만이 당 고종에게 직접 헌상되었다는 사실을 알 수 있다. 그러나 위 기록에서도 고종에게 헌상된 백제의 왕족과 신료들의 수에 대해서 50여 인이라 적고 있어, 『舊唐書』와 『新唐書』의 58인과는 차이가 있다.

백제 멸망 당시의 금석문 자료인 「大唐平百濟國碑銘」[4]과 「唐劉

---

3) 唐의 使人 郭務悰 등과 함께 倭에 送使로 파견된 沙宅孫登과 동일한 인물이다(『日本書紀』 권 제27 天智天皇 10년 11월).
4) 韓國古代社會硏究所 編, 『譯註 韓國古代金石文』 제1권, 1992, pp.455~474.

仁願紀功碑」[5]를 통해서도 당시의 사정을 살펴볼 수 있다. 이 두 금석문은 백제 멸망 당시의 것이라는 점에서 사료적 가치가 매우 높다고 할 수 있다.

> D-① 其王扶餘義慈及太子隆 自外王餘孝一十三人 幷大首領大佐平沙咤千福
> 國辯成以下七百餘人 旣入重闈 竝就擒獲 捨之馬革 載以牛車 佇薦司
> 勳 式獻淸廟(大唐平百濟國碑銘).
> ② 五年 授嵎夷道行軍大摠管 隨邢國公蘇定方 平破百濟 執其王扶餘義慈
> 竝太子隆 及佐平□率 以下七百餘人(唐劉仁願紀功碑).

위의 기록을 살펴보면 A와 B, C의 기록을 좀더 보완할 수 있다. 『三國史記』와 『三國遺事』는 당의 포로가 된 백제인들의 대강을 살펴볼 수 있고, 『舊唐書』와 『新唐書』, 『日本書紀』가 唐 高宗에게 직접 바쳐진 백제인 포로의 수를 헤아릴 수 있게 해준다면, 「大唐平百濟國碑銘」은 멸망 당시 백제 지배층의 일단면을 유추할 수 있게 해 준다. A에서는 포로가 된 왕족으로 義慈王, 太子 隆, 王子 孝, 泰, 演 등 5인만을 열거하고 있으나, D-①을 보면 이들을 포함하여 왕족이 13인이었음을 알 수 있다.

그렇다면 A-①에 기록된 왕족 5인 이외에 8인의 왕족은 臣僚將士 88인 중에 포함된 것이라 생각된다. 왕족 8인을 제외한 80인의 신료들은 D-①, ②를 통해 살펴볼 때 佐平 및 達率 관등을 가진 자로 여기에는 大佐平 沙宅千福, 國辯成 등의 고위 귀족 세력들이 포함되었을 것이다. 이들은 국왕을 비롯한 왕족, 신료 93인 중에 포함되었을 것이고, 그 이하 귀족과 관료들을 포함하여 사비도성에서 700여 명의 지배귀족이 당의 포로가 되었음을 알 수 있다.

앞 사료들의 기록을 종합해 볼 때 의자왕을 비롯한 왕족 13인,

---

5) 韓國古代社會硏究所 編, 『譯註 韓國古代金石文』 제1권, 1992, pp.477~488.

大小臣僚 700여 인, 백성 1만 2천여 인 등 모두 1만 3천여 인이 백제를 떠나 당으로 끌려갔던 것이다. 당에 끌려간 이들의 행적에 대해서는 의자왕과 太子 隆, 沙宅孫登 등 일부 귀족에 대해서만 알수 있을 뿐이고, 대부분의 포로들에 대한 행적은 알려져 있지 않다.

　그 중 의자왕은 당에 끌려간지 얼마 되지 않아 病死하였다.[6] 태자 隆은 당의 水軍을 거느리고 白江口 전투와 周留城 전투에 참전하는 등 부흥운동군 진압에 투입되었다. 또한 隆은 熊津都督府의 都督과 百濟郡公을 除授받고 이후에도 帶方郡王으로 임명되는 등 당의 고위직을 除授받았다. 이런 점에서 太子 隆은 百濟遺民들을 按撫하고 신라와의 會盟에 참석하는 등[7] 당의 百濟故地 支配와 百濟遺民을 按撫하는데 이용당하였던 것으로 해석된다.[8] 한편 沙宅孫登은 唐의 使人 郭務悰 등과 함께 倭에 사신으로 파견되고 있는 것으로 보아 당의 관리로 임명되어 倭와의 외교에 종사했던 것으로 보인다.[9] 이들을 제외한 대부분의 포로들의 행적은 알려져 있지 않지만 대개 당의 전쟁포로 처리정책에 따라 백제정벌에 참여한 장수들에게 分賜되어 노비가 되거나, 당의 內地로 분산되어 徙民되었을 것이다.[10]

---

6) 『三國史記』百濟本紀 義慈王 20년.
7) 『舊唐書』권199 列傳 제149 東夷 百濟國.
　『舊唐書』권84 列傳 제34 劉仁軌.
　『資治通鑑』권201 唐紀17 高宗 中之上.
8) 黃淸連, 「扶餘隆墓誌에서 본 唐代 韓中關係」, 『百濟史의 比較研究』, 1993, pp.288〜311.
　梁起錫, 「百濟 扶餘隆 墓誌銘에 대한 檢討」, 『國史館論叢』62, 1995, p.144.
9) 『日本書紀』권 제27 天智天皇 10년.
10) 徙熊津都督府於建安古城 其百濟戶口先徙於徐兗等州者　皆置於建安(『資治通鑑』권202 唐紀18 高宗 儀鳳元年 2월 甲戌).

(2) 唐에 投降

백제유민들 가운데에서는 앞에서 살펴본 바와 같이 포로가 되어 당의 內地로 끌려간 부류가 있는 반면 당에 투항한 부류도 있었다. 나당연합군의 사비도성 攻陷時 당군에 투항한 文思가 이에 해당한다.[11] 당군이 사비성에 육박해 오자 의자왕과 태자가 北鄙인 熊津城으로 달아난 상황에서, 의자왕의 손자 文思는 左右臣僚와 백성들을 이끌고 당군에 투항했다. 그런데 文思가 당군에 투항한 이유는 분명치 않다.

이에 대한 관련 기록을 살펴보면 다음과 같다.

> E-① 唐兵乘勝薄城 王知不免 (중략) 遂與太子孝北鄙 定方圍其城 王次子泰自立爲王 率衆固守 太子子文思謂王子隆曰 王與太子出而叔擅爲王 若唐兵解去 我等安得全 遂率左右縋而出 民皆從之 泰不能止(『三國史記』百濟本紀 義慈王 20년).
>
> ② 唐人乘勝薄城 王知不免 (중략) 遂與太子隆(或作孝誤也)北鄙 定方圍其城 王次子泰自立爲王 率衆固守 太子子文思謂王泰曰 王與太子出而叔擅爲王 若唐兵解去 我等安得全 遂率左右縋而出 民皆從之 泰不能止(『三國遺事』紀異 太宗春秋公).
>
> ③ 其王義慈及太子隆奔于北境 定方進圍其城 義慈次子泰自立爲王 嫡孫文思曰 王與太子雖並出城 而身見在 叔總兵馬 卽擅爲王 假令漢兵退 我父子當不全矣 遂率其左右投城而下 百姓從之 泰不能止(『舊唐書』권83 列傳 제33 蘇定方).
>
> ④ 王義慈及太子隆北走 定方進圍其城 ·義慈子泰自立爲王 率衆固守 義慈之孫文思曰 王與太子出 而叔豈得擅爲王 若王師還 我父子安得全 遂率左右縋城下 人多從之 泰不能止(『新唐書』권111 列傳 제36 蘇定方).
>
> ⑤ 義慈挾太子隆 走北鄙 定方圍之 次子泰自立爲王 率衆固守 義慈孫文思曰 王太子固在 叔乃自王 若唐兵解去 如我父子何 與左右縋而出 民皆從之 泰不能止(『新唐書』권220 列傳 제145 東夷 百濟).

---

11) 『三國史記』百濟本紀 義慈王 21년.

ⓔ 百濟王義慈及太子隆逃于北境 定方進圍其城 義慈次子泰自立爲王 帥
　衆固守 隆子文思曰 王與太子皆在 而叔遽擁兵自王 借使能却唐兵 我父
　子必不全矣 遂帥左右踰城來降 百姓皆從之 泰不能止(『資治通鑑』 권
　200 唐紀16 高宗 上之下).

위 사료들을 살펴보면 의자왕과 태자가 北鄙로 달아난 틈을 이
용하여 自立하여 왕이 된 의자왕의 次子 泰와 文思는 叔姪關係였
다. 그러나 그의 父에 대해서는 태자의 아들(E-①, ②), 의자왕의
嫡孫(E-③), 의자왕의 손자(E-④, ⑤), 隆의 아들(E-⑥)로 각기 기
록되어 있어 혼란을 주고 있다. 이 중 E-①, ②, ③, ⑥은 文思의
아버지가 의자왕의 태자였던 것으로 기록하고 있다.

그런데 E-①의 『三國史記』의 기록과 E-②의 『三國遺事』의 기
록은 A-①의 『三國史記』와 A-④의 『三國遺事』의 기록에서와 같
이 백제의 태자가 각각 孝와 隆으로 달리 나타나고 있어, 멸망 당
시 백제의 태자가 과연 孝와 隆 중 누구였느냐에 따라 文思의 위치
가 달라질 가능성이 있다.[12]

E-③, ⑥은 태자를 隆으로 단정하고 文思를 태자의 아들, 즉 隆
의 아들로 보고 있다. E-④, ⑤에서는 文思를 태자의 子, 또는 의
자왕의 嫡孫이라고 하지 않고 다만, 의자왕의 손자라고만 하고 있
다. 위 사료들을 통해 볼 때 의자왕의 태자에 대해서는 서로 다른
두 가지 계통의 사료가 있었다는 것을 알 수 있다. 이러한 두 계통
의 사료를 정리한 것이 E-②의 『三國遺事』 기록이다.

또한 백제멸망 당시의 금석문 자료인 「大唐平百濟國碑銘」과 「唐

---

12) 백제 멸망 당시의 太子問題에 대해서는 다음과 같은 연구 성과를 참고할 수 있
　다.
　金壽泰, 「百濟 義慈王代의 太子冊封」, 『百濟研究』 23, 1992.
　山尾幸久, 「7世紀 中葉의 東아시아」, 『百濟研究』 23, 1992.
　梁起錫, 「百濟 扶餘隆 墓誌銘에 대한 檢討」, 『國史館論叢』 62, 1995.

劉仁願紀功碑」,「扶餘隆墓誌」[13]에도 백제 태지는 隆으로 기록되어 있다.「大唐平百濟國碑銘」과「唐劉仁願紀功碑」의 기록이 A-①, E-①과 같은『三國史記』百濟本紀의 기록보다 당시의 사정을 더욱 정확하게 기록하고 있다고 볼 수 있다. 따라서 백제의 태자는 孝보다는 隆으로 보는 것이 타당하다고 생각된다. 다만 백제 의자왕대에 冊封된 태자가 孝와 隆 두 사람이었을 것이라는 견해도 있다.[14] 이에 의하면 의자왕대에 백제의 태자는 孝와 隆 2명으로, 첫 번째 태자가 孝였고 두 번째 태자는 隆이었다고 보고 있다. 그러나 이 견해에서도 백제 멸망시의 태자는 역시 隆이었음을 주장하고 있으며, 대부분의 기록에서도 태자를 隆으로 기록하고 있는 것으로 보아 文思는 隆의 아들이라고 보아도 좋을 것이다. 그러므로 E-③은 文思를 의자왕의 嫡孫 즉, 隆의 아들이라고 기록하고 있는 것이다.

위 사료를 통해 보면 文思는 "국왕과 태자가 비록 北鄙로 가 있었다지만 엄연히 살아있는데 次子인 泰가 왕이 되었으니, 만약 唐兵이 물러가면 어찌 우리가 온전할 수 있겠느냐" 하면서 左右臣僚들을 거느리고 당군에 투항하려 성을 넘어가니 백성들이 따라갔고, 泰는 이를 제지하지 못했다는 것이다.

文思는 국왕과 태자가 있는데도 불구하고 次子 泰가 스스로 王이 된 것을 힐난하고, 이 일에 연루되어 화를 입을 것을 두려워하고 있었다는 것을 알 수 있다. 그리고 도성을 방어하지 않고 오히려 臣僚들을 거느리고 당군에 투항하고 있는 것이다.

이러한 文思의 행동은 백제말기 지배층의 분열과 혼란상을 그대로 대변한다고 할 수 있다. 文思는 만일 당군이 물러가고 의자왕과 태자가 도성으로 다시 돌아온다면, 분명 숙부 泰가 자립하여 왕이

---

13) 韓國古代社會硏究所 編,『譯註 韓國古代金石文』제1권, 1992, pp.545~553.
14) 金壽泰,「百濟 義慈王代의 太子冊封」,『百濟硏究』23, 1992, pp.151~158.

된 것을 방조하거나 도운 것으로 의심을 받을 것이고 그 사건에 연루되어 처벌을 받을 것이 분명할 것이라는 판단이 앞섰을 것이다. 또 숙부 泰와 함께 사비도성을 고수하다가 당군에게 함락당하면 숙부 泰는 물론 文思 자신도 제대로 보전하기 어렵다는 판단이 섰을 것이다. 이러한 진퇴양난의 입장에 빠지게 되자 文思는 스스로 당군에 투항하였던 것으로 보인다.

만약 당병이 물러간다면 의자왕과 태자 隆이 사비도성으로 돌아오겠지만, 그 뒤에는 복잡한 문제에 직면하게 된다. 王子 泰는 자신과 왕위계승권을 놓고 경쟁관계에 있는 태자 隆을 그대로 두고 자신은 다시 次子로서 물러날 수 없는 상황이 된다. 더욱이 泰가 이미 자립하여 왕을 칭한 뒤이므로 의자왕과 태자 隆은 泰를 도저히 용납할 수 없는 상황이 된다. 의자왕과 隆이 泰를 제거하든지, 泰가 의자왕과 隆을 제거하고 왕위에 오르든지 하는 두 가지 상황에 이르게 되는 것이다.

文思도 마찬가지 상황에 부딪치게 된다. 泰가 정말로 즉위하게 되면 태자의 아들인 文思는 泰가 제거하여야만 하는 정적이 될 수밖에 없다. 또한 나당군이 물러가게 되어 의자왕과 태자가 웅진성에서 돌아온다면 泰가 王을 칭한 것을 문제 삼을 것이고, 여기에 文思는 泰가 왕을 칭한 것을 방기한 것이 되므로 文思와 함께 처형을 당할 것은 자명한 일이었다. 文思로서는 상황이 어떻게 전개되든 무사하기 어렵다는 것을 알고 있었던 것이다.

그러므로 文思는 자립하여 왕이 된 泰에게 "우리 부자는 온전치 못할 것"이라고 말하고는 그를 따르는 左右臣僚들을 거느리고 당군에 투항하였던 것이다. 이때 文思를 따라간 左右臣僚들은 泰와는 정치적인 입장을 달리하는 隆의 近臣들이었을 것이다. 그렇기 때문에 泰는 이들이 성을 넘어 투항하는데도 불구하고 제지할 수 없었올 것이다.

백제 大將 禰植도 당군에 투항한 경우이다. 禰植에 대해서는 F
의 기록이 전부이므로 구체적으로는 알 수 없다. 그러나 『舊唐書』
와 『新唐書』 蘇定方列傳의 백제 멸망 기록에 禰植은 비중 있는 인
물로 거명되고 있다. 이와 관련된 사료들은 다음과 같다.

F-① 十八日 義慈率太子及熊津方領軍等 自熊津城來降(『三國史記』 新羅本
　　　紀 太宗武烈王 7년 7월).
　② 王義慈及太子隆奔于北境 (중략) 其大將禰植又將義慈來降 太子隆幷與
　　　諸城主皆同送款(『舊唐書』 권83 列傳 제33 蘇定方).
　③ 王義慈及太子隆北走 (중략) 其將禰植與義慈降 隆及諸城送款(『新唐書』
　　　권111 列傳 제36 蘇定方).

『三國史記』 新羅本紀(F-①)에 의하면 義慈王이 태자 및 熊津方
領軍을 거느리고 웅진성으로부터 와서 항복하였다고 기록되어 있
다. 그러나 『舊唐書』와 『新唐書』의 蘇定方列傳(F-②, ③)을 보면
『三國史記』 新羅本紀의 기록과는 다르다는 것을 알 수 있다. 『舊唐
書』 蘇定方列傳(F-②)에는 의자왕과 태자가 북쪽으로 달아났다가
사비도성이 함락되자 大將 禰植이 의자왕을 거느리고 와서 항복하
니 태자 隆과 諸城이 모두 항복한 것으로 되어 있다. 그리고 『新唐
書』 蘇定方列傳(F-③)에도 禰植과 의자왕이 항복을 하자 태자 隆
및 다른 성들도 항복하였다는 것이다. 위 기록을 통해 볼 때, 禰植
이 백제 장군이었고 의자왕이 달아난 北鄙 熊津城과 관련이 있다는
것을 알 수 있다. 또한 의자왕이 웅진성으로부터 사비성으로 돌아
와 항복한 것은 자의에 의한 것이 아니라 대장 禰植과 관련된 것이
다. 禰植이 의자왕을 웅진성으로부터 거느리고 왔다고 한 것(F-②)
으로 보아 禰植이 의자왕을 사로잡아 당군에 바쳤을 가능성이 있는

것이다. 그렇다면 禰植은 또한 北方城인 웅진성을 다스리고 있던 熊津方領이었을 가능성도 크다. 北鄙 웅진성으로 달아났던 의자왕은 熊津方領이던 大將 禰植에게 사로잡혀 사비성으로 끌려와 당군에 바쳐졌던 것으로 볼 수 있을 것이다.[15]

사비도성이 함락당하고 국왕인 의자왕이 熊津方領 禰植에게 사로 잡혀 당군에게 바쳐지자 백제의 태자 隆을 비롯한 諸城과 城主들도 대부분 당군에 투항을 하였다(F-②, ③). 이때 투항한 세력들은 중앙의 지배세력뿐만이 아니었을 것이다. 이와 관련하여 다음의 사료들을 살펴볼 필요가 있다.

G-① 五年 授嵎夷道行軍大摠管 隨邢國公蘇定方 平破百濟 執其王扶餘義慈 竝太子隆 及佐平□率 以下七百餘人 自外首領 古魯都□ 奉武□扶餘 生 受延尒普羅等 竝見機而作 入功歸順 惑入移降闕 惑入□□□ 合境 遺黎 安堵如舊(唐劉仁願紀功碑).

② 黑齒常之 百濟西部人 長七尺餘 驍毅有謀略 爲百濟達率兼風達郡將 猶 唐刺史云 蘇定方平百濟 常之以所部降 而定方囚老王 縱兵大掠 常之懼 與左右酋長十餘人 遯去 嘯合連亡 依任存山自固 不旬日 歸者三萬 定 方勒兵攻之 不克 遂復二百餘城(『三國史記』 列傳 黑齒常之).

③ 黑齒常之 百濟西部人 長七尺餘 驍勇有謀略 初在本蕃 仕爲達率兼郡將 猶中國之刺史也 顯慶五年 蘇定方討平百濟 常之率所部隨例送降款 時 定方繫左王及太子隆等 仍縱兵劫掠 丁壯者多被戮 常之恐懼 遂與左右 十餘人 遁歸本部 鳩集亡逸 共保任存山 築柵以自固 旬日而歸附者三萬 餘人 定方遣兵攻之 常之領敢死之士拒戰 官軍敗績 遂復本國二百餘城 定方不能討而還(『舊唐書』 권109 列傳 제59 黑齒常之).

④ 黑齒常之 百濟西部人 長七尺餘 驍毅有謀略 爲百濟達率兼風達郡將 猶唐 刺史云 蘇定方平百濟 常之以所部降 而定方囚老王 縱兵大掠 常之懼 與 左右酋長十餘人 遁去 嘯合連亡 任存山自固 不旬日 歸者三萬 定方勒兵 攻之 不克 常之遂復二百餘城(『新唐書』 권110 列傳 제35 黑齒常之).

---

15) 盧重國, 「百濟 滅亡後 復興軍의 復興戰爭 硏究」, 『歷史의 再照明』, 1995, p.196.

위 사료들을 보면, 사비도성이 함락당하고 義慈工 및 태자 융 및 佐平, 達率 등의 중앙귀족들이 사로잡히자 지방의 首領들도 당군에 항복하였음을 알 수 있다(G-①). 이때 투항한 지방군장 중에는 백제 西部人으로 達率 겸 風達郡將이던 黑齒常之도 포함되었다. 『三國史記』 등 諸記錄의 黑齒常之列傳은 당시의 이러한 상황을 잘 보여주고 있다. 黑齒常之는 당군과 직접적인 전투를 치르지도 않은 채 소속 部인 西部를 들어 蘇定方의 당군에 항복하였다. 물론 그 뒤 黑齒常之는 부흥운동군에 합류하게 되지만, 일단 처음에는 당군에 항복하였던 것이다.

이로써 백제는 사비도성의 함락과 함께 북방인 웅진성의 방령 禰植이 당군에 투항하고 서방의 군장인 黑齒常之가 투항하여 지방의 5개 행정구역 중 西方과 北方을 전투도 없이 당군에 내주었던 것이다.

(3) 新羅에 投降

의자왕 말기에 이르러 백제는 王의 폭정과 災變怪異의 빈발에 따라 국정은 피폐해지고 지배층은 분열과 대립양상을 띠게 되었다. 이러한 상황은 政情을 불안케 하고 백성들의 심리적 불안을 가중시켜 백제가 망한다는 유언비어가 橫行하게 하였다. 불안한 政情과 백성들의 심리적 불안은 백제의 최고위 지배층이 신라와 내통하는 지경에까지 이르게 하였다. 『三國史記』 金庾信列傳에 보이는 佐平 任子가 대표적인 인물이다.

> H-① 永徽六年乙卯秋九月 庾信入百濟 攻刀比川城克之 是時百濟君臣奢泰
> 淫逸 不恤國事 民怨神怒 災怪屢見 (중략) 先是租未坤級湌爲夫山縣
> 令 被虜於百濟 爲佐平任子之家奴 從事勤恪 曾無懈慢 任子憐之不疑
> 縱其出入 乃逃歸 以百濟之事告庾信 庾信知租未坤忠正而可用 乃語曰

吾聞任子專百濟之事 思有以與謀而末由 子其爲我再歸言之（중략）遂
復入於百濟 告任子曰（중략）租未坤伺間報曰 前者畏罪不敢直言 其
實往新羅還來 庾信論我 來告於君曰 邦國興亡 不可先知 若君國亡 則
君依於我國 我國亡 則吾依於君國 任子聞之 嘿然無言 租未坤惶懼而
退 待罪數月 任子喚而問之曰 汝前說庾信之言若何 租未坤驚恐而對
如前所言 任子曰 爾所傳 我已悉知 可歸告之 遂來說 兼及中外之事
丁寧詳悉 於是愈急倂呑之謀(『三國史記』列傳 金庾信 中).

위 사료에서 보는 바와 같이, 任子는 백제의 佐平으로 國事를
오로지할 정도로 최고지배귀족 중 한 사람이었다.16) 신라의 金庾信
은 租未坤을 매개로 佐平 任子를 회유하였다. 租未坤은 본래 신라
의 夫山縣令이었으나 백제와의 싸움에서 포로가 되어 任子의 家奴
로 있던 인물이었다. 佐平 任子는 백제의 중앙귀족이었으나 의자왕
의 暴政으로 국정이 혼란스러워지자 자신의 家奴로 있던 租未坤이
신라의 첩자라는 사실을 알면서도 어찌하지를 못하고 있었다.17) 이
때 租未坤이 任子에게 "나라의 흥망을 미리 알 수 없으니, 만일 백
제가 망하면 任子가 신라에 의지하고, 신라가 망하면 金庾信이 백
제에 의지하도록 하자"는 金庾信의 회유하는 말을 전하였다. 任子

---

16) 梁起錫,「百濟 泗沘時代의 佐平制 研究」,『忠北史學』9, 1997.
17)『三國史記』義慈王 19年에 "春二月 衆狐入宮中 一白狐坐上佐平書案"이라는 기
사가 주목된다. 글자 그대로 옮기자면 "봄 2월에 여우 여러 마리가 궁중에 들
어왔는데, 그 중 흰여우 한 마리가 上佐平의 書案에 올라앉았다"고 해석할 수
있다. 이 기사는 義慈王 말기에 일어난 괴변을 기술한 것으로 볼 수 있다. 그러
나 여기서 여우는 상서롭지 못하고 교활한 것을 상징하므로 당시 사비도성에
서 암약하던 신라의 첩자들을 가리킨다고 볼 수도 있다. 그렇다면 이런 괴변은
당시 백제 궁중에 많은 신라의 첩자들이 활동하고 있었다는 것을 말하며, 上佐
平의 서안에 올라가 앉은 흰여우 한 마리는 신라의 첩자 중에 佐平 任子의 집
에서 家奴로 있으면서 암약하던 租未坤을 가리킨 것으로 볼 수도 있을 것이다.
任子가 백제의 국사를 오로지 할 정도의 권세를 가지고 있었다는 것은 그가 당
시의 佐平 중에도 상위의 직책 즉, 上佐平이었으며 신라 첩자 租未坤에 의해서
조종당하고 있었다는 것으로 풀이할 수도 있을 것이다.

는 金庾信의 제안을 바로 받아들이지는 않았다. 그렇지만, 租未坤을 그대로 두고 수개월이 지난 뒤에 다시 租未坤을 불러 金庾信의 제안이 사실인지를 확인한 후에 이를 받아들이고 있다.

任子는 당시의 정치상황에서 金庾信이 보낸 첩자 租未坤에게 포섭당하여 고심 끝에 백제보다는 신라의 회유에 응하는 길을 택하였다. 그리하여 租未坤이 백제의 中外之事를 신라의 金庾信에게 낱낱이 알리는 것을 방조하였던 것이다. 신라는 任子와 같은 백제의 최고지배층을 포섭함으로써 백제 국내외에서 벌어지고 있던 기밀들을 상세히 파악할 수 있었고, 백제정벌에 필요한 사전정보를 충분히 얻을 수 있었던 것이다.

그렇다면 여기에서 佐平 任子가 신라의 金庾信과 내통한 이유를 알아볼 필요가 있다. 任子는 佐平이라는 백제 최고의 관위를 갖고 국정을 오로지 하고 있었다. 그럼에도 불구하고 金庾信과 내통하게 되었다는 것은 그가 비록 백제 중앙권력의 핵심부에 있었지만, 그 자리가 위협을 받고 있었던 위태로운 상황에 기인한 것으로 볼 수 있다. 『三國史記』 金庾信列傳(H - ①)에서도 볼 수 있듯이, 백제 任子와 신라 金庾信이 내통한 시점은 백제의 군신들이 사치하고 淫逸하여 국사를 돌보지 않아 혼란에 빠졌던 시기였다.

백제 의자왕은 즉위 초기에는 雄勇하고 담력이 있으며 효도로써 부모를 섬기고 형제와 우애가 있어 海東曾子라는 칭송을 들을 정도였다.[18] 또한 고구려와 화친하고 신라를 공격하여 連戰連勝하는 등 백제의 盛世를 이끌었다. 그러나 의자왕 15년 이후에 이르면 과도한 정벌로 군대가 피로해지고 국력이 고갈되는데도 토목공사를 일으켜 太子宮을 사치스럽게 새로 꾸미고 궁궐 남쪽에 望海亭을 세우고[19] 宮人과 더불어 荒淫耽樂하고 飮酒를 그치지 않았다. 게다가

---

18) 『三國史記』 百濟本紀 義慈王 元年.

이를 極諫하는 佐平 成忠을 옥에 가두어 죽게 하자, 신하들은 감히 諫言할 수 없게 되었다.[20] 또한 義慈王은 王庶子 41인을 佐平으로 삼는 등[21] 왕족을 중심으로 지배세력을 개편하였다.[22]

이러한 의자왕 말년의 폭정과 정치세력의 개편과정에서 新舊貴族勢力의 대립과 갈등이 노정되는 상황에 佐平 任子도 놓이게 되었을 것이다. 이런 혼란 속에서 정치적 몰락의 위기를 맞은 任子는 신라 첩자 租未坤을 통해 신라의 실권자였던 金庾信의 회유에 포섭되어 자신의 안위를 위해 신라와 내통을 하였다.

신라의 첩자 租未坤이 任子의 家奴가 된 시점에 대해서도 알아볼 필요가 있다. 租未坤이 포로가 된 시기에 대해서는 확실치 않다. 그렇지만 백제군의 공격을 방어하다가 포로가 되었을 가능성이 있다. 이에 대해서는 의자왕 말년에 백제와 신라와의 交戰기록을 통해 추측해 볼 수 있다.

H-② 王與高句麗靺鞨 攻破新羅三十餘城(『三國史記』 百濟本紀 義慈王 15년).
  ③ 高句麗與百濟靺鞨 連兵 侵軼我北境 取三十三城(『三國史記』 新羅本紀 太宗武烈王 2년).
  ④ 先是 我與百濟靺鞨 侵新羅北境 取三十三城(『三國史記』 高句麗本紀 寶臧王 14년).

신라와 백제간의 전쟁은 의자왕 즉위 초부터 의자왕 9년까지 기록이 계속되다가, 일시 소강상태를 유지하나 위 사료 H에서 보듯이 의자왕 15년(655)에 다시 교전한 기록이 나타난다. 그러나 655년의

---

19) 『三國史記』 百濟本紀 義慈王 15년.
20) 『三國史記』 百濟本紀 義慈王 16년.
21) 『三國史記』 百濟本紀 義慈王 20년.
22) 金壽泰, 「百濟 義慈王代의 政治變動」, 『韓國古代史研究』 5, 1992, pp.67~70.

교전기록 후 660년 나당연합군이 백제를 침공할 때까지 더 이상 백제와 신라간의 교전기록은 보이지 않는다. 租未坤이 縣令으로 있던 夫山縣의 위치가 어디인지 정확히 알 수는 없지만 백제와의 접경지역이었을 것이다. H-②, ③, ④를 보면 百濟가 靺鞨, 高句麗兵과 連兵하여 빼앗은 지역이 신라 北境의 33城이었음을 알 수 있다.

이로 보아 租未坤이 縣令으로 있던 夫山縣은 신라의 北境으로, 신라가 빼앗긴 33城 중의 하나였을 것이다. 그리고 租未坤이 백제군의 포로가 된 시기를 신라와 백제간의 교전기록이 마지막으로 나타나는 655년으로 추정할 수 있게 해준다. 또한 級湌으로 夫山縣令이었다는 기록으로 보아서 租未坤은 夫山縣의 현령이었을 때 백제군의 공격을 받아 성이 함락당하여 포로로 잡혀 끌려갔고, 그 후 노비로 分給되어 佐平 任子의 家奴가 되었을 것이다.

租未坤은 포로로 끌려와 任子의 집에서 家奴로 있으면서 일을 근면히 하고 정성스럽게 하여 출입을 마음대로 하여도 의심받지 않을 정도로 任子의 신뢰를 얻었다. 그리고 그는 의자왕 말기 왕족 중심의 정권개편 과정에서 정치적 위기에 빠진 任子를 회유해 신라의 金庾信과 내통하도록 주선하였을 것이다. 또한 백제의 중요 기밀들을 빼돌려 신라에 전하는 첩자로서의 역할도 충실히 수행하여 신라가 백제 정벌을 모의하는데 일조하였다.

중앙귀족으로 최고 관위를 가지고 있던 佐平 任子도 신라와 내통하는 등 백제의 지배세력은 분열상을 보여주고 있다. 이러한 백제 지배층의 분열은 나당연합군의 침입을 당하여서도 대비책을 한결같이 마련하지 못하는 결과를 초래하여 국가의 멸망을 재촉하였다. 신라와 내통하던 백제의 지배층은 佐平 任子 이외에도 그와 정치적인 입장을 같이하는 세력들이 있었을 것이다. 이들은 나당연합군의 침공을 맞이하여 나당군에 저항하기보다는 신라군에 내응하였을 것이다. 그리고 사비도성이 함락되고 의자왕이 항복한 이후에는 신라에 투항하였을 것이다. 나당연합군의 침공 이전부터 신라와 내통하고 있던 任子로 대표되는 세력은 친신라세력으로 볼 수 있으며, 이들은 사비성 함락 후 바로 신라에 귀부했을 것임은 자명하다.

任子 이외에도 신라에 투항한 세력에 대해서는 다음 사료를 통해 살펴볼 수 있다.

> I-① 秋七月九日 庾信等進軍於黃山之原 百濟將軍堦伯擁兵而至 (중략) 百濟大敗 堦伯死之 虜佐平忠常常永等二十餘人(『三國史記』新羅本紀 太宗武烈王 7년).
> ② 百濟人員 並量材任用 佐平忠常常永 達率自簡 授位一吉湌 充職摠管 恩率武守 授位大奈麻 充職大監 恩率仁守 授位大奈麻 充職弟監(『三國史記』新羅本紀 太宗武烈王 7년 11월 22일).

계백과 함께 황산벌 전투에 출전했던 佐平 忠常과 常永 등은 그 뒤의 행적을 보아서 신라군에 투항한 부류로 볼 수 있다. 결사대를 이끌고 황산벌 전투에 나섰던 佐平 忠常과 常永 등 20여 인은 堦伯[23]이 戰歿한 것과는 달리 신라군에 포로가 되었다(I-①). 이 때 포로가 된 佐平 常永은 挾擊해 오는 나당연합군의 공격을 방어할 전략을 논의하는 과정에서 對唐 우선 決戰을 주장하던 佐平 義直의 전략 대신에 對新羅 우선 決戰을 주장해 관철시킨 장본인이었다.[24]

---

23) 列傳에는 階伯으로 기록되어 있다(『三國史記』列傳 階伯).

24) 蘇定方引軍自城山濟海 至國西德物島 新羅王遣將軍金庾信 領精兵五萬以赴之 王聞之 會群臣 問戰守之宜 佐平義直進曰 唐兵遠涉溟海 不習水者 在船必困 當其初下陸 士氣未平 急擊之 可以得志 羅人恃大國之援 故有輕我之心 若見唐人失利 則必疑懼而不敢銳進 故知先與唐人決戰可也 達率常永等曰 不然 唐兵遠來 意慾速戰 其鋒不可當也 羅人前屢見敗於我軍 今望我兵勢 不得不恐 今日之計 宜塞唐人之路 以待其師老 先使偏師擊羅軍 折其銳氣 然後伺其便而合戰 則可得而全軍而保國矣 王猶豫不知所從(『三國史記』百濟本紀 義慈王 20년).

이러한 방어전략의 논의과정에서 對新羅 우선 결전진략이 채택되었고, 常永은 達率에서 佐平으로 승진하여[25] 佐平 忠常, 達率 堦伯과 함께 결사대를 이끌고 신라군을 막으러 출전하였던 것이다.

그런데 達率 계백을 비롯한 백제군의 결사대가 황산벌 전투에서 패하여 戰歿한 것과는 달리, 막상 신라와의 우선 결전을 주장하였던 佐平 常永은 佐平 忠常 등 20여 인과 함께 신라군의 포로가 되었다. 전쟁포로는 H-①에서도 볼 수 있듯이 신라의 級湌 관등을 소지했던 夫山縣令 租未坤의 경우처럼 家奴로 전락하거나[26] 斬首당하는 것이 일반적이었다.[27] 그러나 忠常과 常永의 경우에는 백제군의 결사대를 이끌었던 백제의 최고지배층이었음에도 불구하고 포로로 잡힌 후 참수되거나 노비로 전락하지 않았다.

오히려 이들은 사비도성이 함락된 후 얼마 안 되어 신라로부터 官等을 수여받고 있다.[28] 佐平 忠常과 常永은 신라의 제7위 관등인 一吉湌과 아울러 高位武官職인 摠管을 제수받고 있어 신라로부터 특별한 대우를 받았다. 이들이 신라로부터 특별한 대우를 받은 까

---

25) 金壽泰, 「百濟 義慈王代의 政治變動」, 『韓國古代史硏究』 5, 1992, p.69.
26) 階伯이 출전에 앞서 자신의 처자를 스스로 살해한 까닭도 처자가 사로잡혀 노비가 되어 욕을 당하는 것이 일반적인 상황이었기 때문이다(『三國史記』 列傳 階伯).
27) 金鐘壽, 「戰鬪員 捕虜와 그 處理 問題」, 『韓國古代國家의 노예와 농민』, 1997, pp.114~120.
28) 백제의 결사대를 이끌고 황산벌로 출전하였던 階伯의 관등이 達率이었으므로 佐平 관등을 소지한 忠常과 常永이 階伯의 휘하에 있었다고 볼 수는 없다. 백제 말기에 佐平의 정원이 폐지되고 지위가 상대적으로 하락하였다고 하더라도 佐平이 達率의 휘하에 들만큼 佐平의 지위가 명예직화되거나 허직화된 것은 아니었다. 佐平 忠常과 常永이 별도의 부대를 거느리지 않고 단순히 백제군의 지휘부, 즉 군사고문의 역할만을 하러 階伯과 함께 출전하였다는 것부터 무엇인가 미심쩍은 면이 있다. 그렇기 때문에 황산벌 전투 이후 佐平 忠常과 常永이 신라군의 포로가 되었음에도 불구하고 신라의 京位를 제수받았고 이후에도 특별한 대우를 계속 받는 것으로 보아 황산벌 전투에서 신라가 승리하는 데 기여하였을 가능성이 있다고 추측해 볼 수도 있다.

닭에 대하여는 이들이 나당연합군의 대백제전 승리에 간접적으로 기여하였을 가능성이 언급되고 있다.[29]

그렇다면 위에서 본 佐平 任子의 사례에서와 같이 佐平 忠常과 常永도 신라와 내통하였을 가능성이 있는 것이다. 佐平 忠常과 常永은 신라와 내통하면서 나당연합군의 침공 이전부터 成忠 등에 의해 주창되어 오던[30] 백제의 방어전략에 혼선을 빚게 만들었다. 또한 義慈王 초기부터 對新羅戰을 적극적으로 수행하던 佐平 義直의 對唐先攻戰略을 묵살하고 對新羅先攻戰略을 제시하여, 나당연합군을 방어할 기회와 전략적 요충을 상실하게 하는 등 전황을 불리하게 이끌었다. 나당연합군에 대한 방어전략은 단순한 전략상의 견해차이로 볼 수는 없다. 여기에는 백제 지배세력 간의 어떤 정치적인 이해관계가 개입되었다고 보는 것이 타당하다.[31]

정치적인 이해관계에 따른 지배세력간의 대립과 갈등은 租未坤과 같은 신라의 첩자가 佐平 任子와 같은 백제의 최고지배층마저도 포섭하여 신라와 내통하게 하는 등의 활동을 할 수 있는 토대가 되었다. 佐平 忠常과 常永도 이러한 정치적 이해관계를 두고 대립하는 과정에서 佐平 任子와 같이 신라의 첩자에 포섭되었을 가능성이 있다.

이러한 사정 때문에 백제의 중앙군 중에서 가려 뽑은 결사대 5천 명을 거느리고 출전한 階伯조차도 출전에 앞서 자신의 처자를 스스로 죽일 정도로 국가의 존망을 확신할 수 없었던 것이고, 이미

---

29) 盧重國,「統一期 新羅의 百濟故地支配」,『韓國古代史硏究』1, 1988, pp.121~124.
   金壽泰,「百濟 義慈王代의 政治變動」,『韓國古代史硏究』5, 1992, p.71.
   姜鍾元,「階伯의 政治的 性格과 황산벌 전투」,『論山黃山벌 戰蹟地』, 2000, pp.29~30.
30) 『三國史記』百濟本紀 義慈王 20년.
31) 金周成,「義慈王代 政治勢力의 動向과 百濟滅亡」,『百濟硏究』19, 1988, pp.274~275.

패전올 예견히고 있었던 것이다.32) 이 같은 백제군이 가지고 있었던 패전에 대한 공포는 백제 지배세력들의 전투의지는 물론 일반 백성들의 전투의지까지 크게 약화시켰을 것이다. 이러한 와중에서 당시 지배세력들의 일부는 신라와 내통하면서 자신의 지위와 신분을 보장받으려 하였고, 나당연합군의 대대적인 침공에 직면하면서 이러한 풍조는 더욱 팽배할 수밖에 없었을 것이다.

佐平 忠常과 常永 이외에도 達率 自簡이 신라의 경위 제7위인 一吉湌으로 摠管職을, 恩率 武守가 경위 제10위인 大奈麻로 大監職을, 恩率 仁守가 역시 경위 제10위인 大奈麻로 弟監職을 제수받고 신라 관리로 기용되는 등 특별한 대우를 받고 있다. 이로 보아 이들도 신라의 백제전 승리에 직간접적으로 기여하였을 것으로 생각된다. 한편 다음의 사료들을 통해서도 백제 멸망 당시 이들과 신라 간의 관계를 유추할 수 있다.

Ⅰ-③ 春二月 百濟殘賊來攻泗沘城 王命伊湌品日爲大幢將軍 迊湌文王 大阿湌良圖 阿湌忠常等 副之(『三國史記』 新羅本紀 太宗武烈王 8년).
　④ 秋七月十七日 以金庾信爲大將軍 仁問 眞珠 欽突爲大幢將軍 天存 竹旨 天品爲貴幢摠管 品日 忠常 義服爲上州摠管 眞欽 衆臣 自簡爲下州摠管 (중략) 百濟殘賊據甕山城 (중략) 不服 九月十九日 大王進次熊峴停 集諸摠管大監 親臨誓之 二十五日 進軍甕山城 至二十七日 先燒大柵 斬殺數千人 遂降之 (중략) 上州摠管品日與一牟山郡太守大幢 沙尸山郡太守哲川等 率兵攻雨述城 斬首一千級 百濟達率助服 恩率波伽 與衆謀降 賜位助服級湌 仍授古陀也郡太守 波伽級湌 兼賜田宅衣物 (『三國史記』 新羅本紀 文武王 元年).

백제 사비도성 함락 후 4개월 여 만에 신라의 京位 제7위인 一吉湌을 제수받았던 佐平 忠常은 위 사료들을 통해 볼 때 다음 해

---

32) 『三國史記』 列傳 階伯.

(661) 봄 2월에 다시 京位 제6위인 阿湌으로 승진하여 신라군의 일원으로 백제부흥운동군을 진압하는 데 참여하고 있다(Ⅰ-③). 또한 나당군의 고구려 협공전과 부흥운동군 토벌전에도 참여하고 있다 (Ⅰ-④). 忠常은 大將軍 金庾信의 휘하에 上州摠管으로, 自簡은 下州摠管으로 고구려로 출전하는 도중에 백제부흥운동군의 거점인 甕山城을 쳐서 함락시키는 등 부흥운동군 토벌에도 軍功을 세워 褒賞을 받았던 것이다.

이렇게 신라의 대백제전에 군공을 세우고 신라의 관위와 관직을 받고 포상을 받은 사례는 達率 助服과 恩率 波伽의 경우를 통해서도 확인할 수 있다(Ⅰ-④). 이들은 신라군이 공격할 때 雨述城 함락에 기여한 공로로 達率 助服은 京位 제7위인 級湌을 수여 받고 古陀也郡 太守를 제수받았다. 恩率 波伽도 경위 제7위인 級湌을 수여받고 田宅과 衣物을 추가로 하사받는 등 신라의 포상을 받아 망한 백제의 지배층이면서도 신분상으로나 경제상으로 우대를 받고 있다. 이로 보아 佐平 忠常과 常永, 達率 自簡, 恩率 武守와 仁守 등은 모두 신라의 대백제전에 협력한 공로로 신라의 관등과 관직을 제수받았던 것이라고 추측할 수 있다.

백제의 지배층으로서 신라에 포섭되어 백제 멸망과 함께 신라에 來投한 佐平 忠常과 常永 등은 신라의 관위와 관직을 받아 자신들의 신분과 지위는 보장받았지만, 부흥운동군을 토벌하는 데 출전하거나 고구려 공격에 동원되고 있다. 즉, 신라에 來投하였던 백제의 지배세력들은 신라의 관등과 관직을 제수받았으며, 부흥운동군 토벌에 이용당했던 것이다.

이러한 양상은 唐軍에 투항했다가 부흥운동에 가담했던 黑齒常之의 경우에서도 나타난다. 黑齒常之도 끝내는 唐軍에 회유되어 부흥운동을 진압하는데 결정적인 역할을 하고, 唐에 가서도 무장으로 활약하는 인생역정을 밟게 된다.

2) 國外 亡命

백제의 지배층과 일반 백성들 중 일부는 나당연합군의 포로가
되거나 당과 신라에 來投하여, 자의든 타의든 百濟故地를 떠나 당
과 신라로 徙民되었다. 이러한 부류와 다른 차원에서 百濟故地를
떠난 사람들도 다수 있었다. 이들은 바로 國外 亡命者들로서 고구
려와 왜로 망명하였다. 당시 백제는 고구려와 왜와는 비교적 원만
한 외교관계를 유지하고 있었기 때문에 百濟遺民이 망명할 수 있는
곳은 이 두 나라뿐이었다.

다음의 기록을 살펴보면 당시의 상황을 엿볼 수 있다.

> J-① 蠻貊之俗 易動難安 況北方迮寇 元來未附 旣見雕戈 東邁錦纜 西浮妖
>   孽 侏張仍圖 反逆(唐劉仁願紀功碑).
> ② 王扶餘豊 脫身而走 不知所在 或云奔高句麗 (중략) 遲受信遠任存城 未
>   下 (중략) 遲受信委妻子奔高句麗(『三國史記』 百濟本紀 義慈王 20
>   년).
> ③ 九月己亥朔癸卯 百濟遣達率(闕名) 沙彌覺從等來奏曰(或本云 逃來告
>   難) 今年七月新羅恃力作勢不親於隣 引搆唐人傾覆 百濟君臣摠俘略無
>   噍類 於是 西部恩率鬼室福信 赫然發憤 據任射岐山 達率餘自進 據中
>   部久麻怒利城 各營一所 誘聚散卒 兵盡前役 故以棓戰(『日本書紀』 권
>   제26 齊明天皇 6년).

위 기록들은 백제유민들의 동향에 대해 알려주는 기록들이다.
그러나 백제 멸망과 함께 백제의 지배층 또는 백성이 고구려로 망
명하였다는 직접적인 기록은 아니다. 다만, 위의 「唐劉仁願紀功碑」
에 "오랑캐의 풍속은 움직이기는 쉬우나 편안케 하기는 어려운데

하물며 북쪽으로 도망한 도적들이야!" 하는 것으로 보아서 고구려로 도망한 세력이 있었음을 알 수 있다. 그리고 이들은 J-②에서 보듯이 백제부흥운동이 실패로 돌아간 후에 고구려로 달아난 豊璋, 遲受信과 같은 무리들을 가리키는 것으로 보이지만, 그 밖에도 고구려로 망명한 다른 세력들도 있었을 것이다.

J-③의 기록을 살펴보면, 백제 멸망 직후인 660년 9월 5일(癸卯)에 이름을 모르는 達率과 沙彌 覺從이 倭에 와서 백제의 멸망과 君臣들이 모두 당에 포로로 잡혀갔다는 사실을 알리고 있다. 그런데, 達率과 沙彌 覺從에 대해서 백제에서 파견된 사절이라고 하면서, 혹은 백제로부터 도망하였다고도 하고 있어 이들이 망명자였음을 시사해 주고 있다. 이들이 설혹 사절로 파견되었다 해도 백제로 돌아가기는 쉽지 않았을 것이다. 이들은 아마 왜에 정치적 망명을 하지 않으면 안 되었을 것이다.

백제인이 왜로 망명한 기록은 더 이상 찾아볼 수 없지만 일본고대 율령국가의 건설에 백제유민들이 크게 이바지했다는 사실로 보아, 백제 멸망 직후와 부흥운동 실패 후 백제유민들이 대거 왜국으로 망명하였다고 볼 수 있다.[33]

이렇게 백제 멸망 직후에 고구려와 왜로 망명한 百濟遺民들은 그들이 자의로 갔던 타의로 갔던 고구려와 왜로부터 다시 귀국하여 활동하기는 쉽지 않았을 것이다. 이들은 고구려와 왜에 백제 멸망 소식을 알렸을 것은 분명하지만, 그 밖에 어떤 활동을 하였는지는 분명치 않다. 그러나 이들이 단지 백제의 멸망사실을 전하는데 그치지만은 않았을 것이다.

J-③의 기록 바로 뒤의 『日本書紀』기록에는 達率(闕名)과 沙彌

---

33) 倭로 망명한 百濟遺民의 활동에 대하여는 박윤선의 글(「渡日 百濟遺民의 活動」, 『淑明韓國史論』 2, 1996)에 비교적 소상히 소개되어 있다.

覺從이 백세의 멸망사실과 함께 西部 恩率 鬼室福信과 達率 餘自進이 각각 任射岐山과 中部 久麻怒利城에서 부흥운동을 일으킨 것도 아울러 알리고 있다. 망명자들이 백제의 멸망과 함께 백제에서 부흥운동이 일어나고 있음을 알린 뒤 구원을 청하였을 가능성도 있다. 福信이 바로 그 해 10월 佐平 貴智 등을 보내어 왜에 구원을 청하고 있지만,34) 앞서 왔던 達率(闕名)과 沙彌 覺從이 이미 구원을 요청하였을 가능성이 크다. 때문에 왜에서는 백제 멸망 직후 망명해 온 사람들로부터 구원을 요청받고 파병준비를 시작하였을 것이고, 바로 구원군 파견을 실행할 수 있었던 것이다.

고구려로 망명한 百濟遺民이 누구인지는 알 수 없지만, 고구려 역시 지리적인 위치상 왜보다 먼저 백제의 망명자를 통하여 백제 멸망소식을 접하였을 것이다. 그러나 고구려 망명자가 왜 망명자와 같이 고구려에 乞師를 요청하였는지는 확인하기 어렵다. 그런데 고구려가 그 해 10월에 신라의 七重城을 공격함에 軍主 匹夫가 싸우다가 죽었다는 『三國史記』의 기록을 주목해 보자.

J-④ 匹夫爲七重城下縣令 其明年庚申秋七月 王與唐師滅百濟 於是高句麗疾
我 以冬十月 發兵來圍七重城 匹夫守且戰二十餘日 (중략) 乃仆而死
(『三國史記』 列傳 匹夫).
⑤ 十一月一日 高句麗侵攻七重城 軍主匹夫死之(『三國史記』 新羅本紀 太
宗武烈王 7년).

위 기록은 匹夫는 七重城 관할 아래에 있던 지방의 縣令으로 있었는데, 당과 신라가 백제를 멸망시키자 고구려가 신라를 미워하여 10월에 發兵하여 칠중성을 포위하였고, 이를 막던 匹夫가 11월 1일

---

34) 冬十月 百濟佐平鬼室福信 遣佐平貴智等 來獻唐俘一百餘人 (중략) 又乞師於請救
(『日本書紀』 권 제26 齊明天皇 6년).

에 전사했다는 내용이다. 고구려는 백제가 멸망한 지 불과 두 달여 만에 신라 북변의 重鎭이었던 칠중성을 공격하여 현령 匹夫를 전사케 하는 등의 전과를 올리고 있다.

여기서 고구려가 신라의 칠중성을 공격한 이유를 살펴보면 고구려와 백제의 관계를 살필 수 있을 것이다. 즉, 신라와 당이 백제를 멸망시키자 고구려가 신라를 미워했다는 것이다. 고구려로서는 적국인 당과 손을 잡고, 고구려와 連兵하고 있던 백제를 멸망시킨 신라의 처사가 매우 못마땅했던 것이다. 이러한 이유 때문에 고구려는 신라의 북방 주요 거점의 하나인 칠중성을 공격하였다고 할 수 있다. 비록 칠중성 공격은 匹夫의 善戰과 唐軍의 고구려 침입 때문에[35] 성공하지는 못했지만, 고구려가 칠중성을 공격한 것이 백제 멸망과 무관한 것은 아니었다.

앞에서도 언급했듯이 백제 멸망 직후 고구려로 망명한 百濟遺民이 누구인지는 알 수 없지만 백제의 멸망소식과 함께 乞師를 요청했을 가능성도 충분하다. 백제의 達率과 沙彌 覺從이 왜에 멸망 소식을 알리고 구원을 요청한 것과 같이, 고구려에도 멸망 소식을 알리고 구원을 요청했을 것이고, 이 요청에 따라 고구려는 신라 칠중성을 공격하였던 것으로 볼 수 있을 것이다.

이와 같이 백제 멸망 직후 고구려와 왜로 망명한 사람들에 대한 기록은 매우 희박하지만, 관련되는 기록을 통해 볼 때 이들 망명자들은 백제의 패망 소식을 알리고 구원을 요청하는 등 백제부흥을 위한 외교적 노력을 기울였을 것이다. 이들의 외교적 노력은 왜로부터는 파병을 이끌어 냈고, 고구려로부터도 부흥운동에 대한 후원을 얻어낼 수 있었을 것이다.

---

35) 『三國史記』 高句麗本紀 寶臧王 19년 11월.

3) 復興運動 參與

　백제 멸망 직후 당으로 끌려간 왕족과 대신들, 신라와 당에 투항한 세력들, 고구려나 왜로 망명한 세력들을 제외한 대부분의 유민들은 百濟故地에 남아 있었다. 百濟故地에 남은 유민들은 대부분 백제의 피지배층으로서 백제와 운명을 같이 할 수밖에 없는 사람들이었다.

　멸망 당시 백제의 국경선은 북쪽으로는 稷山과 平澤을 잇는 선을 경계로 하고 있었고, 동쪽으로는 天安, 木川, 全義에서 淸州, 文義, 沃川, 永同 陽山, 남쪽으로는 茂朱, 咸陽, 陜川, 晉州를 잇는 선을 경계로 신라와 접하고 있었다.[36] 그리고 수도 사비도성을 중심으로 지방은 5개의 方과 37개의 군, 200개의 성으로 편제되어 있었으며,[37] 76만 호를 거느리고 있었다.[38] 이러한 백제의 국세는 인구 규모로 봐서는 고구려 멸망시의 5부 176성 69만 호[39]보다도 많았다.

　나당연합군의 백제침략으로 수도 사비성이 함락당하고 난 이후에 국왕 대신들을 비롯한 지배계급 1만 3,000여 명이 당으로 끌려가고, 일부는 신라에 투항하였고, 일부는 외국으로 망명하였다고 할지라도 대부분의 유민들은 百濟故地에 그대로 남아 있었던 것이다. 백제고지를 당이 어떻게 통치하고자 했는가는 다음의 사료를 통해 살펴볼 수 있다.

---

36) 成周鐸,「百濟 末期 國境線에 대한 考察」,『百濟研究』21, 1990.
37)『三國史記』百濟本紀 義慈王 20년.
38) 백제 멸망과 동시에 작성된「大唐平百濟國碑銘」의 기록에 의한 것이다.『三國遺事』紀異 卞韓 百濟에서는 "百濟全盛之時 十五萬二千三百戶"라 하여 상당한 기록의 차이를 보인다. 그렇지만『三國遺事』보다는 백제 멸망 당시의 기록인「大唐平百濟國碑銘」의 기록이 더 믿을만한 것이 아닌가 한다.
39)『三國史記』高句麗本紀 寶藏王 27년.

國本有五部 三十七郡 二百城 七十六萬戶 至是 析置熊津馬韓東明金漣德安
五都督府 各統州縣 擢㭍長爲都督刺史縣令以理之(『三國史記』 百濟本紀 義慈
王 20년).

　　唐은 百濟故地를 5都督府, 37州, 250縣으로 나누어 百濟故地에
남아있던 유민들을 통치하고자 하였다. 그리하여 백제의 故地를 熊
津, 馬韓, 東明, 金漣, 德安의 5都督府로 나누고 都督, 刺史와 縣令
은 백제의 渠長을 발탁하여 통치하고자 하였다. 당이 百濟故地에
설치한 5도독부, 37주, 250현은 백제의 지방통치조직인 5방, 37군,
200성을 거의 그대로 받아들이고, 웅진도독을 제외한 도독과 자사,
현령을 모두 백제의 渠酋長으로 발탁하였다고 하는 것은 당의 전통
적인 羈縻支配政策의 일환이었다.
　　당은 실질적으로는 백제의 도성인 사비성에 劉仁願만을 남겨두
고 철수하였으며, 얼마 후에 熊津都督으로 王文度를 파견하여[40] 百
濟故地에 대한 羈縻支配를 실현하고자 하였다.[41] 그러나 당이 발탁
한 백제의 지방세력은 G-③에서와 같은 백제의 郡長으로서 사비
도성 함락 후 당군에 來投한 黑齒常之와 같은 인물들이었다. 黑齒
常之와 같은 백제의 지방세력은 일시적으로 당의 세력에 편제되었
으나, 영속적이지는 못했다. 黑齒常之가 任存城에서 遺民들을 불러
모으자 열흘도 안 되어 3만 명이 모였다거나, 당군의 任存城 공격
을 물리친 후 200성을 수복했다는 기록은 당의 百濟故地에 대한 지
배가 실질적이지 못한 허울뿐이었다는 것을 단적으로 보여 주는 실
례이다.

────────────────

40) 王文度가 熊津都督으로 부임한 시점은 黑齒常之, 正武 등이 이미 擧兵한 후인
　　660년 9월 28일이었다(『三國史記』 新羅本紀 太宗武烈王 7년).
41) 方香淑, 「百濟故土에 대한 唐의 支配體制」, 『李基白先生古稀紀念韓國史學論叢
　　(上)』, 1994, p.321.

당군은 백제의 수도인 사비성을 비롯한 백제지역의 일부만을 점령하였고, 대부분의 百濟故地는 고스란히 百濟遺民들의 손안에 남아 있었던 것이다. 그리고 신라군 역시 사비성에 留陣한 당군과 마찬가지로 百濟故地를 점령하지 못하였고, 단지 炭峴과 황산벌, 기벌포를 거쳐 사비성에 이르는 백제 공격로상에 위치하였던 백제의 일부 거점만을 攻陷시켰을 뿐이었다.[42] 나당연합군이 점령한 사비도성 등 일부 거점성을 제외한 대부분의 地方郡城들은 여전히 백제 지방세력들의 영향권에 들어있었고, 風達郡長 黑齒常之와 같은 지방군장들이 일시 당군에 투항하기도 했으나 곧 자기의 지방세력을 거느리고[43] 부흥운동을 전개하였던 것이다.

黑齒常之는 백제 멸망 직후 부흥운동을 일으켰던 지방세력 중의 한 사람이었다. 黑齒常之가 任存城에서 부흥운동을 일으킨 시기는 사비도성을 함락시킨 蘇定方이 당으로 귀국하기 전으로 볼 수 있다. 蘇定方이 義慈王을 비롯한 포로들을 거느리고 당으로 귀국한 시기는 백제가 멸망한 직후인 660년 9월 3일의 일이었다.[44] 黑齒常之는 사비도성이 함락되고 7월 18일 義慈王이 웅진성으로부터 사비성에 와서 항복한 후 당군에 투항했지만 바로 任存城에서 백제의 지방세력들을 이끌고 부흥운동을 일으켰다.

蘇定方은 8월 26일 黑齒常之의 부흥군을 진압하고자 任存城을 쳤으나 오히려 패하였고, 당으로 귀국한 것이 9월 3일의 일이었으므로 黑齒常之가 任存城에서 부흥군을 일으킨 시기는 늦어도 8월 26일 이전의 일이었음을 알 수 있다.[45] 이는 J-③의 기록에 왜에

---

42) 『三國史記』 百濟本紀 義慈王 20년 및 新羅本紀 太宗武烈王 17년.

43) 於是 西部恩率鬼室福信 赫然發憤 據任射岐山 達率餘自進 據中部久麻怒利城 各營一所 誘聚散卒 兵盡前役 故以梧戰(『日本書紀』 권 제26 齊明天皇 6년 9월).

44) 虜百濟王及臣僚九十三人 卒二萬人 以九月三日 自泗沘泛船而歸(『三國史記』 列傳 金庾信 中).

도착한 백제의 達率 및 沙彌 覺從이 백제의 멸망과 함께 任存城에서 福信이 부흥군을 일으켰다는 사실을 전하고 있는 것으로 보아서도 黑齒常之가 늦어도 8월에는 이미 부흥군에 참여하고 있다는 것을 알 수 있다. 蘇定方은 黑齒常之 등의 부흥군을 진압하지 못한 채 사비성에 劉仁願과 병사 1만을 남긴 채[46] 철수하여, 바로 고구려 원정에 참여하였다고 볼 수 있다.

黑齒常之처럼 백제 멸망 직후에 당군에 투항을 했다가 부흥군에 참여한 부류는 더 있을 것이다. 이는 黑齒常之가 左右酋長 10여 인 (G-②, ④)과 달아나 任存城을 근거로 부흥군을 이끌었다는 기록을 보아도 알 수 있다. 그가 처음 당군에 투항할 때 거느리고 있던 左右酋長은 黑齒常之가 속했던 西方의 酋長, 즉 郡將들로 이해할 수 있을 것이다. 그리고 黑齒常之는 백제 西方의 方領으로 風達郡長을 겸하였던 것으로 볼 수 있다.[47]

즉, 黑齒常之는 西方의 方領으로서 소속 郡長들을 거느리고 당군에 투항하였으나, 곧 左右酋長으로 표현되는 소속 郡長들을 거느리고 달아나 부흥운동에 참여하였던 것이다. 이점에 대해서는 다음의 기록들을 주목할 필요가 있다.

K-① 常之與別部長沙吒相如 據嶮以應福信(『三國史記』 百濟本紀 義慈王 20년).

② 常之與別部長沙吒相如 各據嶮以應福信(『資治通鑑』 권201 唐紀17 高宗 中之下).

③ 先是 百濟首領沙吒相如黑齒常之 自蘇定方回後 鳩集亡散 各據嶮以應

---

45) 『三國史記』 新羅本紀 太宗武烈王 7년.
46) 『三國史記』 新羅本紀 太宗武烈王 7년.
47) 姜鍾元, 「階伯의 政治的 性格과 황산벌 전투」, 『論山黃山벌 戰蹟地』, 2000, p.28.
　　徐程錫, 「百濟 5方城의 位置에 대한 試考」, 『백제문화의 고고학적 연구』, 2000, pp.61~64.

福信(『舊唐書』 권84 列傳 제34 劉仁軌).

④ 始定方破百濟 酋領沙吒相如黑齒常之 嘯亡散據嶮 以應福信(『新唐書』 권108 列傳 제33 劉仁軌).

위 기록을 보면, 西部 出身의 達率 黑齒常之와 함께 활동한 別部 출신의 沙吒相如도 부흥운동에 가담했음을 알 수 있다. 別部란 백제의 수도에 설치되었던 前·上·中·下·後部의 5部가 아닌 특별한 部였다. 이 別部가 백제의 別都였던 益山지역이라는 주장을[48] 받아들인다면, 沙吒相如도 黑齒常之와 마찬가지로 백제 멸망 직후에는 당군에 투항했으나 別部, 즉 別都인 益山 지역의 군장들을 이끌고 부흥운동에 참여했던 것으로 볼 수 있을 것이다. 沙吒相如가 활동을 한 곳은 언뜻 보면 黑齒常之와 더불어 任存城을 근거로 한 것으로 보이나, K-②에서 "各據嶮以應福信"이라 한 것을 보면 黑齒常之와 별도로 활동을 하였고 福信 휘하에 편제된 것으로 볼 수 있다. 그렇다면 沙吒相如는 別部인 지금의 익산지역을 중심으로 부흥운동을 벌인 것으로 볼 수 있는 것이다.

黑齒常之, 沙吒相如와 비슷한 예는 J-③에서 볼 수 있듯이 久麻怒利城에서 흩어진 군졸들을 모아 부흥운동을 주도했던 達率 餘自進이 있다. 아울러 北方의 郡長들도 처음에는 당군에 투항하였지만 餘自進과 같이 부흥운동에 가담하는 세력이 나타났다고 볼 수 있다. 尒禮城 등 20여 성도 任存城과 久麻怒利城의 활동에 고무되어 부흥운동군에 합류하였다.

멸망 직후 百濟遺民들에 의한 부흥운동 초기의 상황에 대해서 『三國史記』 新羅本紀의 기록을 통해 살펴보면 다음과 같다.

---

48) 김주성, 「百濟의 武王과 익산」, 『益山 雙陵과 百濟古墳의 諸問題』, 2000, pp.47 ~50.

L-① 八月二日 (중략) 百濟餘賊 據南岑 貞峴□□□城 又佐平正武聚衆 屯
　　豆尸原嶽 抄掠唐羅人(『三國史記』 新羅本紀 太宗武烈王 7년 8월).

② 二十三日 百濟餘賊入泗沘 謀掠生降人 留守仁願出唐羅人 擊走之 賊退
　　上泗沘南嶺 竪四五柵 屯聚 伺隙 抄掠城邑 百濟人叛而應者二十餘城
　　(『三國史記』 新羅本紀 太宗武烈王 7년 9월).

③ 十月九日 王率太子及諸軍 攻尒禮城 十八日 取其城 置官守 百濟二十
　　餘城震懼 皆降 三十日 攻泗沘南嶺軍柵 斬首一千五百人(『三國史記』
　　新羅本紀 太宗武烈王 7년 10월).

④ 五日 王行渡雞灘 攻王興寺岑城 七日乃克 斬首七百人(『三國史記』 新
　　羅本紀 太宗武烈王 7년 11월).

⑤ 百濟殘賊 來攻泗沘城(『三國史記』 新羅本紀 太宗武烈王 8년 2월).

　위 사료를 통하여 부흥운동군이 초기에 활동한 지역을 살펴볼
수 있다. 즉 사비성 남쪽인 泗沘 南岑 또는 南嶺에 柵을 세우고 사
비성의 백제인 포로들을 약취하거나 唐羅人을 抄掠하였다. 그리고
사비성 서쪽 강 건너의 王興寺岑城을 거점으로 사비성 공략을 도모
하기도 하는 등 주로 사비성 근방에서 활발하게 활동했다. 또한 사
비성에서 떨어진 지역이기는 했으나 신라에서 사비성으로 가는 길
목에 위치한 豆尸原嶽, 貞峴(大田 鎭岑), 尒禮城(論山 連山) 등에서
활동했다. 또한 甕山城(懷德 부근)과 雨述城(懷德), 內斯只城(儒城),
德安城(恩津) 등 백제의 동방지역에서도 계속해서 일어났다. 후에
신라에 투항한 達率 助服과 恩率 波伽도 초기에는 雨述城에 웅거하
면서 부흥운동군을 이끌고 신라군에 대항했다.[49]

　黑齒常之에 앞서 부흥운동을 일으켰던 세력은 羅唐軍의 공격을
피해 달아났던 백제의 군병들이었다. 羅唐軍에 쫓겨 달아났던 軍兵
들의 주축은 사비성 함락시 패해 달아났던 백제의 중앙군이었을 것
이다. 이들은 사비 남령 등에서 임시로 木柵을 치고 활동을 시작했

---

49) 『三國史記』 新羅本紀 文武王 元年 9월.

던 것으로 보이며, 그 지도자는 百濟 舊將으로 기록된 福信과 승려인 道琛 등이었다.[50]

福信과 道琛이 거느린 초기의 부흥운동군들은 사비성 탈환을 목표로 부흥운동을 전개했다. 이와 관련하여 살펴볼 만한 기록들은 다음과 같다.

> M-① 文度濟海而卒 百濟爲僧道琛 舊將福信 率衆復叛 (중략) 引兵圍仁願於
>   府城(『舊唐書』 권84 列傳 제34 劉仁軌).
> ② 唐皇帝遣左衛中郞長王文度爲熊津都督 二十八日 至三年山城傳詔 文度
>   面東立 大王面西立 錫命後 文度欲以宣物授王 忽疾作 便死 從者攝位
>   畢事(『三國史記』 新羅本紀 太宗武烈王 7년 9월).

福信과 道琛이 擧兵한 시기는 王文度가 웅진도독으로 임명된 이후의 일로 기록하고 있다. 그리고 거병한 후 劉仁願이 鎭守하던 사비성을 포위하여 공격하고 있다(M-①). 王文度가 웅진도독으로 임명된 시기는 신라군과 三年山城에서 만나 唐 高宗의 詔書를 전한 것이 9월 28일의 일이므로, 대략 9월 28일 이전의 일이었을 것이다. 그러나 三年山城에서 唐 高宗의 조서를 신라 太宗武烈王에게 전하는 도중에 갑자기 병이나 죽었던 것이다(M-②). 『舊唐書』와 『新唐書』 劉仁軌列傳에 福信과 道琛이 거병한 시기가 王文度가 죽은 직후의 일로 기록된 것과 관련하여 살펴보면, 福信과 道琛은 늦어도 660년 9월 말이나 10월 초에는 이미 거병하여 부흥운동군을 이끌고 있었다고 할 수 있다.

이와 관련하여 『日本書紀』에는 보다 구체적인 기록을 남기고 있

---

50) 「唐劉仁願紀功碑」에도 "有僞僧道琛 僞扞率鬼室福信 出自閭巷爲其魁首 招集狂狡 堡據任存峰屯蝟起 彌山滿谷 假名盜位"라 하여 백제 초기 부흥운동을 주도한 인물을 道琛과 福信으로 기록하고 있다.

다.

M-③ 九月己亥朔癸卯 百濟遣達率(闕名) 沙彌覺從等來奏曰(或本云 逃來告
難) 今年七月新羅恃力作勢不親於隣 引搆唐人傾覆 百濟君臣摠俘略無
噍類 於是 西部恩率鬼室福信 赫然發憤 據任射岐山 達率餘自進 據中
部久麻怒利城 各營一所 誘聚散卒 兵盡前役 故以栝戰(『日本書紀』 권
제26 齊明天皇 6년).

위 사료에서와 같이 『日本書紀』에는 이름을 알 수 없는 達率과
沙彌 覺從이 왜에 도착하여 백제의 멸망과 부흥운동군이 봉기한 사
실을 전하고 있다. 이는 앞에서도 살펴보았듯이 黑齒常之가 거병한
것은 당군이 철수하기 이전인 8월 26일 이전의 일이었고, 백제에서
왜국으로 건너간 達率과 沙彌 覺從이 9월 5일에는 왜에 백제의 멸
망과 부흥운동군의 봉기 사실을 알리고 있는 것을 감안할 때, 福信
과 道琛이 거병한 시기는 M-①의 기록과 같이 王文度가 죽은 9월
28일 이후가 아닌 그 이전의 일이라고 볼 수 있다. 이를 L-①의 기
록과 관련시켜 보면 泗沘 南岑, 貞峴 등에서 거병한 세력은 바로
福信과 道琛이라고 할 수 있으며, 거병시기는 8월 2일 이전이었다
고 할 수 있다.

福信, 道琛, 黑齒常之 등과 비슷한 시기에 거병하여 부흥운동군
을 지휘한 인물 중에는 正武도 있다(L-①). 거병 당시 正武는 佐平
의 관등을 가지고 있었다. 그가 소지한 관등으로 보아 正武는 백제
의 최고지배귀족의 한 사람이었다. 그러나 그가 어떻게 해서 豆尸
原嶽에서 부흥운동을 일으켰는지는 분명치 않다. 豆尸原嶽은 方城
이 아니라 기껏해야 郡級의 지역이기 때문에 佐平인 正武가 지방
군장으로 파견되지는 않았을 것이다. 그렇다면 正武는 자신의 세력
기반이 豆尸原嶽이었기 때문에, 이 지역에서 부흥운동을 일으켰던

것으로 볼 수 있을 것이다.51)

즉, 正武는 사비도성 함락시 자신의 세력근거지이던 豆尸原嶽으로 달아나 부흥운동군을 조직하여 羅唐軍과 싸웠다. 正武가 豆尸原嶽에서 부흥운동군을 조직해 활동했던 시기는 『三國史記』의 기록으로 보아 660년 8월 초순의 일로 福信과 비슷한 시기였고, 黑齒常之보다 앞선 것으로 보인다.52)

百濟故地에 남아있던 유민들의 대부분은 부흥운동에 참여하였다. 扶餘豊, 扶餘忠勝, 扶餘忠志53) 등 일부 왕족들도 부흥운동에 참여하기는 하였으나 부흥운동의 주된 가담자로서 중심세력은 아니었다.54) 福信은 武王의 從子로55) 왕족일 가능성도 있으나, 「唐劉仁願紀功碑」에서 보듯이 鬼室氏인 점으로 보아 黑齒常之의 예와 같이 扶餘氏 왕족에서 分枝한 것으로56) 비록 왕족을 칭하기는 하였지만 실질적으로 백제의 직계 왕족은 아니었다.

부흥운동군을 이끈 세력들은 비록 佐平 正武의 예가 있기는 하지만 西部 達率로서 풍달군장이던 黑齒常之, 西部 恩率 鬼室福信, 中部 久麻怒利城의 達率 餘自進, 雨述城의 達率 助服, 恩率 波伽, 別部長 沙吒相如 등 率系 관등을 보유하고 있던 지방군장이 중심이 되었고, 여기에 浮屠 道琛으로 대표되는 승려세력이 합해졌음을 살펴볼 수 있었다. 이러한 지방군장들은 초기에는 자신들의 세력근거지인 지방의 郡城을 중심으로 각각 활동을 했으나, 점차 福信과 道琛을 중심으로 편제되었다. 그러나 이들은 부흥운동의 전개와 함께

---

51) 盧重國, 「百濟 滅亡後 復興軍의 復興戰爭 硏究」, 『歷史의 再照明』, 1995, p.204.
52) 『三國史記』 新羅本紀 太宗武烈王 7년 8월.
53) 『三國史記』 百濟本紀 義慈王 20년.
54) 金壽泰, 「百濟 義慈王代의 太子冊封」, 『百濟硏究』 23, 1992, p.167.
55) 『三國史記』 百濟本紀 義慈王 20년.
56) 李文基, 「百濟 黑齒常之 父子 墓誌銘의 檢討」, 『韓國學報』 64, 1991.
　　李道學, 「百濟 黑齒常之墓誌銘의 檢討」, 『鄕土文化』 6, 1991.

福信과 같이 佐平을 칭하기도 하였다. 百濟故地에 남아있던 세력은 지방의 군장을 중심으로 부흥운동에 참여하였다.

2. 復興運動의 發生 背景

1) 復興運動의 時期 問題

　　백제부흥운동의 전개시기, 즉 부흥운동이 일어났던 시간적 범위를 어떻게 설정하여야 하느냐는 중요한 문제이다. 이 문제는 부흥운동의 목적과 전개 양상을 살펴봄으로써 해결할 수 있다.

　　부흥운동은 나당연합군의 침입으로 무너진 국가의 사직을 다시 일으키기 위한 것이었고, 그 방법이 무장투쟁이었다는 것은 의심의 여지가 없다. 이 점에서 보면 백제국가의 재건을 위한 무장투쟁기간을 부흥운동의 전개기간으로 볼 수 있다. 즉 백제부흥운동은 백제유민들이 웅진도독부를 중심으로 한 당과 신라의 점령군에 대항해 무장투쟁을 전개하는 과정이자 당과 신라에 의해서 무장투쟁을 하는 유민세력이 진압되어 가는 과정이었다고 할 수 있다. 또한 부흥운동의 전개기간은 무장투쟁에 나선 백제유민에 대한 신라와 당이 토벌작전을 벌인 시기였다고 할 수 있다.

　　그러므로 백제부흥운동의 전개기간은 백제 멸망 직후 나타난 무장투쟁의 발생 시점부터 당과 신라에 의해 종식되는 때까지라고 할 수 있다. 백제왕국의 재건과 부흥을 목적으로 한 백제유민의 무장봉기에서 시작된 백제부흥운동은 이를 진압하려는 당과 신라와의 군사적인 충돌로 이어졌고, 무장투쟁을 전개하던 백제유민세력이 당과 신라에 의해 진압됨으로 인해 종말을 고했다고 볼 수 있다.

백제부흥운동의 진개 기간에 대해서는 부흥운동에 대한 연구가 시작된 이래로 지금까지 대개 비슷한 의견을 유지해왔다. 즉 백제 부흥운동의 시점과 종점을 백제 멸망 직후인 660년부터 부흥운동군의 중심지인 주류성과 임존성이 함락되는 663년까지로 보는 것이 일반적인 견해였다.57) 이러한 백제부흥운동기간에 대한 기존의 이해는 백제유민들에 의한 무장투쟁을 백제부흥운동으로 보는 데서 비롯된 것으로 일면 타당하다.

백제부흥운동에 대해 처음으로 본격적인 연구를 시작한 것은 일본인 학자들이었다. 그리고 부흥운동에 대한 연구의 기점과 시점을 660년부터 663년까지로 한정하였고, 이러한 연구 경향이 최근까지의 지배적인 학설로 자리 잡았다. 그런데 이런 견해는 특별한 논거나 설명을 제시하면서 주장된 것은 아니었다. 다만, 대개 다음과 같은 『日本書紀』의 기사를 염두에 둔 까닭에 시작된 논리라고 생각된다.

  N-① 九月辛亥朔 丁巳 百濟州柔城 始降於唐 是時 國人相謂之曰 州柔降矣
      事无奈何 百濟之名 絶于今日 (『日本書紀』 권 제 27 天智天皇 2년).

이 기사를 마지막으로 『日本書紀』에는 더 이상 부흥운동과 관련한 기사가 나타나지 않는다는 점에서 백제부흥운동의 시간적 범위가 정해진 것으로 보인다. 이는 백제부흥운동에 대한 본격적인 연구가 일본학자들에 의해 처음 시작되었다는 점과 이들의 연구목적이나 고대 일본의 대외관계사에 대한 인식58)에 비추어 볼 때 당연한 결과라고 하겠다.

---

57) 李昊榮, 「삼국통일 과정」, 『한국사』 9, 국사편찬위원회, 1998.
58) 고대 일본의 대외관계사 인식문제에 대하여는 이성시 지음, 박경희 옮김, 『만들어진 고대 – 근대 국민 국가의 동아시아 이야기 – 』, 2001, pp.21~22를 참조.

이러한 일본학자들의 견해는 관련 기록이 『日本書紀』뿐만이 아니라 중국측 사료인 『舊唐書』와 『新唐書』, 한국측 사료인 『三國史記』를 통해서도 간취할 수 있기 때문에 그 동안 정설로 받아들여져 왔다.

N-② 遂拔任存城 遲受信棄其妻子 走投高麗 於是 百濟之餘衆悉平(『舊唐書』 권84 列傳 제34 劉仁軌).
　　③ 獨酋帥遲受信 據任存城 未下 (중략) 訖拔其城 遲受信委妻子 奔高麗 百濟餘黨悉平(『新唐書』 권108 列傳 제33 劉仁軌).
　　④ 獨遲受信 據任存城 未下 (중략) 訖取其城 遲受信委妻子 奔高勾麗 餘 黨悉平(『三國史記』 百濟本紀 義慈王 20년).

위 사료에서와 같이 백제부흥운동의 종점은 663년 임존성의 함락으로 보아온 것이 지금까지의 일반적인 시각이었다. 그런데 정작 백제부흥운동군을 평정한 신라측 기록에는 이와 관련해 확정적인 기록이 보이지 않는다. 그리고 『三國史記』 新羅本紀에는 663년 이후에도 백제와 관련된 기록이 보인다.

O-① 三月 百濟殘衆 據泗沘山城叛 熊津都督發兵 攻破之(『三國史記』 新羅 本紀 文武王 4년)
　　② 麟德元年甲子三月 百濟餘衆聚泗沘城 反叛 熊州都督發 所管兵士 攻之 婁日 霧塞不辨人物 是故不能戰 使伯山來告之 庾信授之陰謀 以克之 (『三國史記』 列傳 金庾信 下).

그러나 지금까지는 위와 같은 『三國史記』의 기사를 도외시하여 왔고, 이 때문에 백제부흥운동의 종식을 주류성과 임존성이 함락된 663년으로 보는 설이 거의 정설로 자리를 잡아왔다. 그러나 위 기록들을 통해 볼 때 신라가 백제부흥운동을 완전히 종식시킨 해가

663년이 이니리는 것을 쉽게 확인할 수 있다. 위 기록대로 百濟殘
衆이라든지 百濟餘衆은 『三國史記』의 기록대로 664년 3월에 泗沘城
에 모여 반란을 일으킨 것으로 기록되어 있다. 여기에 기록된 百濟
殘衆이라든지 百濟餘衆은 백제유민인 것이 틀림없다.[59] 그렇다면
백제유민들은 주류성과 임존성이 함락된 663년 이후에도 계속해서
활동을 한 것으로 볼 수 있다.

　이러한 백제유민의 활동은 백제부흥운동의 연장선상에서 파악할
수 있고, 백제부흥운동이 664년에도 계속되었다는 증거가 된다. 그
러므로 663년에 부흥운동이 끝난 것으로 보는 기존의 통설은 재고
되어야 마땅하다.

　그러면 여기서 663년에 부흥운동이 종식되었다는 기존의 견해에
대하여 좀더 구체적으로 분석해 보겠다. 백제부흥운동에 대해 선도
적인 연구를 시작한 津田左右吉은 "백제의 멸망은 上代 일본의 對
韓政策 최후의 실패를 보여주는 것이고, 신라통일의 단서를 열어주
는 것으로서 동아사상 흥미 있는 사건이다"[60]라고 하여 일본학자의
백제부흥운동에 대한 인식을 잘 보여주고 있다. 이는 神功皇后의
三韓征伐 이후 한반도 남부를 경영했다는 '任那日本府說'의 연장선
상에서 백제의 멸망과 부흥운동의 실패를 애석하게 생각한 데에서
비롯된 것이다. 池內宏도 "백제부흥운동은 우리나라의 역사와 직접
연결된다"[61] 라고 하여 일본과의 관계를 강조하고 있어 앞의 津田
左右吉의 시각과 동일선상에서 백제부흥운동에 대한 연구를 시도했
던 것이다.

---

59) 金榮官, 「滅亡 直後 百濟 遺民의 動向」, 『典農史論』 7, 2001, p.81.
60) 津田左右吉, 「百濟戰役地理考」, 『朝鮮歷史地理』 上, 南滿洲鐵道株式會社, 1913
　　; 亞細亞文化社, 1986, p.245.
61) 池內宏, 「百濟滅亡後의 動亂及び唐・羅・日三國의 關係」, 『滿鮮地理歷史研究報告』
　　제14책, 1933 ; 『滿鮮史研究』 上世 第二冊, 吉川弘文館, 1960, p.98.

이러한 일본학자들의 연구풍토는 일제강점기 한국사 연구를 소위 식민사관에 의거해 진행한 결과 나타난 것이었다. 일본학자들의 한국고대사에 대한 인식은 모두 이와 같은 논조를 가지고 있음은 널리 알려진 사실이다. 백제부흥운동에 관련한 연구도 물론 이러한 논조를 벗어나지 못하고 있다. 이에 대해 李成市의 다음과 같은 비판은 주목할 만하다.

예를 들면, 최근에 필자가 집필 의뢰를 받은 출판물의 권말 연표에는 당초 '663년 白村江에서 일본이 패전하여 반도의 권익을 잃었다'고 되어 있다. 편집자의 손을 거친 것이지만 이러한 이해는 결코 특이하지 않으며 오늘날에도 예사로 받아들여지고 있다.

연구서나 교과서를 불문하고 일본고대사의 일반적인 기술은 왜(倭) 왕권인 야마토(大和)조정이 4세기 후반 한반도에 진출하여 그곳을 지배하고, 이후 반도 남부의 지배경영을 둘러싸고 한반도의 여러 나라와 갈등을 거듭하였으며, 고대 일본의 대중국 외교도 이러한 한반도 정세와 관련하여 전개되었다고 보고 있다. 즉, 통설적인 이해에 따르면, 4세기부터 7세기까지 일본의 대외 관계는 한반도 지배에서 시작하여 그것을 상실(663년)하기까지의 과정이라고 해도 좋을 것이다.

이러한 일본의 대외관계사 이해를 뒷받침하는 근거에는 4세기에 일본군이 한반도에 군사적으로 진출하여 그곳을 지배했음은 움직이기 어려운 사실이라는 인식이 있으며, 이를 기점으로 해서 백촌강 전투에 이르는 과정의 의미부여가 문제가 된다. 그런 까닭에 유감스럽게도 종전의 권익을 상실해 버렸다는 평가가 연표에 씌어 있는 것은 당연한 결과이기도 하다.[62]

이와 같은 이성시의 비판에서 알 수 있듯이 이러한 일본학계의 연구풍토로 인해 일본학자들에 의한 부흥운동연구는 백강전투에 집중되었다. 그러므로 백강전투의 패배를 백제부흥운동의 종결로 인식하려는 경향이 강하였고, 실제 대부분의 일본학자 뿐만이 아니라

---

62) 이성시 지음, 박경희 옮김, 『만들어진 고대 - 근대 국민 국가의 동아시아 이야기 -』, 2001, pp.21~22.

중국과 한국의 학자들까지도 이를 당연시하게 된 것이 현재의 상황이다.

그런데 최근 들어서 부흥운동의 전개기간에 대해 기존의 통설을 거부하고 새롭게 보고자하는 시도가 나타났다.

노중국은 백제부흥운동군의 활동기간을 660년 8월에서 664년 3월까지로 보고 있다. 그리고 백제 멸망 후 부흥운동군의 활동을 크게 3시기로 나누어 보고 있다. 제1기는 660년 8월에서 661년 8월까지로서 사방에서 일어난 백제부흥운동군이 백제국을 부흥시키기 위해 나당군과 치열한 전투를 전개한 시기이다. 제2기는 661년 9월부터 663년 9월까지 부흥백제국이 성립되어 나당점령군을 몰아내기 위한 전투를 전개하다가 마침내 멸망한 시기이다. 제3기는 부흥백제국이 멸망한 뒤에도 일부 세력이 최후까지 저항한 시기로 663년 10월부터 664년 3월까지이다.[63] 이는 기존의 통설과 다른 설로 660년 8월부터 664년 3월까지 부흥운동이 전개되었다는 것이다. 이러한 노중국의 견해는 학계의 통설을 수정한 것으로 매우 합리적인 견해라고 생각된다.

그러나『日本書紀』의 기사를 들어 백제부흥운동을 단순한 부흥운동이 아니라 당당한 왕국인 부흥백제국에 의한 부흥활동으로 인식하고 있는 것은 비판의 여지가 있다. 그는 부흥운동군의 활동과 그 실체를 파악하기 위해서는 부흥백제국을 당당한 왕국으로 인정하여야 한다고 주장하였다. 그리고 나당군 중심의 서술을 부흥운동군 중심으로 재해석하는 것이 필요하다는 견해를 피력하였다.[64] 이러한 견해는 일견 타당한 면이 있다.

그러나 백제의 부흥운동을 백제유민에 의한 국권회복운동의 차

---

63) 노중국, 「復興百濟國의 성립과 몰락」, 『백제부흥운동의 재조명』, 2002, p.20.
64) 노중국, 「復興百濟國의 성립과 몰락」, 『백제부흥운동의 재조명』, 2002.

원을 넘어 이미 국권을 회복했다는 의미를 지니고 있기도 한 부흥
백제국이라는 용어를 사용하고 있는 점은 문제이다. 부흥백제국이
주체가 된 부흥운동이라는 것은 이미 부흥한 백제국이 주체가 되어
부흥운동을 전개하였다는 것으로 논리상 합당하지 못하다는 인상을
준다. 그리고 『日本書紀』에서 부흥운동을 벌이는 백제유민집단을
당당한 왕국으로 인정하고 있기 때문에, 이를 근거로 부흥운동을
부흥백제국에 의한 활동으로 파악하는 것은 무리가 있는 것이다.

　『日本書紀』에서 부흥운동세력을 백제국가로 인정하는 기사는 왜
곡과 윤색이 심한 『日本書紀』의 서술태도와도 관련이 있다. 부흥운
동군의 활동에 대하여 백제국이 주체라고 기술한 『日本書紀』의 기
록은 다음과 같다.

> P-① 百濟國 遙賴天皇護念 更鳩集以成邦 方今謹願 迎百濟國遣侍天朝王子
>   豊璋 將爲國主 云云 詔曰 乞師請救 聞之古昔 扶危繼絶 著自恆典 百
>   濟國 窮來歸我 以本邦喪亂 靡依靡告(『日本書紀』권 제26 齊明天皇
>   6년 冬10월).
> 　② 皇太子於長津宮 以織冠 授於百濟王子豊璋 (중략) 衞送於本鄕 於是
>   豊璋入國之時 福信迎來 稽首奉國朝政 皆悉委焉(『日本書紀』권 제27
>   齊明天皇 7년 9월).
> 　③ 庚寅朔癸巳 賜百濟王布三百端(『日本書紀』권 제27 天智天皇 元年 3
>   월).
> 　④ 大將軍大錦中阿曇比邏夫連等 率船師一百七十艘 送豊璋等於百濟國 宣
>   勅 以豊璋等使繼其位(『日本書紀』권 제27 天智天皇 元年 5월).
> 　⑤ 丙戌朔 百濟王豊璋 其臣佐平福信等(『日本書紀』권 제27 天智天皇
>   元年 冬12월).
> 　⑥ 百濟王豊璋 嫌福信有謀叛心 以革穿掌而縛(『日本書紀』권 제27 天智
>   天皇 2년 6월).

　이 기록에서 보듯이 『日本書紀』는 멸망한 백제를 백제국으로 부

르고, 豊璋을 백제국에 보낸 것으로 기록하고 있다. 또한 풍장을 백제왕으로 부르고 있다. 그러나 과연 이런 기록들만을 가지고 부흥운동군의 활동을 진정 당당한 왕국으로서 인정하고 부흥백제국으로 부를 수 있을까 하는 데에는 의문의 여지가 있다.

이러한 견해는 백제왕국의 멸망을 『三國史記』와 『三國遺事』에서와 같이 660년의 사실로 보지 않고, 663년에 백제가 멸망한 것으로 보고자하는 견해65)와 가깝다고 생각된다. 즉 이 시기 백제유민들에 의해 일어난 당과 신라의 점령군에 대한 무장투쟁을 부흥운동이라고 보기보다는 백제멸망기 최후의 항쟁으로 인식한다는 점에서는 일면 타당성을 인정받을 수 있을 것이다.

그런데 여기서의 백제를 만일 부흥백제국으로 인정한다면 663년 백강전투의 패전 이후 등장하는 다음과 같은 『日本書紀』의 기사들을 어떻게 이해하여야 할지가 문제가 된다.

Q-① 以百濟王 善光王等 居于難波(『日本書紀』 권 제27 天智天皇 3년 3월).
　② 是月 勘校百濟國官位(『日本書紀』 권 제27 天智天皇 4년 2월).

위 사료는 백제부흥운동이 종식된 것으로 판단하는 기준으로 삼아온 백강전투의 패전 이후인 664년과 665년에 해당하는 시기에 대한 기사들이다. 단순히 위의 두 개의 기사만을 보더라도 『日本書紀』의 기록만으로 백제부흥운동이 실질적으로 부흥백제국을 세운 토대 위에서 전개되었다고 보는 것은 무리한 해석이 아닐까 한다.

---

65) 安鼎福, 『東史綱目』 圖上 百濟傳世之圖.
　　　權悳奎, 『朝鮮留記』 上, 尙文館, 1924, p.4.
　　　曺秉烈, 『朝鮮歷史』 권5 百濟, 1948, pp.54~55.
　　　權相老, 『韓國地名沿革考』 年表, 1961, p.24.
　　　李鉉淙, 『東洋年表』, 探求堂, 1971, p.49.

단지 『日本書紀』에 백제국, 백제왕과 같은 기사가 계속 나타난 다는 것을 근거로 한다면 663년 이후에도 부흥백제국의 명맥이 계속 이어지고 있었다고 간주하는 것은 타당할 것이다. 그러나 일본 내에 백제의 망명정권이 들어선 것이 아니라면 이러한 주장은 설득력을 얻기가 어렵다.

『日本書紀』의 위와 같은 기사들은 '百濟國 遙賴天皇護念 更鳩集 以成邦'이라고 한 것이라든지, '百濟國遣侍天朝王子豊璋'이라고 한 것이라든지, '皇太子於長津宮 以織冠 授於百濟王子豊璋'이라든지, '送豊璋等於百濟國 宣勅 以豊璋等使繼其位'라고 한 기사에서도 보듯이 다분히 일본적인 입장에서 과장되고 윤색된 경향이 짙은 내용들이다. 이 기사들은 마치 백제가 일본의 속국으로 일본이 백제국의 상국이며 보호국이고, 천황이 백제의 국왕을 임명한 것처럼 기록되어 있다. 이 기사를 그대로 받아들여 백제부흥운동이 부흥백제국의 주도로 전개되었다고 판단하는 것은 받아들이기 어려운 주장이다. 따라서 백제부흥운동은 멸망한 백제국을 재건하려다 실패한 운동이고, 그 주체는 부흥백제국이 아니라 무장봉기한 백제유민들로 보는 것이 합리적이다.

백제유민들에 의한 무장투쟁을 백제부흥운동으로 보려는 견해와 아울러 부흥운동기간을 더 연장해 보려는 견해도 있다. 이도학은 부흥운동의 전개과정을 크게 두 시기로 나누어 보고 있다.66) 즉 제1차 부흥운동은 일반적으로 보아온 부흥운동기간인 660년에서 663년까지로 보고 있고 백제유민들에 의한 무장투쟁활동기로 보고 있다. 그리고 664년 이후 672년 까지를 제2차 부흥운동기로 설정하고, 웅진도독부 체제 하에서 백제왕국을 재건하기 위해 대신라투쟁을

---

66) 李道學, 『새로 쓰는 백제사』, 1997, pp.224∼286 ; 「'百濟復興運動'에 관한 몇 가지 檢討」, 『東國史學』 38, 2002, pp.23∼50.

전개하였던 시기로 보고 있다. 이 시기에 백제 유민들은 웅진도독부를 기반으로 당과 신라의 대결 구도를 이용한 부흥운동을 전개하였는데 그 주된 활동 시기는 668년 고구려의 멸망 이후부터 671년 所夫里州의 설치까지로 설정하고 있다.[67]

그리고 최근에 김수태도 이와 유사한 견해를 제시하였다.[68] 그도 백제부흥운동은 663년으로 멈춘 것은 아니었으며, 이후에도 백제유민들이 부흥운동을 계속해서 일으키고 있다고 하였다. 특히 고구려의 멸망 직후인 668년부터 새로이 백제부흥운동을 전개하였고, 신라에 의해 백제의 수도였던 사비지역에 소부리주가 설치되고 관리가 파견되어 실질적으로 백제고지에 대한 지배권이 신라로 넘어간 672년까지 백제부흥운동은 계속되었다고 보았다. 그리고 이 시기의 백제부흥운동은 웅진도독부의 백제계 관료들이 당과 신라의 대립관계를 이용하면서 백제를 부흥시키려고 한 것이었다는 주장을 하였다.

이들의 견해는 663년 백강구전의 패배와 주류성과 임존성의 함락으로 부흥운동이 종말을 고했다는 지금까지의 일반적인 견해와 다른 것이다. 즉 664년 이후에 보이는 웅진도독부에 참여한 백제유민의 활동도 부흥운동의 일환으로 보는 것이다. 그러나 부흥운동이 백제유민들이 주체가 된 백제국의 재건과 부흥을 목적으로 자주적

---

67) 李道學의 견해는 사실 일관성 있는 견해는 아니다. 그는 부흥운동에 대한 기존의 견해에서 탈피하여 664년 이후에 일어난 백제계 유민의 활동을 부흥운동의 연장선상에서 제2차 부흥운동으로 파악하고자 하였었다(『새로 쓰는 백제사』, 푸른역사, 1997, pp.224~286). 그러나 바로 뒤에 다시 백제부흥운동은 663년 11월 任存城이 함락됨으로 인하여 終焉을 맞이하였다고 바꾸고 있다(「百濟復興運動의 시작과 끝, 任存城」, 『百濟文化』 28, 1999, pp.197~204.). 그러다가 다시 백제부흥운동을 제1차 무력항쟁기(660~663)와 제2차 唐과의 타협을 통한 국가재건의 모색기인 웅진도독부의 통치기(664~672)로 나누어 보고 있다(「'百濟復興運動'에 관한 몇 가지 檢討」, 『東國史學』 38, 2002, pp.23~50).
68) 김수태, 「웅진도복부의 백제 부흥운동」, 『백제부흥운동의 재조명』, 2002.

으로 일으킨 것이라는 점에서 이들의 견해는 문제의 소지가 있다. 이들의 견해는 熊津都督府에 참여한 백제유민들 즉 백제계 관료들에 의한 반신라활동을 백제부흥운동의 연장선상에서 파악하고 있다. 이는 무장투쟁을 통한 백제국가의 재건과 부흥을 위한 백제유민들의 활동을 백제부흥운동이라고 보는 기존의 이해와는 상반되는 것이다.

당이 百濟故地에 熊津都督府를 설치한 것은 백제영토를 신라에 복속시키겠다는 신라와의 당초 약속[69]과는 달리 신라를 견제하려는 목적에서 나온 것이었다. 당은 신라의 세력 확대를 저지할 목적으로 웅진도독부를 설치하고 옛 백제의 태자인 扶餘隆을 도독으로 임명하였고, 그 휘하에 백제계 관료들을 등용한 것이다. 이는 당의 전형적인 복속지역에 대한 羈縻支配政策의 산물이라 할 수 있다.[70] 특히 백제를 熊津都督府, 신라를 鷄林都督府라 하여[71] 당의 일개 도독부로 설정하려는 시도는 신라에 대해서는 말할 것도 없이 허구적인 탁상공론에 그친 것이었고, 百濟故地에 설치한 웅진도독부도 역시 당의 괴뢰정권에 불과했던 것이다.

그리고 당의 괴뢰정권의 수장인 扶餘隆은 단지 웅진도독부의 도독[72]이었지 백제의 왕으로 책봉되거나 스스로 백제왕이라는 칭호를

---

69) 我平定兩國 平壤以南 百濟土地 並乞你t新羅 永爲安逸(『三國史記』 新羅本紀 文武王 11년 答薛仁貴書).

70) 方香淑, 「百濟故土에 대한 唐의 支配體制」, 『李基白先生古稀紀念 韓國史學論叢(上)』, 1994.

71) 大唐以我國爲鷄林大都督府 以王爲鷄林州大都督(『三國史記』 新羅本紀 文武王 3年).
    龍朔三年 詔以其國爲鷄林州都督府 授法敏爲鷄林州都督(『舊唐書』 권199, 列傳 제149 東夷 新羅國).
    法敏襲王 以其國爲鷄林州大都督府 授法敏都督(『新唐書』 권220, 列傳 제145 東夷 新羅).

72) 乃授扶餘隆熊津都督 遣還本國 共新羅和親 以招輯其餘衆(『舊唐書』 권199, 列傳

사용·하지도 않았다. 唐은 신라의 백제 故土 점령을 탐탁치 않게 여겼으며 오히려 신라와 백제 모두를 속국으로 삼고자하는 속셈에서 나온 것이었다. 이러한 정황은 665년 8월 熊津의 就利山에서 신라의 文武王과 熊津都督 扶餘隆이 당의 勅使 劉仁願의 입회하에 歃血하고 盟誓하는 의식을 거행할 때 劉仁軌가 작성한 誓盟文을 보면 분명하게 드러난다.

> 王與勅使劉仁願 熊津都督扶餘隆 盟于熊津就利山 (중략) 然柔懷伐叛 前王之令典 興亡繼絶 往哲之通規 事必師古 傳諸義册 故 立前百濟大司稼正卿 扶餘隆爲熊津都督 守其祭祀 保其上梓 依倚新羅 長爲與國 各除宿憾 結好和親 各承詔命 永爲藩服(『三國史記』 新羅本紀 文武王 5년 秋8월).

이에 대해서 劉仁願이 扶餘隆과 文武王에게 취리산에서 歃血의식을 집전할 때 분명히 "망한 나라를 일으켜 주고 끊어진 세대를 이어주는 것"이라고 하면서 웅진도독부의 설치가 곧 백제의 재건임을 선포하였고, 비록 웅진도독부라는 唐의 軍政機構名을 사용하고 있지만 의자왕의 태자인 扶餘隆을 수반으로 해서 옛 백제의 관인들로 하여금 百濟 故地를 통치하게 했다는 점에서 웅진도독부는 백제인을 수반으로 하는 백제인에 의한 백제 재건과 통치기구였다는 주장도 있다.73)

그러나 실질적으로 보면 唐이 웅진도독부를 설치한 것은 백제 고지가 신라 영토에 귀속되는 것을 저지하기 위한 것이었지 옛 백제국을 부활시키려고 하는 의도는 없었다고 볼 수 있다. 만약 당이 옛 백제국을 부활시키려는 의도가 있었다면 형식적이라도 먼저 扶

제149 東夷 百濟國).
　　帝扶餘隆爲熊津都督 俾歸國 平新羅故憾 招還遺人(『新唐書』 권220, 列傳 제145 東夷 百濟).
73) 李道學, 「'百濟復興運動'에 관한 몇 가지 檢討」, 『東國史學』 38, 2002, p.39.

餘隆을 백제왕으로 책봉하는 것이 상례였을 것이다. 그러나 夫餘隆을 웅진도독으로 임명한 것이 전부였다. 당이 扶餘隆을 웅진도독으로 임명했건 백제왕으로 책봉했건 모두가 허구에 지나지 않는 것이었다. 실제로 677년에 扶餘隆을 帶方郡王에 책봉하였으나[74] 이 역시 허울뿐이었지 백제국을 재건하거나 부활시켜준 것은 아니었다. 웅진도독부를 통해 백제를 재건하는 일은 신라의 양해 없이는 불가능한 것이고, 이를 신라가 양해하거나 인정할 아무런 이유가 없었다. 扶餘隆은 취리산의 誓盟이 있었음에도 불구하고 劉仁軌와 劉仁願이 당으로 돌아가자 신라를 두려워하여 곧바로 당으로 돌아가는 실정이었다.[75] 오직 신라는 약속대로 백제 故土에 대한 지배권을 당이 넘기기만을 강제하였던 것이다.

誓盟文에 "망한 나라를 일으켜 주고 끊어진 세대를 이어주는 것"이라는 구절을 들어 웅진도독부의 설치가 곧 백제의 재건임을 唐이 선포한 것으로 보기는 어렵다. 誓盟文의 내용은 劉仁軌가 작성한 것으로 대단히 상투적이고 형식적이며 미화된 내용으로 외교적 수사에 불과한 것이다. 그리고 당이 아무리 강요한다고 하더라도 신라가 인정하지 않으면 소용없는 상황이었다. 이것은 단지 당이 바라는 바였지 신라가 실제 인정할 수 있는 것은 아니었다. 신라로서는 당이라는 세력이 배후에 없었다면 웅진도독 扶餘隆이란 존재 자체도 인정할 수 없는 것이었다.

신라를 견제하기 위한 당의 지배기구인 웅진도독부의 扶餘隆과 문무왕이 歃血의식을 거행하고 誓盟하였다고 하더라도 이는 당과 신라와의 문제이지 당이 백제국을 재건한 것이라고는 결코 말할 수

---

74) 儀鳳二年 拜光祿大夫 太常員外卿兼熊津都督 帶方郡王 令歸本蕃 安輯餘衆(『舊唐書』 권199, 列傳 제149 東夷 百濟國).
75) 仁願仁軌等旣還 隆懼新羅 尋歸京師(『舊唐書』 권199, 列傳 제149 東夷 百濟國).

없다. 웅진도독 扶餘隆과 백제계 관료들을 통한 웅진도독부의 운영
은 당의 以夷制夷를 통한 羈縻支配의 한 방편이었을 뿐이다. 그리
고 誓盟의 최후 목적은 웅진도독과 신라왕이 묵은 감정을 풀고 화
친하고 황제의 詔命을 받들어 영원히 당의 藩服이 될 것을 강요한
것이었다. 誓盟의 목적이 이러한데 서맹에 나오는 지극히 외교적인
수사를 가지고 당이 백제의 재건을 선포한 것으로 이해하는 것은
적절치 못한 것이다.

다음으로 문제가 되는 668년 이후에 신라가 백제를 공격하거나
전투를 벌이는 기사76)는 어떻게 이해해야 하는지 생각해 봐야 할
것 같다. 신라와 백제의 군사적인 충돌은 실질적으로는 웅진도독부
체제 하에서의 당군과 신라군의 충돌로 볼 수 있다. 그러나 신라는
당과의 충돌이라고 하기보다는 백제와의 충돌로 명분을 삼은 것으
로 이해할 수 있을 것이다. 당시 신라로서는 당을 무시할 수 있는
처지도 아니었고 당과의 직접적인 충돌을 바라지도 않았기 때문에
백제 故土 내에서의 군사적인 충돌을 백제유민들과의 충돌로 표현
하였던 것이다.

이러한 백제 故土를 둘러싼 웅진도독부 당군과 신라와의 충돌은
당과 신라의 관계를 불편하게 하였다. 이와 같은 불편한 관계를 잘
보여주는 것이 문무왕 11년 唐將 薛仁貴가 琳潤法師를 통해 보내온

---

76) 總章元年 百濟於會盟處 移封易標 侵取田地 詃我奴婢 誘我百姓 隱藏內地 頻從
索取 至竟不還 又通消息云 國家修理船艘 外託征伐倭國 其實欲打新羅 百姓聞之
驚懼不安 又將百濟婦女 嫁與新羅漢城都督朴都儒 同謀合計 偸取新羅兵器 襲打
一州之地 賴得事覺 卽斬都儒 所謀不成(『三國史記』 新羅本紀 文武王 11년 答薛
仁貴書).
擧兵討百濟 (중략) 攻取城六十三 徙其人於內地(『三國史記』 新羅本紀 文武王 10
년 7월).
擧兵侵百濟 戰於 熊津南(『三國史記』 新羅本紀 文武王 11년 春正月).
遣將軍竹旨等領兵 踐百濟加林城禾(『三國史記』 新羅本紀 文武王 11년 6월).

편지이다.[77] 그리고 이에 대한 답신인 文武王의 答薛仁貴書에는 백제 故土를 둘러싼 웅진도독부와의 갈등을 신라측의 입장에서 해명하는 등 당에 대한 불편한 심정이 그대로 노출되어 있다.[78] 사실 웅진도독부의 수장인 웅진도독이 扶餘隆이고 그 수하의 관료들이 백제계가 다수 포함되어 있었다는 사실만으로 이들이 당의 세력에 기대어 백제부흥운동을 전개했다는 것은 다분히 자의적인 해석이라고 볼 수 있다.

그러므로 663년 이후, 특히 668년 고구려의 멸망 이후 웅진도독부 내의 백제계관료들의 활동에 초점을 맞추어 제2차 백제부흥운동이 일어났다고 하거나 663년 이후에도 백제부흥운동은 종식되지 않았다고 하는 점은 재고할 부분이다. 또한 백제 도성이던 사비성에 신라의 소부리주가 설치되는 시점인 671년을 제2차 부흥운동의 소멸로 바라보는 것은 다분히 신라적인 관점에서 이해한 것으로 백제유민이 주체가 된 부흥운동에 대한 이해와는 거리감이 있는 견해로 보인다.[79] 이도학과 김수태의 견해는 백제 멸망 후 백제故地를 놓고 당과 신라가 어떻게 대립했었느냐를 설명하는데 오히려 유용할 것이다.

한편 백제부흥을 표방하며 역사 속에 등장한 사건들을 모두 백제부흥운동으로 볼 수 있는 것은 아니다. 만일 백제부흥운동이 백제를 재건하기 위해 일어난 모든 역사적 사건들을 가리킬 수 있다면 모르겠지만, 표면적으로 백제부흥을 내세우면서도 실질적으로는 정치세력을 모으고 권력을 확대하고자 하는 일련의 사건들에 대해

---

77) 『三國史記』 新羅本紀 文武王 11년 秋7월 26일.
78) 『三國史記』 新羅本紀 文武王 11년 答薛仁貴書.
79) 웅진도독부의 백제계 관료들의 구체적인 활동에 대해서는 李道學 「熊津都督府의 支配 조직과 對日本政策」, 『白山學報』 34, 1987)의 선행적인 연구가 있다. 그러나 이 논고에서는 백제부흥운동이 663년에 종식된 것으로 설명하고 있다.

서까지 모두 백제부흥운동으로 인식할 수는 없다.

　가령 신라 말에 백제 義慈王의 원한을 갚고 백제를 부흥시킨다고 공언하였으며 실제로 백제라는 국호를 사용한 견훤의 후백제국[80]을 백제부흥운동의 결과 세워진 국가라고 볼 수는 없다. 후백제는 옛 백제 땅에서 백제에 대한 회고적인 감정을 가진 지역민들의 정서에 호소하기 위해 백제부흥을 표방하였던 것이다. 즉 반신라적인 정치활동을 전개하고 권력을 획득하기 위한 수단의 하나로 백제부흥을 표방한 것이었다.

　고려 무인정권기에 李延年 등에 의해 전라도 담양과 나주 등지에서 일어난 백제부흥운동을 표방한 民亂[81]이 일어났었다. 이연년은 무인정권기에 몽고의 침입을 당한 상황 하에서 백제부흥을 기치로 내걸고 농민들을 모아 봉기했었다. 그런데 이연년이 정말로 백제부흥을 목표로 농민을 모아 봉기했다고 보지는 않는다. 이연년은 당시 무인정권의 가혹한 수탈과 몽고의 침략에 따른 몽고군의 살육 위험에 노출되었던 농민들의 위기의식과 불만에 편승하여 정치적인 야망을 이루어 보고자 하였던 것이다. 그리고 당시까지 남아 있던 백제에 대한 지역민들의 회고적 감정에 호소하기 위하여 백제부흥을 내세웠던 것이다. 정말로 백제왕국을 부활시키고자 한 것이라고 볼 수는 없다.

　이렇듯 백제부흥을 표방했다고 모두 백제부흥운동으로 볼 수는 없다. 그러므로 후백제의 건국이나 이연년의 난이 백제부흥을 표방했다고 해서 제3차 백제부흥운동이니 제4차 백제부흥운동이니 하는

---

80) 申虎澈, 『後百濟 甄萱政權研究』, 1993.
81) 尹龍爀, 「高麗 對蒙抗爭期의 民亂에 대하여」, 『史叢』 30, 1986.
　　閔賢九, 「高麗中期 三國復興運動의 역사적 의미」, 『韓國史市民講座』 5, 1989.
　　邊東明, 「武人政權時期의 百濟復興運動과 李延年」, 『韓國中世의 地域社會研究』, 2002.

용어를 굳이 끌어다 붙이지 않는 것이다. 더구나 664년 이후 웅진 도독부 체제하의 백제계 관료들이나, 유민들이 백제부흥을 표방하고 활동했다는 기록은 어디서도 찾을 수 없다. 만일 웅진도독부의 백제계 관료들이 당의 세력을 이용하여 백제부흥을 도모했다면, 그에 대한 구체적인 활동에 대한 기록이 어딘가 남아있어야 한다. 그러나 웅진도독부의 백제계 관료들이 당을 대신하여 대신라투쟁은 전개하였을지언정 당의 괴뢰정권인 웅진도독부를 해체하거나 백제 고지에서 신라를 축출한 후 백제국을 재건하려했다는 흔적은 찾을 수 없다.

그러므로 실질적인 백제부흥운동이라는 것은 백제 멸망 직후 나당군의 축출과 백제국가의 재건을 목표로 백제유민이 중심이 되어 일으킨 자발적인 무장투쟁에 한정해서 보아야한다.

2) 復興運動의 發生 原因

(1) 復興運動 發生의 軍事的 基盤

나당연합군의 백제침공은 신라와 당이 서로 다른 목적을 가지고 시작한 전쟁이었다. 당측에서는 건국 이후 계속된 고구려 정벌의 실패를 만회하기 위해 고구려의 배후인 백제를 먼저 공격한 것이다. 당은 고구려와 연합하고 있던 백제를 먼저 공격하여 제거하고 고구려 공격에 필요한 전략적 거점을 확보하고자 했던 것이다. 신라측에서는 7세기 이후 계속된 백제의 침략으로 상실한 영토의 회복과 金品釋, 金歆運과 같이 백제와의 전쟁에서 희생당한 왕실귀족 집단의 원한을 갚고 수모를 설욕하고자 하는 복수심에서 백제를 침공했던 것이다.[82] 즉 백제에 대한 원한을 갚기 위하여 백제 병탄을 도모하였던 것이다.

이렇듯 당과 신라가 서로 다른 목적을 가지고 연합하여 백제를 침공하였고 그 결과는 백제의 멸망으로 귀착되었다.[83] 나당연합군의 18만 대군의 침략을 맞이한 백제는 역사상 유례없는 대군의 침입을 막기에는 衆寡不敵이었다. 군신들이 급히 방어대책을 마련하여 백제의 요충인 기벌포와 탄현에서 나당연합군을 막아보려 하였다. 그렇지만 660년 7월 9일 당군이 이미 기벌포에 상륙하고 신라군은 탄현을 넘어 황산벌에 들어선 후였다. 백제군은 기벌포와 황산벌에서 나당군을 막지 못하였고 7월 13일에는 왕도인 사비성이 함락되었다. 그리고 7월 18일에는 의자왕이 나당연합군에게 항복함으로써 백제왕조는 무너졌다. 백제는 신라군과 당군이 국경을 넘어 들어온 지 불과 며칠 만에 멸망하고 만 것이다.[84]

그런데 나당연합군은 백제의 전역을 일시에 점령한 것이 아니라 우선 사비성을 점령하고 의자왕의 항복을 받아내는 전략으로 일거에 백제 왕조를 멸망시켰다. 실제 백제군과의 전투기간은 기벌포 상륙전과 황산벌 전투가 시작된 7월 9일부터 7월 18일 의자왕의 항복까지 불과 10일 남짓한 것이었다.

이렇듯 단기간 내에 승부를 결정지을 수 있었던 것은 백제가 예상치 못했던 18만이라는 나당연합군의 압도적인 전력과 치밀한 군사전략에 있었다.[85] 이러한 속전속결전략은 백제의 중앙지배층을 순식간에 제거함으로써 나당연합군은 백제병탄이라는 소기의 목적을 달성할 수 있었다.[86]

---

82) 신형식, 「三國統一의 歷史的 意義」, 『新羅史』, 1985, pp.40～41.
83) 金榮官, 「羅唐聯合軍의 百濟侵攻戰略과 百濟의 防禦戰略」, 『STRATEGY 21』 2-2, 1999, pp.149～151.
84) 金榮官, 「羅唐聯合軍의 百濟侵攻戰略과 百濟의 防禦戰略」, 『STRATEGY 21』 2-2, 1999, pp.181～182.
85) 이희진, 「백제의 멸망과정에 나타난 군사상황의 재검토」, 『史學研究』 64, 2001.
86) 於是 王及太子隆王子泰大臣貞福 與諸城皆降(『三國遺事』 紀異 太宗春秋公).

그러나 의자왕이 항복하였음에도 불구하고 모든 백제인이 나당 연합군에 항복한 것은 아니었다. 사비성과 일부 지방민들이 항복한 것에 불과하였다. 멸망 직후 백제유민들은 나당군의 포로가 되기도 하고, 고구려나 일본으로 망명을 하기도 하였다. 또한 처음에는 일 부가 당군에 항복하기도 하였지만 곧 바로 부흥운동에 참여하는 모 습을 보이고 있다.[87]

그리고 黑齒常之의 예에서도 보듯이 나당군에 투항하였다고 하 더라도 얼마 뒤 부흥운동에 참여하여 활동을 하는 양상을 보이고 있다. 黑齒常之와 관련한 다음 사료들을 살펴보자.

R-① 蘇定方平百濟 常之以所部降 以定方囚老王 縱兵大掠 常之懼 與左右
    酋長十餘人遁去 嘯合捕亡 依任存山自固 不旬日 歸者三萬 定方勒兵
    攻之 不克 遂復二百餘城(『三國史記』列傳 黑齒常之).
  ② 顯慶五年 蘇定方討平百濟 常之率所部隨例送降款 時定方繫老王及太
    子隆等 仍縱兵劫掠 丁壯者多被戮 常之恐懼 逐與左右酋長十餘人遁歸
    本部 鳩集亡逸 共保任存山 築柵以自固 旬日而歸附者三萬餘人 定方
    遣兵攻之 常之領敢死之士拒戰 官軍敗績 遂復本國二百餘城 定方不能
    討而還(『舊唐書』권109 列傳 제59 黑齒常之).

위 사료에 의하면 黑齒常之 역시 의자왕이 항복할 때 風達郡將 으로서 당군에 항복했으나, 곧 부흥운동에 참여하였다. 흑치상지가 임존산에서 백제유민을 불러 모으니 열흘도 안 되어 3만 명이나 모 여들었다. 이것은 임존산과 그 주변의 백제유민들이 당군에 실질적 으로 항복하지 않은 상태였다는 것을 보여주는 사례라 하겠다. 그 리고 얼마 안 있어 200여 성을 회복하였다는 것도 백제 멸망 당시 대부분의 지방의 군성들은 나당군에게 직접 항복을 하지 않은 상태

---

87) 金榮官,「滅亡 直後 百濟 遺民의 動向」,『典農史論』7, 2001.

였기 때문에 가능한 결과였다.

백제 멸망 당시 백제군의 동원 가능한 전력은 중앙군과 5개 方城의 병력을 합하면 최소 5만 명 이상이었다. 거기에다 지방의 郡城에 주둔하고 있던 병력을 더하면 훨씬 많은 수의 병력을 유지하고 있었다.[88] 그런데 백제가 나당연합군과의 전쟁으로 입은 전력의 손실은 황산벌 싸움에서 전사한 계백의 5천 결사대[89]와 당군의 기벌포 상륙 방어전에서 죽은 수천 명[90], 사비성 밖 싸움에서 죽거나 포로가 된 1만 명[91] 등에 사비성 싸움에서 손실된 전력을 합쳐도 대략 2만 명 정도로 추정할 수 있다.[92] 결국 백제군이 입은 전력의 손실은 매우 큰 것이었지만 잔존 전력 또한 만만치 않게 남아있었다. 나당군과 직접 전투를 치르지 않은 지방의 군성들은 큰 피해가 없었던 것으로 추측된다.

신라군은 계백이 거느린 5천 결사대와 치열한 전투를 치른 황산벌 근처에 있는 尒禮城[93]마저도 사비성함락 이후에야 겨우 점령하였다. 신라군은 사비성으로의 공격로 상에 있던 백제의 여러 성들도 미처 다 함락시키지 못한 상태에서 사비성만을 공략하여 점령하였다. 신라의 이러한 군사전략은 당군과 합군하기로 한 기일을 지키기 위하여 부득이한 것이었다. 이러한 신라의 전략적인 허점은 백제의 지방군성들이 전력을 그대로 유지할 수 있게 하였고, 이후

---

88) 金榮官,「羅唐聯合軍의 百濟侵攻戰略과 百濟의 防禦戰略」,『STRATEGY 21』 2 - 2, 1999, pp.187~188.
89)『三國史記』列傳 階伯.
90)『舊唐書』권83 列傳 제33 蘇定方.
91)『三國史記』百濟本紀 義慈王 20년 및『舊唐書』권83 列傳 제33 蘇定方.
92)『三國史記』百濟本紀 義慈王 20년 및 列傳 階伯.
93) 이례성의 위치에 대해서는 連山說, 靑馬山城說, 魯城山城說 등이 있으나 모두 사비성의 동쪽에 위치하며 도성방어에 중요한 역할을 담당하였던 곳으로 비정되고 있다. 필자는 連山說을 취한다.

일어난 부흥운동의 군사적 근간이 되어 장기간의 무장투쟁을 수행할 수 있는 인적·물적 토대가 되었을 것이다.

그러나 잔존한 백제군이 모두 부흥운동에 참여하였다고는 볼 수 없다. 일단 국왕이 항복하고 중앙정부의 통치조직이 무너진 상황에서 이들은 실상 군대로서의 기능을 제대로 발휘하기 어려웠다. 이들은 지휘자의 거취에 따라 군대로서의 기능을 유지하기도 하고 상실하기도 하였을 것이기 때문이다. 오직 이들을 이끌 지도자의 출현만이 백제유민들을 부흥운동의 길로 들어서게 할 수 있었던 것이다.

(2) 復興運動의 發生 原因

백제 멸망 당시 대부분의 백제주민과 지방민들은 나당연합군과의 직접적인 交戰이 없었던 까닭에 피해를 당하지 않았다. 또한 백제군도 전멸당한 것이 아니라 상당수의 백제군이 잔존한 상태에서 다음과 같은 사건들이 부흥운동을 촉발시킨 직간접적인 계기가 되었다. 다음의 사료들을 통해 부흥운동군의 봉기 원인을 살펴볼 수 있다.

> S-① 蘇定方平百濟 常之以所部降 以定方囚老王 縱兵大掠 常之懼 與左右酋長十餘人遯去 嘯合捕亡 依任存山自固 不旬日 歸者三萬 定方勒兵攻之 不克 遂復二百餘城(『三國史記』 列傳 黑齒常之).
> ② 顯慶五年 蘇定方討平百濟 常之率所部隨例送降款 時定方繫左王及太子隆等 仍縱兵劫掠 丁壯者多被戮 常之恐懼 遂與左右酋長十餘人遁歸本部 鳩集亡逸 共保任存山 築柵以自固 旬日而歸附者三萬餘人 定方遣兵攻之 常之領敢死之士拒戰 官軍敗績 遂復本國二百餘城 定方不能討而還(『舊唐書』 권109 列傳 제59 黑齒常之)
> ③ 蘇定方平百濟 常之以所部降 以定方囚老王 縱兵大掠 常之懼 與左右酋長十餘人遯去 嘯合捕亡 依任存山自固 不旬日 歸者三萬 定方勒兵攻

之 不克 遂復二百餘城(『新唐書』 권110 列傳 제35 黑齒常之).

④ 於是 道琛自稱領軍將軍 福信自稱霜岑將軍 招集徒衆 其勢益張 使告仁軌曰 問大唐與新羅約誓 百濟無問老少 一切殺之 然後以國付新羅 與其受死 豈若戰亡 所以聚結自固守耳(『三國史記』 百濟本紀 義慈王 20년).

⑤ 於是 道琛自稱領軍將軍 福信自稱霜岑將軍 招誘叛亡 其勢益張 使告仁軌曰 問大唐與新羅約誓 百濟無問老少 一切殺之 然後以國付新羅 與其受死 豈若戰亡 所以聚結自固守耳(『舊唐書』 권199 列傳 제149 東夷 百濟國).

⑥ 道琛保任存城 自稱領軍將軍 福信稱霜岑將軍 告仁軌曰 問唐與新羅約 破百濟 無老孺皆殺之 畀以國 我與受死 不若戰(『新唐書』 권220 列傳 제145 東夷 百濟).

⑦ 今年七月 新羅恃力作勢不親於隣 引搆唐人傾覆 百濟君臣摠俘略無噍類 於是 西部恩率鬼室福信 赫然發憤 據任射岐山 達率餘自進 據中部久麻怒利城 各營一所 誘聚散卒 兵盡前役 故以栖戰 新羅軍破 百濟奪其兵 旣而百濟兵翻銳 唐不敢入(『日本書紀』 권 제26 齊明天皇 6년).

위 사료를 통해 살펴보면 부흥운동이 일어난 원인은 몇 가지로 정리할 수 있다. 첫째는 나당점령군의 약탈과 살육에 따른 백제유민의 반발이다. 전쟁에서 약탈과 살육은 필연적인 것이지만 위 사료 S-①, ②, ③의 흑치상지열전에서 보듯이 점령군인 당군은 늙은 왕인 의자왕을 가두고 丁壯者를 많이 죽이고 약탈을 자행하였다. 이에 화가 자신들에게 미칠 것을 두려워 한 흑치상지를 비롯한 백제의 군장들은 本部로 달아나 흩어진 유민들과 포로로 잡혔다가 도망한 자들을 불러 모아 任存山에 柵을 만들어 스스로 지키고자 하였다. 당군은 이를 토벌하고자 하였으나 실패하였다.

사료 S-④, ⑤, ⑥은 나당점령군의 약탈과 살육상을 더 노골적으로 보여주는 기사들이다. 이 기사를 보면 임존성에 자리를 잡은 도침과 복신이 당의 劉仁軌에게 보낸 글에 점령군의 약탈과 살육상이 적나라하게 표현되어 있다. 즉 당나라와 신라가 서로 약속하기를 백제인들은 노소를 가리지 않고 모두 죽인 뒤에 백제를 신라에 넘겨주려 한다는 소문을 듣고, 백제인들은 가만히 있다가 나당군에게 죽느니보다는 차라리 싸우다 죽겠다는 신념을 가지고 뭉쳐 스스로를 지키고자 한다는 내용이다. 사료 S-⑦의 『日本書紀』의 기사에도 나당의 점령군이 백제의 군신들을 모두 사로잡고 백성들을 가리지 않고 약탈하므로 복신 등이 散卒들을 모아 부흥운동군을 조직하고 나당군과 싸우고 있다는 내용을 전하고 있다.

나당군이 백제인들은 가릴 것 없이 모두 죽인다는 소문이 나도는 가운데 백제유민들은 생명의 위협에 대한 자구책으로 임존산 등에 입보하여 군비를 갖추고 나당군에 대항하였던 것이다.[94] 그리고 이들 유민들은 사료 S-⑦의 『日本書紀』의 기록에서 보듯이 처음에는 별다른 무기도 없이 몽둥이에 의지하여 점령군에 대항하다가 점차 신라군의 병장기를 탈취하여 무장을 제대로 갖추게 되었다. 그리고 福信, 道琛, 餘自進, 黑齒常之와 같은 지도자의 지휘 아래 집결하여 부흥운동군에 가담했던 것이다. 약탈과 살육에 대한 백제인의 두려움과 공포감은 부흥운동 발생의 직접적인 계기가 되었던 것이다.

둘째는 당군이 의자왕과 군신들을 사로잡아 가두고 핍박하며, 결국에는 백제를 신라에 넘겨줄 것이라는 말을 듣고 유민들은 몹시 성을 내었던 것이다. 그리고 의자왕이 항복하였을 때의 비참한 모습에서 의분을 느껴 부흥운동의 촉발제가 되었다.[95]

---

94) 약탈과 살육이 점령군에 의해 상시적으로 자행되는 현상이었기에 부흥운동군이 일어나게 된 직접적인 계기가 되었다고 보기는 어려울 것 같다는 주장도 있다(李道學, 「'百濟復興運動'에 대한 몇 가지 檢討」, 『東國史學』 38, 2002, pp.27~28).

95) 노중국, 「復興百濟國의 성립과 몰락」, 『백제부흥운동의 재조명』, 2002, p.21.

다음의 자료는 660년 7월 18일 의자왕이 항복힌 후 얼마 뒤인 8월 2일 사비성에서 태종무열왕이 당나라의 소정방 및 將士들에게 술잔치를 베풀어 위로하는 상황을 기록한 것이다.

八月二日 大置酒勞將士 王與定方及諸將 坐於堂上 坐義慈及子隆於堂下 或使義慈行酒 百濟佐平等群臣莫不嗚咽流弟(『三國史記』 新羅本紀 太宗武烈王 7년).

위 기록을 보면 태종무열왕과 소정방 및 장수들은 堂上에 앉아서 堂下에 의자왕 및 隆을 앉히고 혹은 의자왕으로 하여금 술잔을 치게 하니 백제의 좌평 등 군신들이 목이 메어 울지 않는 자가 없었다고 한 것이다. 이런 치욕적인 상황을 지켜보고 전해들은 백제의 군신과 유민들은 감정이 북받치고 서러워하였다. 특히 복신과 같은 지배층들은 이러한 치욕적인 모습을 당하여 성을 내지 않을 수 없었을 것이고, 이는 나당군에 대한 저항으로 나타나게 되었다.

더욱이 백제에 대한 원망과 복수심으로 가득 차있던 신라의 수중에 백제를 넘겨준다는 말에 백제유민들은 더욱 분노하지 않을 수 없게 만들었다. 만약 당군이 백제를 신라에 넘긴다면 백제인들에 대한 신라군들의 핍박은 당군에 의한 살육과 약탈과는 비교할 수 없을 정도로 심해질 것이고, 모든 백제인들을 다 잡아 죽일 것이라는 소문이 자자했기 때문이다. 이러한 핍박에 대한 두려움은 의자왕과 왕족에 대한 나당군의 처우를 본 후에 더욱 두려운 현실로 백제유민들에게 다가왔을 것이다.

福信은 이와 같은 수치스런 상황을 당한 백제유민들의 의분을 결집시켜 부흥운동을 주도한 대표적인 인물로 볼 수 있다. 『日本書紀』에 "오직 福信만이 神武之權을 가지고 이미 망한 나라를 일으켜 세웠다"는[96) 기사는 백제 멸망과 부흥운동의 봉기를 일본에 알리러

간 이름을 알 수 없는 達率과 沙彌 覺從이 한 말이기는 하지만, 멸
망 직후 복신이 부흥운동을 주동한 중심인물이었으며, 또한 부흥운
동군의 중심세력이 되었다는 것을 말해준다. 그리고 복신이 "興旣
亡之國"했다는 것은 부흥운동의 봉기 목적을 알려준다. 즉 망한 나
라를 다시 일으키겠다는 목적의식을 가지고 백제유민들을 모아 부
흥운동군을 일으켰던 것이라고 볼 수 있다. 이러한 부흥운동군의
목적의식은 "興亡繼絶"[97]을 표방하는 단계로까지 발전하여 부흥운
동의 이념적 기반이 되었다.

그리하여 흩어진 유민세력을 모아 부흥운동군을 조직하였고, 백
제구토 내에서 나당군을 축출하고 무너진 백제왕조를 다시 세우려
는 목적으로 부흥운동을 전개하게 되었던 것이다. 이러한 興亡繼絶
의 정신은 주류성이 함락 당했을 때 "백제의 이름이 오늘로서 끊어
졌고, 조상의 묘소에 어찌 다시 갈 수 있겠는가"[98]라는 유민들의
한탄을 통해서도 유추할 수 있을 것이다.

셋째로, 직접 전쟁의 피해를 입지 않은 지방의 군장들이 기득권
을 지키려고 부흥운동에 가담하였다. 이들은 의자왕의 항복과 더불
어 당군에 항복의 예를 갖추었으나, 이후 黑齒常之의 예에서 볼 수
있는 것처럼 부흥운동에 가담하게 되었다. 黑齒常之에 관한 『舊唐
書』의 기록을 살펴보면 다음과 같다.

 顯慶五年 蘇定方討平百濟 常之率所部隨例送降款 時定方繫左王及太子隆等
 仍縱兵劫掠 丁壯者多被戮 常之恐懼 遂與左右酋長十餘人遁歸本部 鳩集亡逸
 共保任存山 築柵以自固 旬日而歸附者三萬餘人 定方遣兵攻之 常之領敢死之士
 拒戰 官軍敗績 遂復本國二百餘城 定方不能討而還(『舊唐書』 권109 列傳 제

---

96) 唯福信神武之權 興旣亡之國(『日本書紀』 권 제26 齊明天皇 6년 9월).
97) 韓國古代社會硏究所編, 「唐劉仁願紀功碑」, 『譯註 韓國古代金石文』 제1권, 1992.
98) 『日本書紀』 권 제27 天智天皇 2년 9월.

59 黑齒常之).

위 사료에 의하면 黑齒常之는 처음에 당군에 항복하였다. 그가
소속 부를 들어 전례에 따라 항복하였다는 것은 당군에 투항한 사
실을 말해주는 것이다. 국왕인 의자왕의 항복으로 중앙정부의 지방
지배체제가 작동할 수 없게 된 상황에서 지방 군장들의 투항은 이
루어진 것이었다. 지방의 군장들은 戶口臺帳과 地圖 등 통치의 기
본이 되는 문서와 병장기 등을 점령군에게 바치고 처분을 기다렸던
것이다. 그런데 이러한 지방 군장들의 행동이 맹목적인 것은 아니
었을 것이다. 그들은 자신들이 가지고 있던 권리들을 최소한도의
범위 내에서나마 보전하고픈 기대감을 가지고 있었을 것이다. 그리
고 이런 바람은 대개 점령군에 수용되어 최소한의 기득권은 유지시
켜 주는 것이 점령지 지배정책의 상식이었다. 그러나 이러한 기대
감은 현실과는 거리가 멀었다.

　백제와 신라는 6세기 중반 이래로 치열한 영토쟁탈전을 거치면
서 仇讐之間이 되어 있었다. 신라의 文武王은 신라와 백제가 累代
로 깊은 원한을 가진 사이였다고 말하기까지 하였다.99) 당군의 백
제공격 목적이 잇따른 고구려 정벌의 실패를 만회하기 위해 먼저
배후인 백제를 멸하고 고구려 공격에 필요한 거점을 확보하려는 목
적에서 백제를 선제공격했다는 것은 널리 알려진 사실이다. 그러나
신라는 백제의 공격으로 상실한 영토의 회복과 백제의 공격으로 희
생당한 왕실귀족집단의 원한을 갚고 수모를 설욕하고자한 목적이
크게 작용한 것으로 보인다.100)

　백제와 신라의 관계 때문에 나당연합군의 주도세력이었던 당군

---

99) 新羅百濟 累代深讐(『三國史記』新羅本紀 文武王 11년 答薛仁貴書).
100) 『三國史記』列傳 金仁問 및 金庾信 上.

에 투항한 백제의 지방군장들은 그들의 안위를 걱정하지 않을 수 없게 된 것이다.[101] 당군에 투항한 후 보장되리라 믿었던 지방군장들의 기대는 당과 신라의 약속으로 기대할 수 없는 상황으로 전락해 버린 것이었다. 더욱이 왕족 13인, 대소신료 700여 인 등 대다수의 중앙귀족들은 물론 1만 2천여 인 등 많은 백성들이 당의 포로가 되어 끌려가는[102] 등 在地的 세력기반으로부터 강제로 축출당하는 상황을 목도한 지방 군장들과 백성들은 자신들의 기득권을 유지하기가 어렵다는 것을 알았던 것이다. 즉 나당점령군 치하에서는 아무것도 보장되지 않는다는 것을 인식한 백제의 지방 군장들과 유민들은 백제왕조 지배체제 내에서 유지할 수 있었던 기득권을 수호하기 위해 백제부흥운동 대열에 합류하게 되었던 것이다.[103]

이상을 통해 볼 때, 나당군의 무자비한 약탈과 살육으로부터 스스로를 보호하기 위하여 시작된 백제유민들의 봉기는 이미 망한 나라를 다시 일으켜 세우고 끊어진 사직을 다시 잇겠다는 명분으로까지 발전하게 되었던 것이다. 그리고 이러한 목적 아래 백제유민들은 부흥운동군으로 조직화되었고 일본에 가 있던 故王子 豊을 귀국시켜 백제왕으로 옹립하게 되었던 것이다.

---

101) 大唐與新羅約誓 百濟無問老少 一切殺之 然後以國付新羅 與其受死 豈若戰亡
所以聚結自固守耳(『舊唐書』 권199 列傳 제149 東夷 百濟國).
102) 『三國史記』 百濟本紀 義慈王 20년.
103) 의자왕의 항복이 신변 안전과 당군의 철수를 전제로 한 조건부 항복이었으나,
당군은 약속과는 달리 늙은 의자왕을 가두고 군사를 놓아 닥치는대로 노략질
을 일삼는 등 당초의 약속을 어겼기 때문에 흑치상지 등이 부흥운동에 나서
게 되었다고 하는 주장도 있다(이도학, 『백제장군 흑치상지 평전』, 1996, pp.98
~100 ;『새로 쓰는 백제사』, 1997, p.224).

제 3 장

百濟復興運動의 展開

　　백제의 유민들이 처음 봉기한 시점에 대해서는 정확한 기록이 남아있지 않다. 다만 백제 멸망 직후인 660년 8월 경에는 부흥운동군이 거병하였을 것으로 인식되고 있다. 사실 부흥운동군과 백제군 잔존세력의 차이를 명백히 밝힐 수 있다면 부흥운동이 언제 어디서 시작되었는지 분명히 알 수 있다. 그러나 백제부흥을 목적으로 나당군과의 전투를 시작한 시기가 곧 부흥운동의 개시를 의미하지는 않는다. 나당군과의 전투는 부흥운동의 물리적이고 군사적인 활동의 표출이므로, 부흥운동의 활동시기를 전투시기와 동일시 할 수는 없다. 전투를 위해 부흥운동군이 구성되는 시점은 이보다 앞서기 때문이다. 결국 부흥운동의 시작은 백제유민들이 나당군을 몰아내기 위해 봉기한 시점이 언제냐 하는 것인데, 이를 정확히 알아낸다는 것은 쉽지 않다. 다만 멸망 직후 백제유민들의 동향을 살펴봄으로써 대략적인 거병시기를 알아낼 수는 있을 것이다.

제3장 　百濟復興運動의 展開

1. 復興運動軍의 活動

1) 復興運動의 展開 樣相

(1) 復興運動의 蜂起 時點

　백제의 유민들이 처음 봉기한 시점에 대해서는 정확한 기록이 남아있지 않다. 다만 백제 멸망 직후인 660년 8월 경에는 부흥운동군이 거병하였을 것으로 인식되고 있다. 사실 부흥운동군과 백제군 잔존세력의 차이를 명백히 밝힐 수 있다면 부흥운동이 언제 어디서 시작되었는지 분명히 알 수 있다. 그러나 백제부흥을 목적으로 나당군과의 전투를 시작한 시기가 곧 부흥운동의 개시를 의미하지는 않는다. 나당군과의 전투는 부흥운동의 물리적이고 군사적인 활동의 표출이므로, 부흥운동의 발생시기를 전투시기와 동일시 할 수는 없다. 전투를 위해 부흥운동군이 구성되는 시점은 이보다 앞서기 때문이다. 결국 부흥운동의 시작은 백제유민들이 나당군을 몰아내

기 위해 봉기한 시점이 언제나 하는 깃인데, 이를 정확히 알아낸다
는 것은 쉽지 않다. 다만 멸망 직후 백제유민들의 동향을 살펴봄으
로써 대략적인 거병시기를 알아낼 수는 있을 것이다.[1] 부흥운동에
대한 최초의 기록은 다음과 같다.

八月二日 (중략) 百濟餘敵 據南岑貞峴□□□城 又佐平正武聚衆 屯豆尸原
嶽 抄掠唐羅人(『三國史記』 新羅本紀 太宗武烈王 7년).

위 기록으로 보아 660년 8월 2일[2]에 백제유민들은 이미 南岑[3]
과 貞峴城, □□□城[4] 등 사비 주변에서 활동을 시작했고, 豆尸原嶽
에서는 좌평 正武가 나당군을 초략하고 있다. 두시원악에서 나당군
과의 충돌은 백제유민들이 선공을 가한 것으로 볼 수 있다. 부흥운
동군이 나당군에 대한 공격을 시작했다는 것은 이미 8월 2일 이전
에 백제유민세력들이 결집되었다는 것과 함께 백제부흥운동이 시작
되었다는 점을 짐작케 해준다. 백제유민들이 결집하여 나당군 초략
에 나선 시점이 8월 2일이라는 것은 부흥운동군과 나당군과의 군사
적인 충돌시점을 알려준다. 7월 18일 의자왕이 나당군에게 항복한
뒤 불과 보름이 안 되어 나당군과의 군사적인 충돌이 일어난 것은

1) 金榮官, 「滅亡 直後 百濟 遺民의 動向」, 『典農史論』 7, 2001, pp.75~83.
2) 이 날 사비성에서는 당군과 신라군이 의자왕과 태자 융 등 백제의 왕족과 신하
들을 堂下에 앉히고 의자왕에게 술잔을 치게 하는 등 승전 축하연을 하고 있었
다.
    八月二日 大置酒勞將士 王與定方及諸將 坐於堂上 坐義慈及子隆於堂下 或使義
    慈行酒 百濟佐平等群臣莫不嗚咽流涕(『三國史記』 新羅本紀 太宗武烈王 7년).
3) 지금도 충남 부여군 규암면과 장암면의 경계에 남령이라는 지명이 남아있다.
    南嶺과 南岑은 모두 '남쪽 고개'라는 뜻으로 볼 수 있다. 따라서 南岑은 南嶺으
    로 비정할 수 있다.
4) 『三國史記』에는 글자가 缺落되어 있다. 결락된 글자는 정확히 알 수 없으나, 그
    후의 부흥운동의 중심지로 중요한 역할을 했던 豆良尹城 또는 內斯只城일 가
    능성이 있다.

부흥운동의 발생 시점을 7월 18일에서 8월 2일 사이로 볼 수 있다. 그리고 8월 2일은 당군과 신라군이 사비성에서 승전기념잔치를 한 날이었다.

두시원악의 백제유민들과 마찬가지로 사비 남잠과 정현성 등에서도 유민들이 결집하여 군사적인 활동을 준비하고 있었다는 점 또한 백제유민들이 결집한 시기를 부흥운동의 발생 시점으로 볼 수 있게 해준다. 부흥운동이 과연 언제 시작되었느냐 하는 것은 지금으로서는 더 이상 정확히 알 수가 없다. 다만 660년 8월 2일 이전에 유민들이 결집되어 활동하고 있었으며, 그 시기는 백제 멸망과 거의 때를 같이 했다고 볼 수 있다.

그런데 의자왕과 중앙지배귀족들의 항복은 전체 백제인의 동의를 얻은 것이라고는 볼 수 없다. 백제인들 중 일부 특히 구귀족세력들은 나당군에게 항복하는 것을 거부하고 백제유민들을 결집하여 나당군에게 대항했다. 이들은 의자왕을 중심으로 한 신진귀족세력과 정치적인 입장을 달리하는 세력이었을 것이다.

여기서 논의전개의 필요상 구귀족세력과 신진귀족세력의 성격을 간단히 살펴보기로 하겠다. 신진귀족세력들은 의자왕 15년을 전후하여 의자왕이 전제왕권을 확립하는 과정에서 등장한 세력으로 대개 達率 관등을 가진 非大姓八族이었다.[5] 그리고 구귀족들은 大姓八族을 중심으로 한 세력으로 의자왕의 전제왕권 강화와 함께 신진귀족세력에게 밀려난 佐平 成忠과 興首와 같은 세력이었다. 물론 成忠은 이 당시 이미 의자왕의 노여움을 사 獄死한 뒤였고 興首는 古馬彌知縣(長興)에 유배되어 있는 처지였지만, 이들과 뜻을 같이하는 구귀족세력들이 백제의 중앙정부 내에도 분명히 존재했을 것이다. 특히 興首는 의자왕의 신임을 잃고 정치권 밖으로 쫓겨난 상태

---

5) 金周成, 「義慈王代 政治勢力의 動向과 百濟滅亡」, 『百濟研究』 19, 1988.

였지만 나당연합군의 침입시 의자왕이 백제군의 방어전략을 물을 정도로 정치적인 영향력이 남아있던 인물이었다.6) 흥수의 활동에 대해서는 더 이상 기록에 보이지 않지만 그의 정치적인 비중은 결코 낮은 편은 아니었을 것이다.7)

그리고 백제 중앙지배귀족 내에서도 나당연합군에 대한 방어 전략을 두고 의견이 서로 대립되는 등 의견의 일치를 보지 못하였고, 농성을 할 것인지 항복을 할 것인지를 두고 왕자들 간의 알력과 이반이 있었다. 이러한 알력의 근저에는 신진귀족세력과 구귀족세력 사이의 정치적 대립도 내재되어 있었다고 보여진다.

이러한 정황은 앞에서도 언급한 바 있지만, 나당연합군이 사비성에 육박하자 의자왕과 태자는 웅진성으로 달아났고, 사비성은 왕자 泰가 무리들을 거느리고 농성을 했을 때의 기록을 통하여 추측해 볼 수 있다.8) 이 때 백제의 왕자들은 泰가 제멋대로 왕이 되어 사비성을 固守하는 것을 못마땅하게 생각하여 백성들을 이끌고 성 밖으로 나아가 당군에 항복했으나, 泰가 능히 막지 못하였다고 기록하고 있다. 이는 나당연합군을 맞이한 사비성에서 籠城固守할 것을 주장하는 왕자 泰를 중심으로 하는 세력과 항복할 것을 주장하는 태자의 아들인 文思를 중심으로 하는 세력간의 의견대립이 있었음을 알 수 있다. 비록 文思는 왕자 泰가 스스로 왕이 되었다는 것

---

6) 『三國史記』百濟本紀 義慈王 20년 및 『三國遺事』奇異 太宗春秋公.
7) 흥수는 백제멸망 후 부흥운동에 참여한 것 같지는 않다. 만일 그가 부흥운동에 참여하였다면 부흥운동과 관련된 기록에서 누락될 가능성은 그의 정치적 영향력으로 보아서 그리 높지는 않은 것으로 생각된다. 오히려 그는 의자왕의 항복과 함께 나당군에게 古馬彌知縣에서 잡혀와 살해되었거나 의자왕과 함께 당으로 끌려갔을 것으로 추측된다.
8) 王義慈及太子隆北走 定方進圍其城 義慈子泰自立爲王 率衆固守 義慈之孫文思曰 王與太子出 而叔豈得擅爲王 若王師還 我父子安得全 遂率左右縋城下 人多從之 泰不能止(『新唐書』권111 列傳 제36 蘇定方).

을 핑계 삼고 있지만, 의자왕이 熊津城으로 달아난 상황에서 사비성을 방어하던 왕자들과 左右로 표현된 정치세력간의 알력과 갈등은 서로를 제어할 수 없는 상황에까지 이르렀던 것이다.

이러한 갈등은 왕자 泰를 중심으로 한 主戰派와 文思를 중심으로 한 主和派로 나뉘어졌고, 결국 주화파인 文思가 大佐平 沙吒千福 등을 거느리고 성 밖으로 나와 당군에 투항함으로써[9] 사비도성이 함락되는 지경에 이르렀다. 義慈王의 도피는 단지 一身만을 보전하기 위한 것은 아니었다. 의자왕이 피신한 北方城인 舊都 웅진성은 천험의 요새지로서[10] 후일을 도모하기 위한 농성장소로 적합했다. 의자왕은 사비성이 함락되더라도 웅진성에서 나당연합군에 대항하면서 투쟁할 의도를 가지고 있었다고 볼 수 있다.

그러나 사비도성에서 농성을 지속하길 원했던 의자왕의 기대는 왕자들 간의 반목과 알력으로 인하여 무너졌다. 주화파인 文思와 大佐平 沙吒千福이 성을 나와 항복함으로써 泰를 중심으로 한 주전파만으로는 더 이상 籠城固守하지 못하고 사비성이 함락되고만 것이다. 그리고 웅진성에 피신해 있던 의자왕도 熊津方領이던 大將 禰植에게 사로잡혀 사비성으로 끌려와 당군에게 바쳐지는 운명에 처하게 되었다.[11]

文思의 투항은 결국 사비도성의 함락과 의자왕의 항복으로 백제의 운명에 종지부를 찍게 만들었다. 그러나 文思나 禰植과 같은 부류의 정치세력과는 반대편에 서있던 세력들은 비록 의자왕이 항복하였다고 하나 계속해서 나당연합군에게 대항하고자 하였다.

두시원악에서 유민들을 모아 나당군을 초략한 것으로 기록된 좌

---

9) 『三國史記』 新羅本紀 太宗武烈王 7년.

10) 金榮官, 「百濟의 熊津遷都 背景과 漢城經營」, 『忠北史學』 11·12합집, 2000, pp.168
~170.

11) 盧重國, 「百濟 滅亡後 復興軍의 復興戰爭 硏究」, 『歷史의 再照明』, 1995, p.196.

평 正武도 의자왕의 항복에 동조하지 않았던 정치세력 중의 한 사람이었다. 좌평 정무의 출자나 그 이전의 행적에 대해서는 기록의 불비로 인하여 자세히 알 수가 없다. 다만 그는 의자왕이 항복하기 전에 이미 도성을 나와 두시원악에 있었던 것으로 추측된다. 佐平의 관등을 가진 정무가 두시원악에 있었던 사정은 분명히 알 수 없으나, 의자왕 15년을 전후한 시기에 있었던 정치세력의 변동과정에서 도태된 구귀족 중의 한 사람일 가능성이 높다. 正武는 奈祗城에 은거해 있던 砂宅智積[12]과 같이 두시원악에 은거해 있던 인물로 볼 수 있다. 이렇게 본다면 佐平이라는 최고 관등을 가진 正武가 왜 도성이 아닌 두시원악에 있었는지를 설명할 수 있을 것이다. 그리고 구귀족세력의 한 사람인 正武는 나당연합군의 침입과 사비도성의 함락, 의자왕의 항복이라는 국가적인 위기상황을 기회로 정치권력을 회복하고자 하는 속셈도 한편으로는 가지고 있었으리라 생각된다. 어쨌든 正武는 백제 멸망 전에 두시원악에서 의자왕의 항복에 동조하지 않는 세력들과 유민들을 규합하여 나당군에 대한 군사적인 행동을 감행했다.

이상을 통해 볼 때 백제유민들 중 의자왕의 항복에 동조하지 않은 세력들이 결집한 곳이 사비 남잠, 정현성, 두시원악 등이었고, 이들은 의자왕이 항복하자마자 바로 유민세력을 모아 무장봉기를 준비하고 나당군을 초략하기 시작했다.

---

12) 洪思俊, 「百濟 砂宅智積碑에 대하여」, 『歷史學報』 6, 1954.

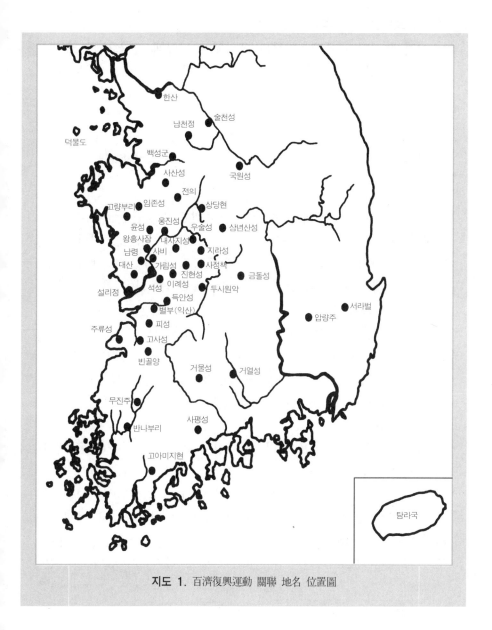

지도 1. 百濟復興運動 關聯 地名 位置圖

(2) 遺民勢力의 結集과 活動地域

이렇게 시작된 백제유민들의 움직임이 어떻게 조직화되었고, 초기의 활동양상은 어떠했는지에 대해 우선 다음의 사료를 통해 살펴볼 수 있을 것이다.

二十三日 百濟餘賊入泗沘 謀掠生降人 留守仁願出唐羅人 擊走之 賊退 上泗沘南嶺 竪四五柵 屯聚 伺隙 抄掠城邑 百濟人叛而應者二十餘城(『三國史記』 新羅本紀 太宗武烈王 7년 9월).

위 사료에 보이는 '百濟餘賊'으로 표현된 부흥운동군은 사비의 南嶺에 4, 5개의 목책을 세우고 기회를 보아 사비성을 초략하고 있다. 이 때 사비 남령의 부흥운동군에 호응한 성이 20여 개나 되었다는 것은 부흥운동군이 발생 초기부터 서로 연계되어 활동을 하였다는 것을 알려준다. 여기서 사비 남령의 부흥운동군은 8월 2일에 정현, 두시원악 등에서 부흥운동군이 일어났을 때 이미 백제유민들을 모아 나당군들을 초략한 南岑의 부흥운동군과 동일한 세력이다. 이들은 8월 2일 본격적으로 활동을 시작하였고 9월 23일에는 사비성의 나당군들을 초략하다가 사비도성을 지키던 劉仁願에게 패퇴하였다.

당시 사비성의 상황은 이미 9월 3일에 蘇定方이 의자왕 등 백제의 왕족과 신료, 백성 등을 포로로 하여 당으로 돌아갔고, 대부분의 신라군도 돌아간 뒤였다. 단지 1만 7천 명의 나당군이 사비성을 지키고 있었을 뿐이었다.[13] 18만 명이나 되었던 나당연합군 전체 병력에 비하면 그 10분의 1만이 남아 사비성을 지키고 있었던 것이다. 또한 熊津都督으로 파견된 王文度는 부임도 하기 전이었다. 부흥운

---

13) 『三國史記』 新羅本紀 太宗武烈王 7년 9월.

동군들은 사비 남령에 목책을 세운 후 사비성을 공격하였던 것이다.

그런데 웅진도독 王文度가 9월 28일에 三年山城에서 급사하게 되자 사비성의 당군은 위태롭게 되었다. 또한 부흥운동군에 호응한 성이 20여 개나 되자 사비성의 나당군은 더욱 곤경에 처하게 되었다. 부흥운동군은 사비 남령과 왕흥사잠성에서 사비성을 포위하고 공격할 기회를 엿보고 있었다. 사비성은 사실상 완전히 포위된 상태였다. 이러한 상황에서 경주로 철군하기 위하여 三年山城에 있던 신라의 태종무열왕은 태자와 諸軍들을 거느리고 다시 사비성 방면으로 군사를 돌리지 않을 수 없었다. 그리고 10월 9일 尒禮城을 공격하여 10월 18일에 함락시키고 官人을 두어 지키게 하자 사비 남령의 부흥운동군에 호응했던 20여 성이 겨우 신라군에 항복하게 되었다. 尒禮城 등 20여 성은 사비성 함락시 신라에 항복하지 않았던 성들이었다.

신라는 함락한 성들에 관리를 배치하고 군대를 주둔하여 완전히 신라군의 점령 하에 두었다. 그리고 10월 30일에는 다시 사비 남령에 둔거하고 있던 1,500여 명의 부흥운동군을 참수하는 등 사비 부근에 주둔한 부흥운동군을 공격하기 시작하였다.[14] 그리하여 11월 7일에는 사비성의 강 건너편에 있는 또 다른 부흥운동군의 근거지인 王興寺岑城을 함락시키고 700인을 참수하는[15] 등 사비성 주변의 부흥운동군에 대한 진압에 나설 수밖에 없었다.

이렇듯 사비성 부근에서 맹렬히 일어난 부흥운동군의 활동은 초

---

14) 十月九日 王率太子及諸軍 攻尒禮城 十八日 取其城 置官守 百濟二十餘城震懼 皆降 三十日 攻泗沘南嶺軍柵 斬首一千五百人(『三國史記』 新羅本紀 太宗武烈王 7년 10월).

15) 五日 王行度雞灘 攻王興寺岑城 七日乃克 斬首七百人(『三國史記』 新羅本紀 太宗 武烈王 7년 11월).

기부터 20여 성이 연계해서 호응하는 등 조직적인 활동을 시작했다고 볼 수 있다. 그러나 마땅한 거점성을 축조하고 제대로 무기를 갖춘 상태에서 나당군에 대항한 것은 아니었다. 소정방이 당으로 돌아가기 전인 8월 26일에 黑齒常之의 任存大柵을 공격하여 겨우 小柵만을 攻破했다든지[16] 부흥운동군이 사비 남령에 4~5개의 柵을 세웠다든지 하는 기록으로 보아 초기에는 대개 木柵을 세워 방어하거나 사비성을 공격하기 위한 거점으로 삼았던 것을 알 수 있다. 또한 무기도 충분치 못하였다. 다음 기록을 통하여 이런 상황을 어느 정도 살펴볼 수 있다.

> 於是 西部恩率鬼室福信 赫然發憤 據任射岐山 達率餘自進 據中部久麻怒利城 各營一所 誘聚散卒 兵盡前役 故以梃戰 新羅軍破 百濟奪其兵 旣而百濟兵飜銳 唐不敢入 福信等遂鳩集同國 共保王城(『日本書紀』권 제26 齊明天皇 6년 9월).

위 기록은 660년 9월 5일에 이름을 알 수 없는 達率과 沙彌 覺從이 일본에 가서 백제의 멸망을 알리는 시점에서 한 말들이다. 여기서 백제병들은 흩어진 군졸들을 모아서 싸웠는데 무기는 '前役'에서 다 소진되었다는 것을 알 수 있다. 9월 5일 일본에 도착해서 백제의 멸망과 부흥운동군이 일어나 활동하고 있다는 것을 전하는 시점에서의 '前役'은 멸망 전 나당연합군과의 전투를 말한다. 무기가 다해 몽둥이를 들고 싸웠다는 것은 무기가 전혀 없었다는 것이 아니라 매우 열악한 상황이었다는 것을 말해준다. 이러한 열악한 상황에서 부흥운동군은 신라군과의 전투를 통해 무기를 빼앗아 병장기를 갖추게 되었다고 볼 수 있다. 그리고 鬼室福信과 餘自進이

---

16) 二十六日 攻任存大柵 兵多地險 不能克 但攻破小柵(『三國史記』新羅本紀 太宗武烈王 7년 8월).

각기 軍營을 이루어 흩어진 병졸들을 모았으나 곧 하나로 합쳐져 사비성 탈환을 위해 활동하게 되었음을 알리고 있다. 이는 부흥운동군이 초기 단계에 이미 연계되어 활동하였다는 것을 말해준다.[17] 福信 등이 "鳩集同國 共保王城"했다는 것은 이러한 정황을 잘 표현한 말이다.

위 기록에서는 福信이 부흥운동의 중심세력으로 왜에 알려졌던 것으로 볼 수 있다. 그런데 과연 福信이 발생 초기부터 부흥운동을 이끈 대표적인 인물이었는가 라는 문제를 살펴볼 필요가 있다. 백제의 達率과 沙彌 覺從이 倭에 가서 7월 18일 의자왕이 항복하고 백제가 망한 사실을 알린 것이 9월 5일의 일이고, 의자왕의 항복과 함께 唐軍에 항복했다가 任存山으로 달아나 유민 세력을 모은 黑齒常之를 蘇定方이 공격한 것이 8월 26일의 일이었다. 비록 中部 久麻怒利城의 餘自進을 부흥운동의 또 다른 중심세력으로 말하고는 있지만, 黑齒常之가 있던 任存山의 復興運動軍의 중심인물이 福信이었다는 것을 전하고 있다. 이는 任存山에서 부흥운동군이 구성된 것은 최소한 8월의 일이었고 그 중심에는 黑齒常之가 아니라 福信이 서 있었다는 것을 알려준다. 즉 福信을 중심으로 黑齒常之가 부흥운동에 합류하였던 것이다. 이러한 사실은 다음의 기록을 통해서도 확인할 수 있다.

A-① 常之與別部長沙吒相如 據嶮以應福信(『三國史記』 百濟本紀 義慈王 20년).

② 常之與別部長沙吒相如 各據嶮以應福信(『資治通鑑』 권201 唐紀17

---

17) 부흥운동군이 초기에는 상호간 일정한 연계성이 없었고 또 구심적인 역할을 한 세력도 없었다가 복신과 도침이 군사를 일으키는 것을 기점으로 하여 점차 복신과 도침군을 중심으로 통합을 이루게 된 것 같다고 하여 초기 부흥운동세력의 연계에 대해 부정하는 견해도 있다(盧重國, 「百濟 滅亡後 復興軍의 復興戰爭 硏究」, 『歷史의 再照明』, 1995, p.217).

高宗 中之下).

③ 先是 百濟首領沙吒相如黑齒常之 自蘇定方回後 鳩集亡散 各據嶮以應
   福信(『舊唐書』 권84 列傳 제34 劉仁軌).

④ 始定方破百濟 酋領沙吒相如黑齒常之 嘯亡散據嶮 以應福信(『新唐書』
   권108 列傳 제33 劉仁軌).

위 기록들은 한결같이 백제 멸망 후 沙吒相如와 黑齒常之가 유
민들을 모아 福信에게 호응하였음을 전하고 있다. 沙吒相如와 黑齒
常之에 대해 구체적으로 이름을 밝히고 있는 것은 이들이 처음에는
항복했다가 달아나 부흥운동에 참여했기 때문에 唐軍은 이들에 대
해서 특기하였던 것으로 생각된다.

대부분의 기록에서 黑齒常之가 任存山을 중심으로 부흥운동을
일으킨 대표적인 인물로 나오는 것은 黑齒常之가 추후에 唐軍에 항
복해서 任存城을 점령하는데 결정적인 역할을 했고, 또한 唐에 가
서 쌓은 명성 덕분일 것이다. 黑齒常之는 부흥운동이 실패로 끝난
뒤에는 웅진도독부의 관료로 활동하였다. 그리고 당에 가서는 吐藩
과 突厥의 토벌에 참여하여 武將으로서 명성을 날렸다.[18]

그리고 黑齒常之가 任存山을 근거지로 한 까닭에 福信의 任存山
擧兵에 대한 기록보다는 唐에서 구체적인 기록을 남긴 黑齒常之의
본거지로 任存山이 더 주목받았던 결과라고 생각된다. 黑齒常之가
처음부터 福信의 휘하에서 활동했다는 것은 위 기록들을 통해 충분
히 살펴볼 수 있다.[19]

---

18) 李文基, 「百濟 黑齒常之 父子 墓誌銘의 檢討」, 『韓國學報』 64, 1991, pp.152～
   165.
   李道學, 「百濟 黑齒常之墓誌銘의 檢討」, 『鄕土文化』 6, 1991, pp.10～13.
19) 池內宏도 福信의 擧兵이 660년 8월 26일 이전, 蘇定方이 사비성에 在陣할 당시
   의 일로 보았다(池內宏, 「百濟滅亡後の動亂及び唐羅日三國の關係」, 『滿鮮地理歷
   史硏究報告』 제14책, 1933 ; 『滿鮮史硏究』 上世 第二冊, 1960, p.109).

그리고 文武王의 答薛仁貴書에도 福信이 초기 부흥운동을 주도한 인물로 기록되어 있다. 答薛仁貴書에 부흥운동군에 대해서 '賊臣福信이 江西에서 일어났다'라든가 '福信 徒黨이 점차 많아졌다'라는 구절이 있을 뿐 그 밖의 다른 인물들에 대한 언급이 없는 것으로 보아도 福信이 부흥운동군을 이끈 중심인물이었음을 알 수 있다. 따라서 福信을 중심으로 한 부흥운동군이 초기 부흥운동의 주된 세력이었고, 黑齒常之와 沙吒相如 등이 휘하에 있었다고 판단된다.

초기 부흥운동군이 일어난 지역은 대부분 흑치상지나 복신의 경우처럼 자신의 출신지이거나 또는 正武의 경우처럼 은거지와 같은 자신의 세력근거지였다. 특히 백제는 의자왕이 항복할 당시 5방 37군 200성의 지방통치조직이 완전히 무너지지 않은 상태였으므로, 지방군장과 성주들은 그들의 임지인 방성과 군성 등을 중심으로 거병하여 부흥운동에 합류하였다. 『舊唐書』의 다음 기록을 보면 당시 상황을 살펴볼 수 있다.

其國舊分爲五部 統郡三十七 城二百 戶七十六萬 至是乃以其地分置熊津馬韓東明等 五都督府 各統州縣 立其酋渠爲都督刺史及縣令 命右衛郞將王文度爲熊津都督 總兵以鎭之(『舊唐書』 권199 列傳 제149 東夷 百濟國).

사비성을 점령한 후 의자왕으로부터 항복을 받은 당군은 백제의 지방제도를 거의 그대로 인정한 채 方郡城을 도독부와 주현으로 이름만 바꾸었다. 그리고 지방관들도 직접 파견하지 못하고 단지 사비성에 郞將 劉仁願을 두고, 웅진도독에 王文度를 임명하는데 그쳤다. 그나마 왕문도는 부임도 하지 못하고 삼년산성에서 급사하고 말았다. 이러한 상황에서 백제의 지방관들은 거의 그대로 당으로부터 지배권을 인정받은 것으로 볼 수 있다. 당군의 지배가 백제의 지방에까지 일일이 미치지 못한 상황에서 호칭만 도독, 자사, 현령으로 바꾸어 백제의 지방관들을 그대로 임명한 것이었다.

당은 단지 고구려를 정벌하기 위한 전초전으로서 백제를 공격한 것일 뿐 사실상 백제지역에 대한 확실한 지배권 구축이라는 목표를 가지고 있지는 않았다. 이러한 당의 정복지 지배전략은 백제 고지의 지방관들을 그대로 인정하고 당의 지배체제하에 수용하려는 형식적인 조치에 불과한 것이었다.

그러나 나당군의 약탈과 살육에 자극받고 게다가 백제의 땅을 신라에 넘겨주려한다는 당과 신라의 약조가 있음을 안 백제유민들이 부흥운동을 일으켰을 때 당과 신라는 백제유민들에 대하여 어떤 조치도 취할 수 없는 상태였다. 특히 지방의 백제유민들은 대부분 나당연합군의 공격 시 별다른 타격을 입지 않은 상태였다. 세력을 보전한 백제유민들은 지방의 지배 거점을 중심으로 부흥운동을 일으킬 수 있었다.

이러한 부흥운동군의 활동은 당군과 신라의 입장에서는 매우 곤혹스러운 것이었다. 다음 文武王의 答薛仁貴書의 기록은 당시의 상황을 잘 보여주고 있다.

大王報書云 (중략) 兩軍俱到王都 共平一國 平定已後 先王遂共蘇大摠管平章 留漢兵一萬 新羅亦遣弟仁泰 領兵七千 同鎭熊津 大軍廻後 賊臣福信 起於江西 取集餘盡 圍逼府城 先破外柵 摠奪軍資 復攻府城 幾將陷沒 又於府城側近四處 作城圍守 於此府城不得出入 某領兵往赴解圍 四面賊城 並皆打破 先救其危 復運糧食 遂使一萬漢兵 免虎吻之危難 留鎭餓軍 無易子而相食(『三國史記』新羅本紀 文武王 11년 答薛仁貴書).

위 기록에 의하면 나당연합군이 비록 백제를 평정하였지만, 福信이 江西에서 백제유민을 모아 府城을 포위하고 공격하였다고 했다. 또한 府城의 사방에 성을 쌓아 포위하니 출입을 할 수 없고 양식을 조달할 수 없어 留鎭唐軍은 굶주릴 수밖에 없는 위험한 처지에 이르렀다고도 했다. 이에 文武王이 신라군을 거느리고 가서 위기에 빠진 사비성의 留鎭唐軍을 구하고 양식을 보내어 굶주림을 면하게 하였다고 기록하고 있다.

이것은 福信을 중심으로 한 부흥운동군이 泗沘 南嶺과 王興寺岺城 등에서 築柵하고 사비성을 탈환하기 위해 劉仁願이 거느린 당병 1만 명과 金仁泰의 신라병 7천 명 등 泗沘城을 지키기 위해 남아 있던 나당군과 교전한 사실을 말해준다. 또한 사비성의 나당군은 부흥운동군에게 완전히 포위되어 성 밖으로 출입조차 할 수 없고 양식이 다해 굶주림에 시달리는 등 매우 곤핍한 지경이었음을 직설적으로 표현한 것이다. 부흥운동군의 활동은 매우 왕성하여 사비성을 사방에서 포위하였고 尒禮城 등 20여 성이 연계하여 호응하였다. 부흥운동군은 泗沘로 들어가 나당군과 전투를 벌이고 기회를 엿보아 泗沘城을 抄掠하는 등 매우 맹렬한 기세였다. 이러한 중에 당군을 포로[20]로 잡아가기도 하였고, 나당군의 軍資를 빼앗아 무장과 군비를 강화하기도 하였다.[21] 泗沘城은 거의 함락될 지경에 이르렀다.

이러한 전황의 불리함은 三年山城에 머물던 金春秋가 직접 태자[文武王]와 諸將을 거느리고 부흥운동군 진압에 나서게 하였다. 먼저 사비성을 포위한 부흥운동군과 연계하고 있던 尒禮城을 쳐서 함락시켜 20여 성의 항복을 받아냈다.[22] 그리고 다시 泗沘 南嶺과 王興寺岺城[23]등에서 사비성을 완전히 포위하고 있던 부흥운동군을 공격하여 겨우 泗沘城의 포위를 풀 수 있게 되었다.

---

20) 『日本書紀』 권 제26 齊明天皇 6년 10월.
21) 『日本書紀』 권 제26 齊明天皇 6년 9월.
22) 『三國史記』 新羅本紀 太宗武烈王 7년 10월.
23) 『三國史記』 新羅本紀 太宗武烈王 7년 11월.

2) 道琛과 福信의 役割

　　부흥운동이 시작과 함께 맹렬한 기세를 떨칠 수 있었던 요인을
살펴보면 첫째, 멸망 당시 백제의 군사력이 완전히 해체되지 않았
었고 둘째, 지방의 군장들도 나당군에게 무장해제를 당하지 않아
지역적인 세력기반을 상실하지 않고 있었기 때문이며 셋째, 여기에
백제유민들의 역량을 결집시킬 수 있는 지도자가 출현했다는 점이
다.

　　부흥운동을 지도한 대표적인 인물로는 福信을 필두로 黑齒常之
와 沙吒相如, 餘自進, 正武 등이 있었다. 그리고 여기에 또한 빼놓
을 수 없는 인물로 승려인 道琛이 있었다. 그러나 道琛의 출자나
이전 행적에 대해서 초기 부흥운동과 관련된 기록에서는 직접적으
로 확인을 할 수가 없다. 다만 도침이 처음 거병한 곳에 대해 「唐劉
仁願紀功碑」에 "僞扞率福信 僞僧道琛 據任存城"이라 하여 임존성을
근거지로 부흥운동을 시작했다는 기록만이 전한다. 그런데 이 기록
은 도침을 가짜 승려라고 하였는데 이는 道琛을 비하하기 위한 표
현이라고 볼 수 있다. '僞扞率福信'이라고 한 것이나 '僞僧道琛'이라
고 한 것은 唐의 입장에서는 백제에서의 관직이나 신분을 인정하지
않으려는 것이었다. 唐의 황제가 인정하지 않는 관직은 모두 가짜
라고 貶稱한 것으로 사실과는 무관한 것이다. 이러한 예는 다음의
기록에서도 나타난다.

　　B-① 十一月戊戌朔 邢國公蘇定方獻百濟王扶餘義慈 太子隆等五十八人 俘
　　　　於則天門 責而宥之(『舊唐書』 권4 本紀 제4 高宗 5년 11월).
　　　② 虜義慈及太子隆小王孝演僞將五十八人等 送於京師(『舊唐書』 권195
　　　　列傳 제149 東夷 百濟國).
　　　③ 定方執義慈 隆及小王孝演 酋長五十八人 送京師(『新唐書』 권220 列

傳 제145 東夷 百濟).

④ 虜其王義慈及太子崇 將校五十八人 送于京師(『唐會要』 권95 百濟).

위 사료는 소정방이 의자왕 등 백제인들을 포로로 해서 당에 끌고 간 내용을 기록하고 있다. 여기서 포로로 잡은 의자왕 및 왕자 일행 58인에 대해서 『新唐書』에는 '酋長 58인'이라고 한 반면 『舊唐書』에는 '僞將 58인'이라고 다르게 기록되어 있다. 여기서 추장 또는 위장이라고 기록한 58인은 『唐會要』의 기록으로 볼 때 백제의 將校를 폄칭하고 있는 것이 분명하다. 그러므로 「唐劉仁願紀功碑」의 기록만으로 福信과 道琛의 官位와 職銜을 단정할 수는 없는 것이다. 실제로 도침은 승려였던 것이 분명하다.

道琛이 군사를 일으킨 시기에 대해서는 文武王의 答薛仁貴書에 "大軍廻後 賊臣福信 起於江西 取集餘盡 圍逼府城 先破外柵 摠奪軍資"라고 한 기사를 근거로 蘇定方이 당나라로 돌아간 이후라고 보는 견해가 있다.[24] 즉 『三國史記』에 의하면 소정방이 백제를 평정한 후 당으로 돌아간 것이 660년 9월 3일이고, 이후 부흥운동군이 사비성에 주둔한 당군을 포위 공격한 것이 9월 23일로 되어 있으므로 복신과 도침이 거병한 시기는 660년 9월 3일에서 9월 23일 이전의 어느 시기라는 주장이다.

答薛仁貴書의 내용은 福信 등이 소정방이 당으로 돌아간 이후에 거병한 것이 아니라 소정방이 당으로 돌아간 이후에 泗沘城을 포위하고 공격했다는 것으로 해석하는 것이 타당할 것이다. 이는 660년 8월 26일에 黑齒常之가 이끄는 부흥운동군을 소정방이 공격했으나 실패했다는 사실로 보아서도 알 수 있다.[25] 만약 黑齒常之가 任存

---

24) 盧重國, 「百濟 滅亡後 復興軍의 復興戰爭 研究」, 『歷史의 再照明』, 1995, p.217.
25) 『三國史記』 新羅本紀 太宗武烈王 7년 8월 및 百濟本紀 義慈王 20년 및 列傳 黑齒常之.

城을 근거로 먼저 거병한 뒤라면, 복신과 도침이 다시 임존성을 근거로 거병한다는 것은 논리에 맞지 않는다. 오히려 黑齒常之가 주변의 무리들을 이끌고 임존성으로 도망와 복신과 도침의 부흥운동군에 합류했다고 보는 것이 자연스러운 해석이 될 것이다.

도침은 승려였으므로 사찰을 세력기반으로 부흥운동군을 조직하였을 가능성이 매우 크다.[26] 백제 멸망 당시에는 미륵사와 함께 왕흥사가 국왕의 원찰로서 널리 알려진 大刹임을 상기할 때 도침이 왕흥사와 같은 사찰을 기반으로 백제유민을 모아 부흥운동을 전개했을 가능성이 매우 크다. 더구나 왕흥사는 백제 도성인 사비성의 맞은 편 금강 대안에 있는 사찰이었고, 실제로 王興寺岺城[27]에서 부흥운동군이 활동했던 것으로 보아 그 가능성은 더욱 크다고 할 수 있다.

그렇다면 도침은 처음에 왕흥사를 거점으로 부흥운동을 시작하였다가 복신과 함께 부흥운동을 주도하게 되었다고 할 수 있다.[28] 도침이 초기 사비성 공격에 거점이었던 왕흥사를 중심으로 부흥운동군을 이끌었다면 도침의 활동은 泗沘南嶺에 設柵한 후 사비성을 공격했던 부흥운동군 세력과도 관계가 있을 것이다. 이러한 도침의

---

26) 成周鐸, 「百濟僧 道琛의 思想的 背景과 復興活動」, 『恩山別神祭韓日學術大會』, 1992, pp.12~13 ; 『百濟의 思想과 文化』, 2002, pp.140~143.

27) 五日 王行渡雞灘 攻王興寺岺城 七日乃克 斬首七百人(『三國史記』 新羅本紀 太宗武烈王 7년 11월).

28) 成周鐸은 道琛이 부여의 軍守里寺址에서 처음 거병하였다고 추측하고 있다(成周鐸, 「百濟僧 道琛의 思想的 背景과 復興活動」, 『恩山別神祭韓日學術大會』, 1992 ; 『百濟의 思想과 文化』, 2002, pp.142~143). 그러나 군수리사지의 軍守里가 비록 군사적 지명이라고 할지라도 사비도성의 羅城 안쪽에 있었던 사찰이므로 사비도성 내에 위치하고 있던 것이다. 당군과 신라군이 사비도성을 점령한 상태에서 사비도성 내에 있는 군수리사지에서 부흥운동군을 이끈다는 것은 불가능한 일이다. 그리고 입보할 수 있는 산성 등과 같은 군사시설을 두고 평지에 위치한 사찰인 군수리사지에서 거병할 가능성은 희박하다. 혹 도침은 백제부흥운동이 시작되기 전에 군수리사지에서 주석하였을 가능성은 있다.

활동은 복신과 함께 부흥운동의 양대 중심인물로 자리매김 되는 계기가 되었을 것이며, 특히 사비성의 당군에게는 복신보다도 더 이름을 떨쳤을 것이다.

이와 관련하여 『舊唐書』와 『新唐書』에 나타난 도침과 관련된 기록들을 살펴보면 다음과 같다.

C-① 時郎將劉仁願留鎭於百濟府城 道琛等引兵圍之 帶方州刺史劉仁軌代文度統衆 便道發新羅兵合契以救仁願 轉鬥而前 所向皆下 道琛等於熊津江口立兩柵以拒官軍 仁軌與新羅兵四面夾擊之 賊衆退走入柵 阻水橋狹 墮水及戰死萬餘人 道琛等乃釋仁願之圍 退保任存城 新羅兵士以糧盡引還 時龍朔元年三月也(『舊唐書』 권199 列傳 제149 東夷 百濟國).

② 龍朔元年 仁軌發新羅兵往救 道琛立二壁熊津江 仁軌與新羅兵夾擊之奔入壁 爭梁墮溺者萬人 新羅兵還 道琛保任存城(『新唐書』 권220 列傳 제145 東夷 百濟).

위 기록에 의하면 『舊唐書』에는 소정방이 회군한 후 百濟府城 즉 泗沘城에 留鎭한 劉仁願의 당군을 포위하고 부흥운동군을 이끈 인물로 道琛을 들고 있다.[29] 이것은 『三國史記』 新羅本紀에 660년 8월 2일 南岑, 貞峴 등에서 봉기한 百濟餘賊, 660년 9월 23일에 사비성을 抄掠한 후 泗沘 南嶺에 목책을 세운 百濟餘賊, 661년 2월에 사비성을 공격한 百濟殘賊으로 표현된 부흥운동군이[30] 실상은 道琛이 거느린 부흥운동군이라는 것을 알려주는 기록이다.

도침이 거느린 부흥운동군은 사비성의 劉仁軌가 거느린 留鎭唐軍을 포위하여 곤경에 빠뜨렸다. 唐에서는 劉仁軌를 帶方州刺史로

---

29) 『資治通鑑』은 『舊唐書』의 기록을 그대로 따르고 있다(『資治通鑑』 권200 唐紀16 龍朔 元年 3월).
30) 『三國史記』 新羅本紀 太宗武烈王 7년 8월, 9월, 10월 및 8년 2월.

삼아 백세로 보내 660년 9월 28일 신라의 二年山城에서 急逝한 王文度의 唐軍을 거느리고 부흥운동군에게 포위된 泗沘城의 劉仁願을 구원하게 하였다. 유인궤가 거느린 당군은 661년 3월에 신라군과 합세하여 유인원을 구원하였는데 이 때 도침은 웅진강구에 柵을 세워 방어를 하였다. 그러나 당군과 신라군의 협공을 받아 1만 여 명의 전사자를 내게 되자 泗沘城의 포위를 풀고 임존성으로 물러났던 것이다.

『舊唐書』의 기록에서는 유독 도침에 대해 강조를 하고 있다. 이는 신라군과 유인궤의 당군이 도침이 거느린 부흥운동군을 熊津江口 전투에서 대파하였기 때문이다. 따라서 당측의 기록에서는 부흥운동군의 중심인물로 당군이 격파한 도침을 강조하게 되었던 것이다. 부흥운동군을 처음으로 격파한 당군의 지휘관이 유인궤였다는 점도 도침을 부흥운동군의 주요인물로 간주하는 기록을 남기는데 영향을 미쳤을 것이다.

유인궤는 백제로 오기 전인 顯慶 5년(660) 12월에 靑州刺史로 고구려[遼東]31) 정벌전에 水軍을 이끌고 참전했다가 배가 뒤집히는 바람에 군량을 손실하고, 제 때에 도착하지도 못하였다. 이 때문에 죄를 입어 免官되었다가 다시 특명으로 白衣從軍하게 된 인물이었다.32) 전쟁 중에 죄를 얻고도 免官만 된 채 白衣從軍하여 自效하는 것으로 그친 것은 이례적인 것이었다. 유인궤는 처벌 대신 당 고종의 특별한 조치로 백제의 웅진도독부로 보내졌고 이후 檢校帶方州

---

31) 고구려 정벌이 아니라 백제 정벌에 수군을 이끌고 참여했다가 풍랑에 배가 뒤집혀 군량과 병사들을 잃었기 때문에 죄를 입었다는 기록도 있다(『資治通鑑』 권201 唐紀17 乾封 元年 秋7월 乙丑).

32) 『舊唐書』 권84 열전 제34 劉仁軌.
　　『新唐書』 권108 열전 제33 劉仁軌.
　　『資治通鑑』 권200 唐紀16 顯慶 5년 12월 壬午.

刺史로 임명되었다. 그리고 당 고종은 유인궤로 하여금 부흥운동군
에게 포위된 사비성의 留鎭唐軍을 구원하도록 하였다.

유인궤가 웅진도독부로 파견된 배경에는 그가 비록 고구려 정벌
전에 군량을 실은 배를 전복시켜 죄를 얻었지만, 그의 水軍에 대한
지휘 경험이 작용하였던 것으로 보인다. 그리고 그의 수군 지휘 경
력은 웅진강구 전투에서 발휘될 수 있었다. 유인궤는 웅진도독부로
파견되자 "하늘이 장차 이 늙은이를 富貴하게 하려는구나"[33]라고
할 정도로 기뻐하였다. 유인궤의 파견은 곧 위력을 발휘하였다. 웅
진강구 전투에서 道琛이 거느린 부흥운동군을 격파하였던 것이다.
웅진강구 전투의 승리로 부흥운동군은 임존성으로 퇴각하였고, 사
비성의 유진당군은 포위가 풀려 함락의 위험으로부터 벗어날 수 있
었다. 이런 지대한 공을 세운 유인궤는 웅진강구 전투에서 대패시
킨 도침을 부흥운동군의 주도 세력으로 보고했을 것이다. 또한 유
인궤는 후에 당의 史官으로서[34] 역사편찬에 참여하기도 하였던 것
을 보면[35] 백제부흥운동에 관한 당측의 기록 작성에 관여하였을 것
으로 여겨진다.[36] 다음의 기사를 살펴보면 이에 대하여 유추할 수
있을 것이다.

仁願旣至京師 上謂曰 卿在海東 前後奏請 皆合事宜 而雅有文理 卿本武將
何得然也 對曰 劉仁軌之詞 非臣所及也 上深歡賞之 因超加仁軌六階 正授帶方
州刺史 幷賜京城宅一區 厚賚其妻子 遣使降璽書勞勉之(『舊唐書』 권84 列傳
제34 劉仁軌).

---

33) 仁軌喜曰 天將富貴此翁矣(『三國史記』 百濟本紀 義慈王 20년).
34) 八月庚子 太子左庶子 同中書門下三品 樂成侯 劉仁軌爲左僕射 依舊監修國史(『舊
    唐書』 권5 本紀 제5 高宗 上元 2년).
35) John C. Jamieson, 「羅唐同盟의 瓦解」, 『歷史學報』 44, 1969, pp.6~8.
36) 新川登龜男, 「白江戰爭과 古代 동아시아」, 『백제 부흥운동과 백강전쟁』, 2003,
    p.126.

위 기록을 보면 비록 백세부흥운동이 평정된 후의 일이지만, 劉仁願이 당으로 돌아가서 고종과 나눈 말에서 볼 때 劉仁軌가 웅진도독부의 奏請과 관련된 모든 문서사무를 담당했던 것을 확인할 수 있다. 유인원이 귀국하자 "고종이 '경이 해동에 있을 때 전후로 주청한 것이 모두 사리에 맞고 합당하고 문장도 아름답고 이치에 맞았다. 경은 본래 무장인데 어찌 그렇게 할 수 있었느냐' 하고 물으니, 대답하기를 '유인궤가 지은 것입니다. 신이 지은 바가 아닙니다' 라고 말하였다"는 기사를 보면 위의 사실이 분명해 진다. 즉 유인궤가 웅진도독부의 모든 사정을 알리고 주청하는 글을 지었다는 것을 유인원의 말이 입증하고 있는 것이다. 그러므로 웅진강구 전투에 대한 기록도 그가 공파한 道琛의 군대를 강조하여 기록하였을 가능성이 매우 크다. 더 유추해서 말하자면 유인궤는 자기의 공을 자기가 기록하여 고종에게 알렸고, 이 과정에서 웅진강구 전투에서의 활약상과 더불어 부흥운동군의 대표적인 인물을 자기가 격파한 도침으로 내세웠다고 할 수 있다. 그렇기 때문에 道琛을 격파한 웅진강구 전투에 대한 구체적인 기록이 남을 수 있었던 것이다.

그렇지만 사비성을 포위한 부흥운동군은 비단 도침이 거느린 세력만이 아니었을 것이다. 福信 역시 부흥운동군의 중심인물로서 부흥운동군을 주도하였던 것이다. 같은 사실을 기록한 『三國史記』百濟本紀를 살펴보면 확연히 알 수 있다.

引兵圍時仁願於都城 詔起劉仁軌檢校帶方州刺史 將王文度之衆 便道發新羅兵 以救仁願 (중략) 仁軌御軍嚴整 轉鬪而前 福信等立兩柵於熊津江口以拒之 仁軌與新羅兵合擊之 我軍敗走入柵 阻水橋狹 墮水及戰死者萬餘人 福信等乃釋都城之圍 退保任存城 新羅人以糧盡引還 時龍朔元年三月也(『三國史記』百濟本紀 義慈王 20년).

『三國史記』百濟本紀에는 앞의 『舊唐書』와 『新唐書』東夷列傳의
기록과 동일한 내용을 전하면서도 부흥운동군의 지도자로 福信을
들고 있다. 즉 『三國史記』의 撰者는 웅진강구 전투를 지휘한 부흥
운동군의 지도자를 福信으로 파악한 것이다. 이러한 『三國史記』의
기록은 단지 『舊唐書』나 『新唐書』에 보이는 도침을 복신으로 단순
하게 바꿔치기 해서 기록한 것 같지만은 않다. 다음의 『新唐書』劉
仁軌列傳을 보면 부흥운동군의 대표자를 福信으로 보고 있다.

詔仁軌檢校帶方州刺史 統文度之衆 幷發新羅兵爲援 仁軌將兵嚴整 轉鬪陷陣
所向無前 信等釋仁願圍 退保任存城(『新唐書』권108 列傳 제33 劉仁軌).

위 사료는 유인궤가 신라병의 원조를 받으면서 부흥운동군과 전
투를 벌여 매번 승리하자 信 等이 劉仁願의 포위를 풀고 임존성으
로 돌아갔다는 내용이다. 여기서 信은 福信을 말하는 것으로 웅진
강구 전투에 대한 기록에 대해서는 구체적으로 나타나지는 않지만,
사비성의 유인원을 포위한 부흥운동군의 대표자가 福信이었다는 것
을 알려준다. 『新唐書』劉仁軌列傳과 『三國史記』百濟本紀에 사비
성 포위를 주도한 인물을 福信이라고 기록한 것은 복신이 당시 부
흥운동군을 대표하는 인물이라고 보았기 때문일 것이다.
이와 같이 복신과 도침에 대한 기록이 서로 엇갈리는 것은 초기
부흥운동의 중심적인 인물로 도침과 복신이 거의 호각지세를 보이
며 부흥운동을 이끌었기 때문일 것이다. 즉 복신과 도침이 누가 위
라고 할 수 없을 정도로 부흥운동은 두 사람의 지휘 아래 영도되었
던 것이다. 그러기에 복신과 도침에 대해서는 늘 같이 기록되어 있
다. 복신과 도침에 대한 다음의 자료들을 보도록 하자.

D-① 百濟僧道琛舊將璋福信率衆嘗 據周留城以反 遣使往倭國 迎故王子扶

餘豊立爲王 其西部北部 並皆翻城應之(『舊唐書』 권199 列傳 제149 東夷 百濟國).

② 百濟僞僧道琛 舊將福信率衆復叛 立故王子扶餘豊爲王 引兵圍仁願於府城(『舊唐書』 권84 列傳 제34 劉仁軌).

③ 璋從子福信嘗將兵 乃與浮屠道琛 據周留城反 迎故王子扶餘豊於倭 立爲王 西部皆應 引兵圍仁願(『新唐書』 권220 列傳 제145 東夷 百濟).

④ 百濟故將福信及浮屠道琛 迎故王子扶餘豊立之 引兵圍仁願(『新唐書』 권108 列傳 제33 劉仁軌).

⑤ 百濟僧道琛 故將福信聚衆 據周留城 故王子豊於倭國而立之 引兵圍仁願於府城(『資治通鑑』 권200 唐紀16 龍朔 元年 3월).

⑥ 武王從子福信嘗將兵 乃與浮屠道琛 據周留城反 迎故王子扶餘豊 嘗質於倭國者 立之爲王 西北部皆應 引兵圍仁願於都城(『三國史記』 百濟 本紀 義慈王 20년).

⑦ 大軍廻後 賊臣福信 起於江西 取集餘盡 圍逼府城(『三國史記』 新羅本紀 文武王 11년 答薛仁貴書).

⑧ 西部恩率鬼室福信 赫然發憤 據百任射岐山 達率餘自進 據濟中部久麻怒利城 各營一所 誘聚散卒(『日本書紀』 권 제26 齊明天皇 6년 9월).

⑨ 反逆卽有僞僧道琛 僞扞率鬼室福信 出自閭巷爲其魁首 招集狂狡 堡據任存 蜂屯蝟起 彌山滿谷(唐劉仁願紀功碑).

위 사료들을 살펴보면 『舊唐書』와 『資治通鑑』, 「唐劉仁願紀功碑」에는 도침이 복신보다 먼저 기록되어 있다. 반면에 『新唐書』와 『三國史記』에는 복신이 도침보다 먼저 기록되어 있다. 이것은 앞서 유인궤의 당군이 웅진강구 전투에서 승리한 기록에서 복신과 도침에 대해 기록한 것과 같은 양상을 보인다. 즉 『舊唐書』와 『新唐書』의 기술태도에 따라 『資治通鑑』과 『三國史記』의 기록도 달라지는 것이다. 이는 사서를 편찬할 때의 취사선택의 결과로 볼 수 있다. 그런데 위 기록 중 주목할 만한 것들이 있다.

우선 663년에 세워진 「唐劉仁願紀功碑」의 기록은 부흥운동이 진압된 직후의 기록이라 당시의 사실을 가장 잘 기록한 것이라 할 수 있다. 그러나 비문의 撰者가 문제가 된다. 비문의 撰者에 대해서는 비문을 통해 확인할 수 없다. 비문이 거의 마멸되어 撰者에 대한 기록을 판독할 수 없기 때문이다. 다만 『大東金石書』에 劉仁願이 비문의 書者로 기록되어 있다.[37] 이는 자신의 공적을 기록한 紀功碑를 자신이 직접 쓴 것이 된다. 劉仁願이 碑文을 쓴 것이 맞는다면 비문을 지은 撰者도 劉仁願일 가능성이 있다.

그러나 武將인 劉仁願보다 문장을 아름답고 이치에 맞게 지을 줄 아는 인물을 찾는 것이 좋을 것이다. 劉仁願보다는 유인궤가 문장을 거의 전담했다는 점을 고려하면[38] 당시 「唐劉仁願紀功碑」의 撰者는 웅진도독부의 대방주자사로 있던 劉仁軌일 가능성이 매우 높다. 그렇다면 「唐劉仁願紀功碑」는 유인궤가 짓고, 유인원이 쓴 것으로 볼 수 있다. 따라서 「唐劉仁願紀功碑」의 撰文은 유인궤의 復興運動軍에 대한 인식과 軌를 같이 한다고 볼 수 있다. 그러므로 복신보다는 도침을 부흥운동군의 주된 지도자로 인식했던 웅진강구 전투에서의 상황을 기술한 것과 같이 도침이 복신보다 앞서 기술되는 것은 당연한 처사였을 것이다.

반면에 신라측의 입장에서 부흥운동을 기록한 答薛仁貴書를 보면 당측의 기록인 『舊唐書』와 「唐劉仁願紀功碑」의 기록과는 판이하다. 아예 도침에 대해서는 언급조차 없고, 오직 복신에 대해서만 기록하고 있는 것이다. 이는 신라측에서 볼 때 도침은 그다지 중요한 인물이 아니었기 때문에 복신의 활동만 기록한 것으로 볼 수 있을 것이다. 즉 도침을 복신의 휘하세력으로 인식했을 가능성이 큰 것

---

37) 韓國古代社會研究所 編, 「唐劉仁願紀功碑」, 『譯註 韓國古代金石文』 제1권, 1992, p.477.
38) 『舊唐書』 권84 列傳 제34 劉仁軌.

이다. 이러한 정황은 『三國史記』 新羅本紀에서도 복신이 도침보다 먼저 기록되어 있는 것을 통해서도 유추할 수 있다. 이 같은 상황은 『日本書紀』의 기록을 통해서도 살펴볼 수 있다.

『日本書紀』의 기록에도 보면 도침에 대한 언급이 없이 복신에 대해서만 나온다. 특히 660년 9월 5일 達率과 沙彌 覺從이 倭에 가서 백제의 멸망과 부흥운동이 일어났음을 알리면서 道琛에 대해서는 전혀 언급하지 않았다. 이는 승려인 覺從이 부흥운동이 일어난 것을 알리면서 같은 승려인 道琛이 부흥운동을 일으킨 것을 알고도 전하지 않았다고 보기는 어렵다. 오히려 도침이 부흥운동을 이끌고 아직 전투에 참여하지 않았기 때문에 도침의 거병 사실을 전하지 않았을 것이라는 추측도 해볼 수 있다.[39]

그렇다면 도침이 언제 거병을 했는지 구명해야만 한다. 그리고 복신이나 흑치상지보다 늦게 거병한 도침이 어떻게 복신과 더불어 부흥운동을 이끈 지도자 중 가장 중요한 인물로 『舊唐書』와 『新唐書』에 기록되게 되었는지에 대한 검토도 필요하다. 이에 대하여는 어떠한 관련 기록도 찾을 수 없다. 倭에 간 沙彌 覺從이 도침에 대한 언급 없이 福信과 餘自進이 거병한 사실만을 전한 것은 覺從이 복신이 보낸 사자였기 때문일 수도 있다. 그러나 餘自進이 거병한 사실도 알리고 있는 것을 보면 覺從에 대해서 그렇게 생각할 수만도 없다. 이것은 당시 멸망 직후에 일어난 전반적인 부흥운동의 흐름을 전하는 것으로 복신과 여자진이 부흥운동군의 대표적 지도자였기 때문에 도침에 대한 언급이 빠진 것으로 보는 편이 합리적일 것이다. 즉 沙彌 覺從이 복신이 보낸 사자였기 때문에 복신의 거병만을 倭에 알린 것은 아니다.

---

39) 成周鐸, 「百濟僧 道琛의 思想的 背景과 復興活動」, 『百濟의 思想과 文化』, 2002, pp.147.

그렇다고 도침의 이름이 대개 먼저 거명되고 있는 사실도 무시할 수는 없다. 복신보다 도침이 먼저 거명된 것은 도침이 부흥운동군의 총수였기 때문일 수도 있다.[40] 그러나 이것은 앞에서도 거론했듯이 도침이 당군과의 웅진강구 전투를 통해 널리 알려졌기 때문인 것으로 생각된다. 그렇다면 복신과 도침이 당측과 신라측의 입장에서 서로 다른 위치를 점하고 있었다고 볼 수 있다. 즉 당측에서는 부흥운동군의 지도자 중에 도침이 복신보다 더 위협적인 존재였고, 신라측에서는 복신이 더 위협적인 존재로 인식되었기 때문에 상반된 기록을 남기게 되었을 가능성이 크다.

3) 豊王의 歸國 目的

사비도성의 함락으로 의자왕과 태자 隆 등 대부분의 왕족과 대소신료들은 포로가 되어 당으로 끌려갔다. 의자왕과 태자가 당으로 끌려가고 없다는 것은 백제유민들에게는 백제국의 구심점이 사라진 것과 다름없는 것이었다. 비록 福信과 道琛, 正武와 餘自進, 黑齒常之 등이 유민세력을 규합해 부흥운동군을 이끌고 있었지만 그들 스스로 백제의 왕이 될 수는 없었다. 만일 이들 중 왕위계승권을 가진 자가 있었다면 우선적으로 국왕에 추대되었을 것이다. 그러나 이들은 왕위계승권이 없는 臣僚들에 불과했다. 국왕이 없는 상태에서 백제왕국을 다시 일으킨다는 것은 있을 수 없는 일이었다. 그러므로 초기 부흥운동군의 지도자들은 의자왕을 대신할 새로운 국왕을 세우는 일을 가장 먼저 추진하였다.

백제에서는 국왕의 유고시에 王子나 王弟가 왕위를 계승했었다.

---

40) 成周鐸, 「百濟僧 道琛의 思想的 背景과 復興活動」, 『百濟의 思想과 文化』, 2002, pp.148~149.

그런데 의자왕과 태자 隆, 孝, 泰, 演 등의 왕자와 大臣 壯士들이 대부분 당에 포로로 잡혀 끌려간 뒤였으므로 왕위계승권을 갖는 왕실 자제들을 백제고지에서는 찾을 수가 없었다. 오직 倭에 가있던 왕자들만이 백제멸망의 禍를 면하였다. 그러므로 백제유민들은 자연스럽게 倭에 가있던 백제의 왕자를 맞이하여 국왕으로 세우고자 하였다.

당시 倭에 가 있던 백제의 왕자로는 豊璋과 翹岐,[41] 糺解, 塞城, 塞上, 禪廣,[42] 忠勝[43] 등을 거명할 수 있다. 그런데 여기서 翹岐와 糺解는 모두 豊璋을 가리키는 고대한국어로 豊璋과 동일 인물이고, 塞城과 塞上 역시 동일 인물로 善光과 동일 인물이며, 忠勝은 周留城 함락 후 항복한 扶餘忠勝과 동일 인물이다.[44] 그러므로 실제 倭에 머물고 있던 백제의 왕자는 豊璋,[45] 禪廣,[46] 忠勝 등 3명 정도가 있었던 것이다. 세 명의 백제왕자 중에서 가장 유력한 왕위계승권자가 누구였는지는 다음 사료를 통해 볼 수 있다.

---

41) 西本昌弘, 「豊璋と翹岐–大化改新前後の倭國と百濟–」, 『ヒストリア』 107, 1985.
　　鈴木靖民, 「7世紀東アジアの爭亂と變革」, 『東アジアからみた古代日本』, 1992.
42) 池內宏, 「百濟滅亡後の動亂及び唐·羅·日三國の關係」, 『滿鮮地理歷史硏究報告』 제14책, 1933 ; 『滿鮮史硏究』 上世第二冊, 1960.
　　利光三津夫, 「百濟亡命政權考」, 『法學硏究』 35–12, 慶應義塾大學 法學硏究會, 1962 ; 『律令制とその周邊』, 1967.
43) 『日本書紀』 권 제26 齊明天皇 6년 冬10월.
44) 山尾幸久, 「7世紀 中葉의 東아시아」, 『百濟硏究』 23, 1992, pp.186~194.
45) 鄭孝雲은 豊璋과 翹岐를 각기 다른 인물로 파악하고 있다. 즉 풍장은 무왕의 아들, 교기는 의자왕의 아들로 보고 있다(鄭孝雲, 「7世紀代 韓日關係의 硏究(上)–白江口戰에의 倭軍派遣動機를 中心으로–」, 『考古歷史學誌』 5·6합집, 1990, pp.152~154 ; 「隋唐의 中國統一과 東아시아 諸國」, 『古代韓日政治交涉史硏究』, 1995, pp.86~94).
46) 『舊唐書』에 보이는 扶餘勇도 禪廣과 동일 인물로 간주하고 있다.
　　陛下 若欲殄滅高麗 不可棄百濟土地 餘豊在北 餘勇在南 百濟高麗舊相黨援 倭人雖遠 亦相影響 若無兵馬 還成一國 (중략) 扶餘勇者 扶餘隆之弟也 是時走在倭國 以爲扶餘豊之應 故仁軌表言之(『舊唐書』 권84 列傳 제34 劉仁軌).

E-① 武王從子福信嘗將兵 乃與浮屠道琛據周留城反 迎古王子扶餘豊 嘗質
　　於倭國者 立之爲王(『三國史記』百濟本紀 義慈王 20년).
　② 百濟故將福信及浮圖道琛 迎故王子扶餘豊立之(『三國史記』 新羅本紀
　　文武王 3년 5월).
　③ 百濟僧道琛 舊將福信 率衆據周留城以叛 遣使往倭國 迎故王子扶餘豊
　　立爲王(『舊唐書』 권199 列傳 東夷 百濟國).
　④ 百濟僞僧道琛 舊將福信 率衆復叛 立故王子扶餘豊爲王(『舊唐書』 권
　　84 列傳 제34 劉仁軌).
　⑤ 璋從子福信嘗將兵 乃與浮屠道琛據周留城反 迎故王子扶餘豊於倭 立
　　爲王(『新唐書』 권220 列傳 제145 東夷 百濟).
　⑥ 百濟故將福信及浮屠道琛 迎故王子扶餘豊立之(『新唐書』 권108 列傳
　　제33 劉仁軌).
　⑦ 百濟僧道琛 故將福信 聚衆據周留城 迎故王子扶餘豊於倭國而立之
　　(『資治通鑑』 권200 唐紀16 高宗 上之下 龍朔 元年).
　⑧ 百濟佐平鬼室福信 遣佐平貴智等 來獻唐俘一百餘人 (중략) 又乞師請
　　救 并乞王子余豊璋曰 唐人率我蟊賊 來蕩搖我疆場 覆我社稷 俘我君
　　臣 而百濟國 遙賴天皇護念 更鳩集以成邦 方今謹願 迎百濟國遣侍天
　　朝王子豊璋 將爲國主 云云 詔曰 乞師請救 聞之古昔 扶危繼絶 著自
　　恒典 百濟國 窮來歸我 以本邦喪亂 靡依靡告 枕戈嘗膽 必存拯救 遠
　　來表啓 志有難奪 可分命將軍 百道俱前 雲會雷動 俱集沙喙 剪其鯨鯢
　　紓彼倒懸 宜有司 具爲與之 以禮發遣 云云(『日本書紀』 권 제26 齊
　　明天皇 6년 冬10월).

　위 사료를 살펴보면 『三國史記』와 『舊唐書』, 『新唐書』, 『資治通
鑑』, 『日本書紀』 등 모든 사료에 한결같이 豊을 맞아다가 왕으로
세운 것으로 기록되어 있다. 이것은 倭國에 가 있던 세 왕자 중에
豊이 가장 유력한 왕위계승자였다는 것을 말해 준다. 그러므로 福
信과 道琛이 故王子인 扶餘豊을 맞아다가 周留城에서 백제의 국왕
으로 옹립한 것이다. 그리고 『日本書紀』를 통해 보면 豊을 迎立하
는데 주도적인 역할은 福信이 하였다는 사실을 알 수 있다.
　백제유민들이 豊을 맞아다가 국왕으로 세우고자 한 것은 부흥운

동이 발발힌지 얼마 되지 않은 때였다. 초기부터 부흥운동을 주도
했던 福信은 660년 10월에 佐平 貴智 등을 倭에 보내어 唐軍 포로
100여 인을 바치고 구원군을 보내줄 것과 아울러 倭에 가 있던 王
子 豊을 귀국시켜 줄 것을 요청했다. 부흥운동을 선도하고 있던 福
信이 주도적으로 倭에 있던 豊을 불러들이고자 노력하였던 것이다.

福信이 豊의 귀국을 倭에 요청한 까닭은 '將爲國主'라고 한 것에
서도 알 수 있듯이 豊을 귀국시켜 백제국의 국왕으로 삼기 위한 것
이었다. 또한 福信은 豊의 迎立과 倭軍의 乞師를 함께 요청하고 있
다. 福信은 倭로부터 豊을 귀국시키면서, 倭軍의 지원도 요청하였던
것이다. 이 당시 豊은 『三國史記』에도 기록되어 있듯이 倭에 人質
로 가 있었다. 豊이 倭에 인질로 가 있었던 이유는 왜와 전통적인
우호관계를 강화하기 위한 백제의 정치적 배려 차원이었다.[47] 즉
豊을 倭에 인질로 보냄으로써 倭의 외교정책을 親百濟路線으로 결
정짓도록 하는 적극적인 외교정책의 일환이었던 것이다.[48] 그러나
사비도성이 함락되고 의자왕과 태자를 비롯한 여러 왕자들이 당으
로 끌려간 이후에 부흥운동군은 끊어진 백제의 왕통을 잇고, 백제
유민들을 결집시킬 구심점으로 삼기 위하여 倭에 인질로 가 있던
豊을 조속히 귀국시켜 줄 것을 요구하였던 것이다.

豊이 누구이며 언제 倭에 인질로 갔는지에 대하여는 『日本書紀』
에 "庚申朔 百濟王義慈 入王子豊章爲質"[49]이라는 기록을 통해 보면,
豊은 의자왕의 왕자로서 631년 3월에 質로서 倭에 간 것으로 되어
있다. 그러나 『日本書紀』의 이 기록은 자체에서 불합리한 점이 있

---

47) 梁起錫,「三國時代 人質의 性格에 對하여」,『史學志』15, 1981, p.60.
48) 羅幸柱,「古代 朝日關係에 있어서의 '質'의 意味-특히 '質'의 파견목적을 중심
    으로 - 」,『建大史學』8, 1993, p.350.
    延敏洙,「百濟의 對倭外交와 王族」,『百濟研究』27, 1997, p.214.
49) 『日本書紀』권 제23 舒明天皇 3년 3월.

어 그대로 취하기가 어렵다. 즉 舒明天皇 3년인 631년에 의자왕이
王子 豊章을 인질로 보냈다는 것은 사실과 부합하지 않는다.[50] 631
년은 백제 武王 32년에 해당하고 의자왕은 즉위하지도 않았고, 더
욱이 아직 태자로 책봉되지도 않은 때였다.

이러한 불합리한 내용을 해결하기 위해 豊을 의자왕의 왕자가
아니라 武王의 왕자로 보는 설, 百濟王 義慈를 후대의 追記로 보는
설, 舒明天皇 3년이라는 年紀를 誤記로 보는 설 등이 등장하기도
하였다.[51] 그런데 扶餘豊에 대해서『三國史記』와『舊唐書』,『新唐
書』,『資治通鑑』등에 모두 '故王子' 또는 '古王子'라고 기록되어 있
다. 그리고 豊은 의자왕이 태자로 책봉(632년)되기 직전에 이미 倭
에 質子로 파견된 상태였기 때문에 의자왕과 豊을 부자관계로 보기
는 어렵고, 오히려 武王의 왕자라고 보는 것이 타당하다.[52] 특히 豊
은 의자왕과 정치적 갈등관계에 있었으나 倭에 質子로 보내짐으로
인해서 백제의 중앙정치세력에서 밀려난 의자왕의 王弟였던 것이
다.[53]

倭에 가 있던 武王의 王子이며 의자왕의 王弟였던 豊은 백제의
멸망으로 의자왕과 태자 및 왕자들이 모두 당으로 잡혀간 상황에서
는 제일의 왕위계승권자였다.[54] 더구나 倭에서 오랫동안 활동하면

---

50) 盧重國은『日本書紀』舒明天皇 3년의 豊章과 齊明天皇 7년의 豊璋을 同名異人
으로 보고 있다. 즉 앞의 豊章은 武王의 아들로, 뒤의 豊璋은 義慈王의 아들로
각기 다른 인물이라고 한다(盧重國,「7世紀 百濟와 倭와의 關係」,『國史館論叢』
52, 1994, p.165).

51) 羅幸柱,「古代 朝日關係에 있어서의 '質'의 意味 – 특히 '質'의 파견목적을 중심
으로 –」,『建大史學』8, 1993, pp.341~342.

52) 梁起錫,「百濟 扶餘隆 墓誌銘에 대한 檢討」,『國史館論叢』62, 1995, p.148.

53) 金壽泰는 豊이 武王의 王子로서 義慈王의 王弟로 보았다. 그러나 豊이 倭로 건
너 간 시기는 의자왕의 즉위 초로 파악하고 있다(金壽泰,「百濟의 義慈王代의
太子冊封」,『百濟研究』23, 1992, pp.147~151).

54) 倭에서 파견되었다가 후에 귀국하여 즉위한 백제왕으로는 腆支王, 東城王, 武寧

서 외교활동을 이끌었던 경력을 이용하여 倭의 지원을 이끌어 내기에도 적합한 인물이었다. 이러한 이유로 인해 부흥운동군을 이끌고 있던 福信은 倭에 사신을 보내 豊의 귀국을 요청하였던 것이다. 豊을 귀국시키려고 한 福信의 의도는 또한 豊의 귀국과 함께 倭에 乞師를 요청한 것으로 나타났다. 즉 倭에 인질로 가 있던 豊을 백제왕으로 옹립함으로써 倭로부터 군사적인 협력을 이끌어 내고자 한 것이었다.

倭는 豊의 귀국과 지원군의 파견을 약속하고 백제로의 파병준비를 시작했다.[55] 福信의 요구는 성공을 거두었다. 그러나 倭로부터 豊이 바로 귀국한 것은 아니었다. 福信은 660년 10월에 이어 661년 4월에도 倭에 사신을 보내 豊의 귀국을 요청하였다.[56] 倭는 거듭되는 福信의 요청을 받아들여 豊을 귀국시킬 것을 결정하였고 마침내 豊을 귀국시켰다. 이 때 倭는 豊만이 아니라 扶餘忠勝과 塞城 등도 함께 귀국시켰다.[57]

豊이 귀국한 시기[58]에 대해서는 다음 사료에서와 같이 두 가지

王, 惠王 등이 있다(연민수, 「古代韓日關係史의 爭點과 史料」, 『古代韓日交流史』, 2003, p.452).

55) 이 문제에 대하여는 다음과 같은 연구 성과를 참고할 수 있다.
卞麟錫, 『白江口戰爭과 百濟·倭 관계 - 일본의 기존학설에 대한 재조명 - 』, 1994.
鄭孝雲, 『古代韓日政治交涉史硏究』, 1995.
도야마 미쓰오(遠山美都南) 저, 이성범 역, 『우리가 몰랐던 왜군의 백제파병 이야기 - 白村江戰鬪』, 2002.

56) 夏四月 百濟福信 遣使上表 乞迎其王子糾解(『日本書紀』 권 제26 齊明天皇 7년).

57) 送王子豊璋及妻子 與其叔父忠勝等 其正發之時 見于七年 或本云 天皇立豊璋爲王 立塞上爲輔 而以禮發遣焉(『日本書紀』 권 제26 齊明天皇 6년 冬10월 細注).

58) 豊의 귀국시기에 대하여 『日本書紀』의 기사와는 별개로 661년 8월설(鬼頭淸明)과 661년 9월설(八木充) 662년 정월설(池內宏) 등을 주장하는 견해도 있다. 그러나 661년 9월설이 『日本書紀』의 기사에 근거한 설로 타당성을 인정받고 있다.
鬼頭淸明, 「白村江の戰いと律令制の成立」, 『日本古代國家の形成と東アジア』, 1976.

기록이 있다.

F-① 皇太子於長津宮 以織冠 授於百濟王子豊璋 復以多臣蔣敷之妹妻之焉
乃遣大山下狹井連檳榔 小山下秦造田來津 率軍五千餘 衛送於本鄕 於
是 豊璋入國之時 福信迎來 稽首奉國朝政 皆悉委焉(『日本書紀』 권
제27 齊明天皇 7년 9월).
② 大將軍大錦中阿曇比邏夫連等 率船師一百七十艘 送豊璋等於百濟國
宣勅 以豊璋等使繼其位 又予金策於福信 以撫其背 于時 豊璋等與福
信 稽首受勅 衆爲流涕(『日本書紀』 권 제27 天智天皇 元年 5월).

위 『日本書紀』에는 豊이 귀국한 시기에 대해서 서로 다른 기록
을 남기고 있다. 즉 齊明天皇 7년인 661년 9월에 豊璋이 大山下 狹
井連檳榔과 小山下 秦造田來津 등이 거느린 5천여 倭軍의 호송을
받으며 돌아왔다는 기록과 天智天皇 元年인 662년 5월에 大將軍 大
錦中 阿曇比邏夫連 등과 함께 170척의 배에 倭軍을 거느리고 돌아
왔다는 기록이다. 이 두 기록을 보면 豊璋이 귀국한 시기에 차이가
나는 것처럼 되어있으나 豊璋은 이미 661년 9월에 귀국한 것으로
보아야 한다.[59) 661년 9월은 倭軍의 제1차 파병이 이루어진 시기로
豊璋이 倭軍과 함께 귀국하여 백제왕이 되었던 것이다. 天智天皇
元年인 662년 5월의 기사는 이미 귀국한 豊璋과 福信에게 제2차로
파견된 倭軍이 天皇의 勅書와 金策을 전하는 기록으로 보아야 한
다. 豊은 이미 661년 9월에 귀국하여 백제국왕으로서 그 동안 福信
이 행사하던 國權을 인수하였던 것이고, 662년 5월에는 倭로부터
백제국왕으로 추인을 받은 것이다.

八木充, 「百濟の役と民衆」, 『小葉田淳退官紀念國史論集』, 1970.
池內宏, 「百濟滅亡後の動亂及び唐·羅·日三國の關係」, 『滿鮮地理歷史硏究報告』
제14책, 1933 ; 『滿鮮史硏究』 上世第二冊, 1960.
59) 盧重國, 「7世紀 百濟와 倭와의 關係」, 『國史館論叢』 52, 1994, p.181.
鄭孝雲, 『古代韓日政治交涉史硏究』, 1995, pp.172~177.

豊은 倭에서 귀국하면서 5천여 명의 護送軍을 거느리고 들어왔고, 이어 倭軍의 출병이 이어지고 있다. 이것은 애초 부흥운동군이 豊의 귀환과 함께 倭軍에게 乞師를 요청한 것이 모두 받아들여진 결과였다.

부흥운동은 이제 豊王이 즉위함으로써 새로운 국면을 맞게 되었다.[60] 豊王을 중심으로 백제유민들의 백제국 부흥의지는 더욱 강고해졌다. 그리고 백제유민들의 역량을 결집시키면서 부흥운동을 더욱 활발하게 전개하여 백제고지에 주둔한 웅진도독부의 나당군을 고립시켜 곤경에 빠지게 했고, 倭軍의 파견으로 부흥운동군의 기세는 더욱 오르게 되었다.

2. 復興運動의 盛勢와 唐軍의 對應

1) 復興運動의 盛勢

복신과 도침을 중심으로 한 부흥운동군의 활동은 사비성의 留鎭唐軍에 대한 집요한 공격으로 이어졌다. 부흥운동군의 주된 戰場이 사비 남령, 정현, 왕흥사잠성, 이례성 등 사비성 주변이었다는 것은 이를 대변해 준다. 부흥운동군에게 사비성에 주둔한 留鎭唐軍의 축출은 백제도성의 회복을 의미했고, 백제 도성의 탈환은 곧 무너진 백제왕국을 다시 일으키는 것을 의미했기 때문이었다.

부흥운동이 일어난 초기에 사비성을 둘러싼 부흥운동군과 留鎭唐軍과의 싸움은 부흥운동군이 공세를 펴고 留鎭唐軍이 籠城固守하

---

60) 金壽泰, 「百濟 義慈王代 王族의 動向」, 『百濟研究』 28, 1999, p.323.

는 양상을 보인다. 사비성을 포위한 부흥운동군의 공세는 나당군을 핍박하여 孤立無援의 상태에 이르게 하였다. 이에 백제를 멸망시킨 후 경주로 돌아가던 신라의 太宗武烈王이 결국 三年山城에서 다시 군사를 돌려 사비성을 초략하던 부흥운동군을 직접 토벌하러 나서게 하였고, 이로 인해 겨우 사비성의 포위를 풀 수 있었다.

그런데 661년에 들어와 부흥운동군의 사비성에 대한 공세는 더욱 치열해졌다. 661년 2월에 부흥운동군은 다시 사비성을 포위하고 공세를 취하였다.[61] 이 당시의 사세는 新羅 文武王의 答薛仁貴書를 보면 적나라하게 표현되어 있다.

> 至(顯慶)六年 福信徒黨漸多 侵取江東之地 熊津漢兵一千 往打賊徒 被賊摧破 一人不歸 自敗已來 熊津請兵 日夕相繼 新羅多有疫病 不可徵發兵馬 苦請難遠 (『三國史記』 新羅本紀 文武王 11년 答薛仁貴書).

위 사료는 661년에 들어와 福信의 무리가 점차 많아져서 江東의 땅을 차지하니, 웅진도독부의 唐兵 1천 명이 나가서 치다가 오히려 전멸을 당하는 지경에 이르렀던 내용이다. 복신의 무리가 강동의 땅을 차지하였다는 것은 부흥운동군의 세력이 웅진도독부의 서쪽에서 동쪽으로까지 크게 영향력이 확장되었다는 것으로 錦江의 동쪽 지역도 부흥운동군의 지배하에 들어갔던 것이다.[62] 이것은 처음 백제의 서부와 북부지역 즉 복신과 도침, 흑치상지가 임존성을 거점으로 여자진이 久麻怒利城 등을 거점으로 부흥운동을 일으켜 활동하였는데, 이제는 금강의 동쪽인 백제의 동부지역마저 부흥운동군의 세력권으로 편입되었음을 의미하는 것이다. 그리하여 661년 초에 들어서서는 백제 고토의 남방을 제외한 전지역이 부흥운동군의

---

61) 春二月 百濟殘敵 來攻泗沘城(『三國史記』 新羅本紀 太宗武烈王 8년).
62) 沈正輔, 「百濟復興軍의 主要據點에 關한 研究」, 『百濟研究』 14, 1983, p.145.

직접적인 영향권 내에 들어오게 되었다.

부흥운동군의 세력 확대는 사비도성의 유인원이 거느린 留鎭唐兵을 더욱 위태롭게 만들었다. 유인원은 위기상황을 타개하기 위해 부흥운동군과 전투를 벌였으나 오히려 패하여 전투에 참가한 1천명의 당군이 전멸을 당하는 지경에 이르렀다. 사비성의 留鎭唐兵이 처한 위기는 소정방이 당으로 돌아간 후인 660년 가을과 겨울에 부흥운동군이 사비 남령, 왕흥사잠성 등에서 사비성을 초략할 때만큼이나 심각한 것이었다. 이러한 곤핍한 상황은 660년의 상황과 마찬가지로 사비성이 장차 함락당할지 모른다는 위기감과 함께 사비성의 당군을 다시 孤立無援 상태에 이르게 하였다.

사비성의 留鎭唐軍은 다시 신라에 구원을 요청하였으나 신라의 사정도 매우 어려웠기에 쉽게 원병을 보내지 못하였다. 신라의 입장에서는 비록 660년 7월에 의자왕의 항복을 받아내어 백제를 멸망시켰다고 하지만, 바로 철군하지 못하고 사비성 부근에서 부흥운동군 진압을 위한 전투를 國王인 太宗武烈王이 11월까지 직접 치러야만 했다. 그리고 660년 11월 22일에야 겨우 경주로 돌아오는 긴 원정을 마칠 수 있었는데 또 다시 쉴 틈도 없이 군사를 징발하는 것은 매우 괴롭고 어려운 일이었다. 더욱이 신라에는 疫病이 많이 돌아 군사를 징발하기가 어려운 형편이었다. 신라에서는 웅진도독부의 당군이 朝夕으로 원병을 청하는데도 불구하고 쉽게 병마를 징발하여 구원군을 보내지 못하였다. 그러나 당군은 신라의 형편과는 상관없이 사비성의 당군을 구원할 것을 계속 종용하였다. 결국 신라는 내부의 어려운 사정에도 불구하고 당군을 구원하기 위해 發兵할 수밖에 없었다.

만일 사비성이 함락당한다면 백제정벌이 결과적으로는 실패로 돌아가게 되는 터라 唐 본국에서도 웅진도독부의 유인원을 구원하기 위해 유인궤를 파견하기에 이르렀다. 유인궤는 660년 9월 28일 三年山城에서 急逝한 王文度를 대신하여 파견되었으나, 熊津都督이 아닌 檢校帶方州刺史의 직함을 가지고 웅진도독부로 오게 되었다. 유인궤가 웅진도독부에 부임한 시기는 정확히 알 수 없으나 다음 기록을 참고할 수 있다.

> G-① 壬午 以左驍衞大將軍契苾何力爲浿江道行軍大摠管 左武衞大將軍蘇定方爲遼東道行軍大摠管 左驍衞將軍劉伯英爲平壤道行軍大摠管 蒲州刺史程名振爲鏤方道摠管 將兵分道擊高麗 靑州刺史劉仁軌 坐督海運覆船 以白衣從軍自效(『資治通鑑』 권200 唐紀16 高宗 顯慶 5년 12월).
> ② 春二月 百濟殘敵 來攻泗沘城(『三國史記』 新羅本紀 太宗武烈王 8년).
> ③ 詔起劉仁軌檢校帶方州刺史 將王文度之衆 便道發新羅兵 以救仁願 (중략) 仁軌御軍嚴整 轉鬭而前 福信等立兩柵於熊津江口以拒之 仁軌與新羅兵合擊之 我軍敗走入柵 阻水橋狹 墮水及戰死者萬餘人 福信等乃釋都城之圍 退保任存城 新羅人以糧盡引還 時龍朔元年三月也(『三國史記』 百濟本紀 義慈王 20년).

위 사료를 살펴보면 劉仁軌는 『資治通鑑』의 기록에서 보듯이 660년 12월에는 당의 고구려 정벌에 白衣從軍하고 있었다. 그러므로 660년에는 웅진도독부에 오지 않은 상태였다. 『三國史記』의 기록을 보면 부흥운동군이 사비성을 공격한 것이 661년 2월이었고, 유인궤가 부흥운동군을 웅진강구에서 격파하여 사비성의 포위를 풀고 유인원을 구원한 것이 661년 3월의 일이었다. 그러므로 유인궤가 사비성의 유인원을 구원하러 온 것은 늦어도 661년 2월경이었다.[63]

661년 2월에 웅진도독부로 파견된 유인궤는 우선 부흥운동군에

---

63) 沈正輔, 「百濟故地 帶方州考」, 『百濟研究』 18, 1987, p.21.

포위된 채 사비성에 갇혀있던 당군을 구출하고자 신라에 구원군을 보낼 것을 강요하였다. 신라에서는 국내에 역병이 창궐하고 백제 정벌에서 돌아와서 제대로 군사를 쉬게 하지도 못한 상태에서 다시 출병을 강요받았던 것이다. 유인궤가 이끄는 당의 구원군은 신라군 과 합세해 사비성으로 향하였고, 부흥운동군은 웅진강구에 柵을 설 치하고 이를 저지하려 했으나 패하여 임존성으로 물러났다. 부흥운 동군에게 포위되었던 사비성의 留鎭唐軍은 유인궤의 구원군이 도착 함으로써 가까스로 함락의 위기에서 벗어날 수 있었다.

그렇다고 부흥운동군의 세력이 약화된 것은 아니었다. 부흥운동 군이 비록 웅진강구 전투에서 패해 사비성의 포위를 풀고 임존성으 로 물러났지만, 웅진강구 전투 이외에 신라군과의 전투에서는 대승 을 거두었던 것이다. 다음의 사료를 통해 이러한 사실을 살펴볼 수 있다.

H-① 春二月 百濟殘敵 來攻泗沘城 王命伊湌品日爲大幢將軍 迊湌文王 大 阿湌良圖 阿湌忠常等 副之 迊湌文忠爲上州將軍 阿湌眞王副之 阿湌 義服爲下州將軍 武歘旭川等爲南川大監 文品爲誓幢將軍 義光爲良隘 將軍 往救之 三月五日 至中路 品日分麾下軍 先行 往豆良尹城南 相 營地 百濟人望陣不整 猝出急擊不意 我軍驚駭潰北 十二日 大軍來屯 古沙比城外 進攻豆良尹城 一朔有六日 不克 夏四月十九日 班師 大幢 誓幢先行 下州軍殿後 至賓骨壤 遇百濟軍 相鬪敗退 死者雖小 失亡兵 械輜重甚多 上州良隘 遇賊於角山 以進擊克之 遂入百濟屯堡 斬獲二 千級 王問軍敗 大驚 遣將軍金純眞欽天存竹旨 濟師救援 至加尸兮津 問軍退至加召川 乃還 王以諸將敗績 論罰有差(『三國史記』 新羅本紀 太宗武烈王 8년).
② 龍朔元年春 王謂百濟餘盡尙在 不可不滅 以伊湌品日 蘇判文王 大阿湌 良圖等爲將軍 往伐之 不克 又遣伊湌欽純眞欽天存 蘇判竹旨等濟師 (『三國史記』 列傳 金庾信 中).
③ 羅王春秋奉詔 遣其將金欽將兵救仁軌等 至古泗 福信邀擊敗之 欽自葛

嶺道逃還 新羅不敢復出(『三國史記』百濟本紀 義慈王 20년).

④ 上詔新羅兵出 新羅王春秋奉詔 遣其將金欽將兵救仁軌等 至古泗 福信
邀擊敗之 欽自葛嶺道逃還 新羅不敢復出(『資治通鑑』卷200 唐紀16
高宗 龍朔 元年 3월).

위 사료의 기록들은 유인궤의 웅진강구 전투와 대응하는 것으로
볼 수 있다. 유인궤와 부흥운동군과의 웅진강구 전투가 있었던 것
이 龍朔 元年(661) 3월의 일이었고, 역시 사비성에 포위된 유인원의
留鎭唐軍을 구원하기 위해 신라가 發兵한 것도 같은 시기였다. 그
런데 유인궤가 웅진강구에서 부흥운동군을 대파했다는 기사와는 상
반되게 신라군은 부흥운동군과의 전투에서 패배하였다고 기록하고
있다. 이때 부흥운동군은 백제고지의 북쪽에서는 임존성, 남쪽에서
는 주류성을 중심지로 하여 활동하고 있었다.

『三國史記』新羅本紀의 기록(H-①)에 의하면 부흥운동군에 포
위되어 사비성에 고립되어있는 당군을 구원하기 위해 출병한 신라
군에 대해서 매우 구체적으로 기록하고 있다. 신라는 伊湌 品日과
迊湌 文王, 大阿湌 良圖, 阿湌 忠常 등이 거느린 大幢軍과 迊湌 文
忠과 阿湌 眞王이 거느린 上州軍, 阿湌 義服이 거느린 下州軍, 南川
大監 武剋과 旭川이 거느린 군대, 文品의 誓幢軍, 義光의 郞幢軍으
로 편성된 구원군을 보냈다. 이를 정리하면 <표 1>과 같다.

그런데 사비성으로 가는 도중인 3월 5일에 大幢將軍 品日이 일
부 휘하의 大幢軍을 거느리고 먼저 古沙比城 밖에 진을 칠 곳을 물
색하다가 부흥운동군에게 기습을 당하여 패배하였다. 부흥운동군에
게 불의의 패배를 당하여 기선을 제압당한 신라군은 3월 12일에 古
沙比城(古阜) 밖에서 진을 치고 豆良尹城(周留城)[64]을 공격하기 시

---

64) 豆良尹城은 豆陵尹城 또는 豆良伊城이라고도 한다. 비록 이설이 있기는 하지만
모두 周留城을 가리키는 것으로 보는 것이 지배적인 학설이다.

직했다. 신라군과 부흥운동군과의 전투는 무려 한 딜 6일 동안이나 계속되었다. 신라군은 두량윤성을 한 달이 넘도록 공격하였지만 결국 豆良尹城을 점령하지 못하였다. 한 달이 넘도록 성 하나를 공격하고도 함락시키지 못한 것은 일찍이 유례가 없는 일이었다. 이것은 실상 신라군이 부흥운동군의 저항에 무릎을 꿇은 것이고, 부흥운동군에게 패배한 것이나 다름이 없었다. 당시 豆良尹城에서 부흥운동을 이끌고 있던 사람은 福信이었다.

표 1. 661년 2월 泗沘城의 唐軍을 救援하러 出兵한 新羅軍의 編成

部隊編成	將 軍		備 考
大幢將軍	伊飡	金品日	
	迊飡	金文王	
	大阿飡	金良圖	
	阿飡	扶餘忠常	백제인
上州將軍	迊飡	文忠	
	阿飡	眞王	
下州將軍	阿飡	義服	
南川大監		武剡	
		旭川	
誓幢將軍		文品	
郎幢將軍		義光	
增援軍	伊飡	金欽純	豆良尹城과 賓骨壤 전투에서 패배한 이후 추가로 파견된 신라군
	伊飡	眞欽	
	阿飡	天存	
	蘇判(迊飡)	竹旨	

豆良尹城을 점령하는데 실패한 신라군은 철군하지 않을 수 없었다. 그런데 철군하는 도중인 4월 19일에 伊湌 品日이 거느린 大幢軍과 文品이 거느린 誓幢軍, 阿湌 義服이 거느린 下州軍이 賓骨壤(泰仁)에서 부흥운동군의 공격을 받아 패하여 수많은 兵仗器와 군수품을 빼앗기게 되었다. 부흥운동군은 豆良尹城과 賓骨壤에서 연이어 혁혁한 전과를 올렸다. 그러나 부흥운동군도 角山에서는 迊湌 文忠이 거느린 上州軍과 義光이 거느린 郎幢軍에게 패해 屯堡가 함락당하고 2,000명이 전사하는 피해를 보기도 하였다. 그렇지만 국왕인 태종무열왕이 부흥운동군에 패했다는 소식을 듣고 크게 놀라 欽純, 眞欽, 天存, 竹旨 등을 구원군으로 보낼 정도로 신라군의 피해는 매우 심각하였다.

사비성의 留鎭唐軍을 구원하러 가던 신라군이 오히려 두량윤성과 빈골양에서 부흥운동군에게 대패하자 크게 놀란 신라는 오히려 신라군을 구원하고자 다시 병력을 급파하였다. 이 당시 신라는 얼마나 놀랐던지 신라군이 패했다는 소식을 듣자마자 바로 구원군을 보냈던 것이다. 신라 구원군은 급히 加尸兮津까지 갔지만 패퇴하는 신라군이 이미 加召川(居昌)에까지 후퇴했다는 소식을 듣고서야 군대를 돌이켰을 정도로 신라는 부흥운동군과의 전투에서 패배한 것에 큰 충격을 받았다. 그리하여 신라는 "감히 다시는 出兵하지 못하게 되었다"라고 할 정도로 크게 위축되었고, 부흥운동군은 대승을 거두었다. 두량윤성 전투에서 신라군이 대패하자 웅진강구 전투에 참여했던 신라군도 양식이 떨어졌다고 핑계를 대고 회군할 수밖에 없었다.

신라군이 두량윤성 전투에서 패한 요인은 부흥운동군의 기세가 워낙 강하였기 때문이었다. 게다가 신라군은 국내에 疫病이 도는데도 불구하고 억지로 병마를 징발하였기 때문에 군대가 정연하지 못하였고, 이런 약점을 긴피한 부흥운동군이 갑자기 공격을 가하자 힘없이 무너졌던 것이다. 그리고 부흥운동의 기세에 눌려 제대로 싸워볼 의지도 상실한 까닭에 賓骨壤 전투에서는 사상자는 적었지만 병장기와 군수품을 부흥운동군에게 대부분 빼앗기고 말았던 것이다. 결국 신라군은 부흥운동군에게 쫓겨 병장기와 군수품도 버리고 도망가기에 급급했던 것이다.

같은 해인 661년 3월에 유인궤는 웅진강구 전투에서 부흥운동군을 1만 명이나 전사시키는 등의 전과를 올렸던 반면에 신라군은 두량윤성 전투에서 참패하였던 것이다. 이러한 상반된 기록으로 인하여 유인궤의 웅진강구 전투를 660년 10월에 부흥운동군을 격파하고 1,500명을 참수한 泗沘 南嶺의 전투로 이해하고자 하는 견해도 있다.[65] 그러나 661년 2월에야 웅진도독부에 온 유인궤가 660년 10월에 웅진강구에서 부흥운동군과 전투를 벌였다고 볼 수는 없다.

그렇다면 웅진강구 전투와 두량윤성 전투가 일어났던 661년 3월의 상황을 어떻게 설명할 수 있을까? 관련 기록을 살펴보면 분명해진다. 『三國史記』 百濟本紀 義慈王 20년의 기사를 보면 유인궤가 사비성에 포위된 劉仁願을 구하기 위해 신라에 구원병을 청하였다. 신라군은 이에 응해 유인궤와 합군하여 웅진강구에서 대항하는 부흥운동군을 격파하여 사비성의 포위를 풀어 유인원을 구원하였던 것으로 기록되어 있다.[66] 웅진강구 전투에서 유인궤와 합군한 신라군에 대해서는 정확히 알 수 있는 기록이 없다. 그러나 유인궤가 신라군과 합군하여 웅진강구에서 부흥운동군과 전투를 벌인 상황으

---

65) 盧重國, 「百濟 滅亡後 復興軍의 復興戰爭 硏究」, 『歷史의 再照明』, 1995, p.240.
66) 詔起劉仁軌檢校帶方州刺史 將王文度之衆 便道發新羅兵 以救仁願 (중략) 仁軌御軍嚴整 轉鬪而前 福信等立兩柵於熊津江口以拒之 仁軌與新羅兵合擊之 我軍敗走入柵 阻水橋狹 墮水及戰死者萬餘人 福信等乃釋都城之圍 退保任存城 新羅人以糧盡引還 時龍朔元年三月也(『三國史記』 百濟本紀 義慈王 20년).

로 볼 때 유인궤와 합군한 신라군은 수군으로 추정할 수 있다. 당
으로부터 온 유인궤 역시 배를 타고 황해를 건너 사비성으로 가기
위해 웅진강구로 들어왔을 것이 분명하기 때문에 유인궤의 당군과
합군한 것은 수군으로 편제된 신라군이었던 것이다.

나아가서 신라가 보낸 구원군 중에 南川大監 武剋과 旭川이 두
량윤성과 빈골양, 각산의 어느 전투에도 보이지 않는 것을 참고할
만하다. 구원군 편성시에 武剋과 旭川은 다만 南川大監으로 삼았다
는 기록만 있을 뿐 大幢이나 誓幢, 郞幢에도 편제되지 않았고 上州
와 下州軍에도 편제되지 않았다. 이로 보면 南川大監 武剋과 旭川
은 신라 수군을 거느리고 웅진강구로 가서 유인궤의 당군과 합세하
였던 것으로 볼 수 있다. 그런 까닭에 신라군의 두량윤성 전투에
관련한 내용 중에 이들에 대한 기록을 찾을 수 없는 것이다.

이런 상황을 종합해 보면 웅진도독부의 留鎭唐軍을 구원하기 위
해 661년 2월에 당에서는 帶方州刺史 유인궤가 오고, 신라에서는
유인궤의 당군을 맞이하기 위하여 南川大監 武剋과 旭川을 웅진강
구로 보내 부흥운동군과 전투를 벌였다. 신라군은 다른 한편으로
大幢將軍 品日, 上州將軍 文忠, 誓幢將軍 文品, 郞幢將軍 義光, 下州
將軍 義服 등을 보내 직접 부흥운동의 주요 거점인 두량윤성을 공
격하였던 것이다.

그런데 부흥운동군과의 전투 결과는 판이하게 나타났다. 즉 웅
진강구에서 유인궤와 합군한 신라군은 道琛이 거느린 부흥운동군을
대파하여 사비성의 포위를 풀고 劉仁願이 거느린 留鎭唐軍을 구원
하였다. 그러나 豆良尹城의 부흥운동군을 직접 공격하였던 신라구
원군의 주력은 오히려 참패를 당하여 허겁지겁 퇴군하고 만 것이었
다. 이러한 상반된 전과는 661년 3월에 있었던 부흥운동군과의 전
투를 서로 별개인 것처럼 기록되게 하였다. 아울러 신라군의 이러

한 참패는 다음과 같은 결괴를 가져오게 하였다.

　　遂發兵衆 往圍周留城 賊知兵小 遂卽來打 大損兵馬 失利而歸 南方諸城 一
時摠叛 並屬福信 福信乘勝 復圍府城 因卽熊津道斷 絶於鹽豉 卽募健兒 偸道
送鹽 救其逼困(『三國史記』 新羅本紀 文武王 11년 答薛仁貴書).

　　答薛仁貴書에는 周留城(豆良尹城) 전투에서의 패배로 신라는 "大
損兵馬 失利而歸"하여 "不敢復出"하게 되었고, 이로 인하여 사세를
지켜보며 부흥운동에 참여하지 않던 백제고지 南方의 諸城들도 일
시에 부흥운동군에 합류하게 되었다는 기록이다. 즉 두량윤성 전투
를 계기로 부흥운동군의 활동은 더욱 확대되었던 것이다.

　　이로써 초기에 백제 서부와 북부지역에서 시작된 부흥운동이
661년에 들어서서는 동부와 남부지역으로 확대되었고, 百濟故土 전
역이 부흥운동군의 활동으로 편입된 것이었다. 또한 黑齒常之列傳
에 "遂復二百餘城"[67]이라고 할 정도로 부흥운동군의 활동역역이 확
대되어 부흥운동은 최전성기를 맞이하게 되었다.

　　부흥운동군의 성세는 다음의 기록들에서 복신과 도침이 당군을
대하는 태도에서도 살필 수 있다.

　　I-① 於是 道琛自稱領軍將軍 福信自稱霜岑將軍 招集徒衆 其勢益張 使告仁
　　　　軌曰 問大唐與新羅約誓 百濟無問老少 一切殺之 然後以國付新羅 與其
　　　　受死 豈若戰亡 所以聚結自固守耳 仁軌作書具陳禍福 遣使諭之 道琛等
　　　　恃衆驕倨 置仁軌之使於外館 慢報曰 使人官小 我是一國大將 不合參
　　　　不答書 徒遣之(『三國史記』 百濟本紀 義慈王 20년).
　　　② 於是 道琛自稱領軍將軍 福信自稱霜岑將軍 招誘叛亡 其勢益張 使告仁
　　　　軌曰 問大唐與新羅約誓 百濟無問老少 一切殺之 然後以國付新羅 與其
　　　　受死 豈若戰亡 所以聚結自固守耳 仁軌作書具陳禍福 遣使諭之 道琛等

---

67) 『三國史記』 列傳 黑齒常之.

特衆驕居 置仁軌之使於外館 傳語謂曰 使人官職小 我是一國大將 不合
自參 不答書遣之(『舊唐書』 권199 列傳 제149 東夷 百濟國).

③ 道琛保任存城 自稱領軍將軍 福信稱霜岑將軍 告仁軌曰 問唐與新羅約
破百濟無老孺少皆殺之 畀以國 我與受死 不若戰 仁軌遣使齎書 答說
道琛居甚 館使者于外 嫚報曰 使人官小 我 國大將 禮不當見 徒遣之
(『新唐書』 권220 列傳 제145 東夷 百濟).

위 기록에서 볼 수 있는 것처럼 사비성 공격에는 실패하였지만
두량윤성 전투에서 대승을 거둔 부흥운동군은 도침이 스스로 領軍
將軍, 복신이 스스로 霜岑將軍이라고 할 정도로 위세를 과시했다.
이러한 부흥운동군의 위세는 당군보다 우세한 군사력과 신라군을
대파한 뒤 생긴 자신감이 결합되어 나타난 것이라고 할 수 있다.
월등한 군사력과 자신감으로 가득찬 부흥운동군은 유인궤의 입장에
서는 매우 교만하고 거만하게 여겨졌다. 특히 유인궤가 道琛을 회
유하려고 使者를 보냈을 때, 도침은 "나는 한 나라의 장군인데 사자
의 관직이 낮다. 이것은 예의가 아니다"라고 말하고는 사자를 外
館[68]에 둔 채 아예 만나주지도 않았다. 그리고 유인궤가 보낸 글에
답서도 하지 않고 사자를 그냥 돌려보낼 정도였다. 이러한 행동은
도침이 결코 교만하거나 거들먹거려서 나온 행동이라고 볼 수는 없
없을 것이다.

이 당시 부흥운동군은 도침이 領軍將軍, 복신이 霜岑將軍 등의
將軍號를 칭할 정도로 전열을 정비하고 있었다. 유인궤와 신라측에
서 보면 이들이 장군호를 자칭한 것으로 보았지만, 이것은 부흥운
동군이 상당히 조직화되어 있었다는 증거가 된다. 실제로 부흥운동

---

68) 外館을 외국사신을 접대하는 관청으로 보는 견해도 있다(盧重國, 「復興百濟國
의 성립과 몰락」, 『백제 부흥운동의 재조명』, 2002, p.25). 그러나 여기서 外館이
라는 것은 客舍, 즉 사신이 머무는 장소를 말하는 것으로 관청을 의미하는 것
은 아니다.

군은 도침과 복신의 영도 아래 정연하게 군대를 정비하여 전력이 당군을 압도하는 등 매우 강성하고 위협적이었던 것이다..

부흥운동군에 비해 열세였던 유인궤는 웅진강구 전투에서 승리하여 사비성의 포위를 풀고 유인원을 구원한 것으로 만족할 수밖에 없었다. 특히 수적으로 열세인 유인궤는 유인원과 합군하여 병력을 늘리고 사졸들을 쉬게 하면서 신라군과 합세할 생각만 하고 있었다.[69] 그러나 신라군도 두량윤성 전투에서 부흥운동군에게 대패를 당하였고 더 이상 군사를 낼 수 없는 상황이었다. 부흥운동군의 기세에 나당군은 어찌할 수 없는 지경이었다. 당시의 이러한 정황은 「唐劉仁願紀功碑」의 기록에 잘 표현되어 있다.

남의 이름을 빌리고 지위를 훔쳐서 모두 장군이라 칭하고서 城邑을 무너뜨리고 점차 中部로 들어가 우물을 메우고 나무를 베며, 집들을 무너뜨리고 태워버려서 지나는 곳마다 殘害하여 멸망시켜 거의 살아남은 백성이 없었다. 흉악한 위세가 이미 드러나서 사람들이 모두 위협당해 복종하며 성채를 벌여놓고 營을 늘어세워놓아 오래도록 머물러 있는 우리 군대를 공격해서 포위하였다. 雲梯로 굽어보고 地道로 환히 들여다보며, 돌을 치고 화살을 날리는 것이 별처럼 달리고 비처럼 떨어지며, 밤낮으로 계속해서 싸우고 아침저녁으로 세력을 믿고 침범하면서도 스스로 일컫기를 망한 것을 일으키고 끊어진 것을 잇는다고 하며, □□□□□□ 한다. 무심하게 안심하는 척하여 더불어 창검을 가지고 다투지 않고, 병력을 정예하게 하여 오랜 세월을 견디어 내어, 그 나쁜 적들이 힘이 다하고 기운이 쇠해지기를 기다려서 (하략)[70]

---

69) 仁軌以衆小與仁願合軍 休息士卒 上表請合新羅圖之(『三國史記』 百濟本紀 義慈王 20년).

70) 韓國古代社會硏究所 編, 「唐劉仁願紀功碑」, 『譯註 韓國古代金石文』 제1권, 1992, p.485.

「唐劉仁願紀功碑」에 기록된 부흥운동군의 활동 내용은 당군이 매우 곤란한 처지에 있었다는 것을 보여준다. 부흥운동군이 성읍을 점령하고 약탈하여 살아남은 백성이 없었다는 것은 당의 입장에서는 부흥운동군이 폭력적으로 백제고지의 성읍을 점령해 갔다는 악의적인 표현으로 볼 수 있다. 그리고 부흥운동군이 성채를 벌여놓고 군영을 설치하여 주둔중인 당군을 공격해서 포위하였다는 것은 사비도성과 웅진도독부에서 부흥운동군에게 포위된 당군의 상황을 전하는 것이다. 더구나 부흥운동군이 계속하여 당군을 공격하였기 때문에 당군은 무심하게 안심하는 척하여 더불어 창검을 다투지 않고 있었다는 것은 감히 부흥운동군의 기세에 대항하지 못하고 있었던 정황을 여실히 보여주는 것이다.

또한 당군이 병력을 정예화 하고 오랜 세월을 견디어 내어, 적들의 힘이 다하고 기운이 쇠해지기를 기다렸다는 것은 당군이 부흥운동군의 기세에 눌려 籠城固守하면서 부흥운동군 세력이 약해지기만을 기다리고 있을 수밖에 없었다는 사실을 말하는 것이다. 이처럼 활발하게 전개된 부흥운동군의 활동에 당군은 속수무책으로 있을 수밖에 없었다.

한편 662년 2월에 들어서 전 해 4월부터 고구려 정벌에 나섰던 당군[71]은 兵部尙書 浿江道行軍摠管 任雅相과 沃沮道行軍摠管 龐孝泰가 전사[72]하고, 蘇定方이 平壤城 공격에 실패하는 등 고구려원정이 완전히 실패로 돌아가자 662년 2월에는 회군하고 말았다.[73] 이

---

71) 『三國史記』 高句麗本紀 寶臧王 20년 4월.
72) 『新唐書』 권3 本紀 제3 高宗 龍朔 2년 2월.
73) 蘇定方이 平壤城으로부터 당으로 돌아간 시기에 대해서는 두 가지 설이 있다. 즉 『舊唐書』 本紀에는 高宗 龍朔 2년(662) 3월에 蘇定方이 고구려 원정에서 돌아온 것으로 기록되어 있고, 『三國史記』 新羅本紀에 의하면 文武王 2년(662) 2월에 蘇定方이 平壤城에서 퇴각한 것으로 기록되어 있다. 이 두 가지 설을 비교해 보면 한 달의 차이가 난다. 이러한 차이는 2월에 平壤城에서 퇴각한 蘇定

때 낭 소정에서는 웅진도독부의 유인원과 유인궤에게도 회군을 명령하였다.74) 평양의 당군 즉 소정방이 거느린 고구려원정군도 회군하였는데, 熊津城에서 홀로 고수하는 것은 옳지 않으니 신라에 가서 기대거나 회군해도 좋다는 취지였다. 그리고 留鎭唐軍 역시 대다수가 본국으로 귀환하기를 원했다.75)

웅진성에 고립된 留鎭唐軍의 사정은 이렇듯 당 조정에서도 충분히 알고 있을 만큼 어려웠다. 당 조정은 웅진도독부를 포기할 뜻도 있었던 것이다. 이러한 상황은 부흥운동군의 활발한 활동에 더 이상 웅진도독부에 당군을 留鎭시키기가 너무 위험하다는 판단에 기인한 것이었다. 당은 고구려원정이 완전히 실패로 돌아가자 웅진도독부마저 포기하고 당군을 철수시키고자 하였던 것이다.

당군이 처한 상황을 탐지한 부흥운동군은 웅진성의 劉仁願에게 사자를 보내 "大使 등은 언제 서쪽으로 돌아갈 것인가? 마땅히 사자를 보내 전송하겠다"고 하여 당군의 귀국을 종용하기까지 하였다.76) 부흥운동군은 당군에게 이런 모멸 섞인 말을 할 정도로 위세가 대단했다. 661년 6월에 신라의 金庾信이 고구려 정벌에 나선 당군과 합세하려 출진하자 중도인 瓮山城에서 신라군을 가로막은 부흥운동군이 "비록 작은 성이지만 兵器와 식량이 모두 넉넉하고 사졸들은 의롭고 용감하다. 차라리 싸우다 죽을지언정 맹세코 살아서

方이 3월에 唐에 도착한 것에서 비롯된 것으로 판단된다. 그러므로 본고에서는 662년 2월설을 취한다.
74) 『舊唐書』 권84 列傳 제34 劉仁軌.
   『新唐書』 권108 列傳 제33 劉仁軌.
75) 初仁願仁軌等屯熊津城 上與之勅書 以平壤軍回 一城不可獨固 宜拔就新羅 若金法敏藉卿留鎭 宜且停彼 若其不須 卽宜泛海還也 將士咸欲西歸(『資治通鑑』 권200 唐紀16 高宗 龍朔 2년 秋7월).
76) 時百濟王豊與福信等 以仁願等孤城無援 遣使謂之曰 大使等何時西還 當遣使送(『資治通鑑』 권200 唐紀16 高宗 龍朔 2년 秋7월).

항복하지는 않을 것이다"[77]라고 할 정도였다. 이런 위세는 부흥운동군이 사기가 매우 높았고 병장기와 무기도 충분히 갖추고 있었기 때문에 가능했다.

2) 唐軍의 對應

(1) 留鎭唐軍의 戰力

백제를 멸망시킬 당시 출병한 당군은 13만이었고, 신라군은 5만이었다. 나당연합군은 도합 18만 대군이라는 압도적인 수적 우세를 바탕으로 백제를 순식간에 멸망시킬 수 있었다. 그러나 당군의 백제 공격 목적이 고구려 정벌을 위한 전초전적인 성격을 띠었기 때문에 13만 정벌군을 백제 고지에 오래도록 유진시키지 않았다. 고구려 정벌을 준비하기 위해 사비성을 함락시킨지 불과 한 달 보름만에 주력 대부분을 당 본국으로 철수시키기에 이르렀던 것이다. 백제 사비도성을 함락시킨 소정방은 의자왕을 비롯한 왕족과 대소신료, 백성들을 포로로 잡아 660년 9월 3일 당으로 돌아갔다. 부흥운동이 이미 일어나고 있었고 660년 8월 26일에는 임존산에서 부흥운동군을 초략하는데 실패했음에도 불구하고 당군은 서둘러 철수를 준비하여 돌아갔다.

신라군도 마찬가지로 주력은 三年山城으로 철수하여 경주로 돌아갈 준비를 하고 있었다. 이때 사비성에는 郞將 劉仁願이 거느린 留鎭唐軍 1만 명과 王子 金仁泰와 沙湌 日原, 級湌 吉那 등이 거느린 신라군 7천 명이 남아 있었다.[78] 모두 18만의 나당연합군 중에

---

77) 雖蕞爾小城 兵食具足 士卒義勇 寧爲死戰 誓不生降(『三國史記』 列傳 金庾信 中).
78) 郞將劉仁願以兵一萬人 留鎭泗沘城 王子仁泰與沙湌日原級湌吉那 以兵七千 副之(『三國史記』 新羅本紀 太宗武烈王 7년 8월).

서 1만 7천 명만이 사비성에 남아 백제고지에 대한 군정을 실시하고자 준비하였던 것이다. 그러나 1만 7천의 병력만으로는 멸망 직후부터 일어나기 시작한 부흥운동군을 대적하기는 어려웠다. 부흥운동군이 사비도성을 탈환하기 위하여 사비 남령과 王興寺岑城 등에서 활동하고 있을 때에도 留鎭唐軍은 당군의 주력이 철수할 때와 마찬가지로 1만 명만이 사비성에 주둔하고 있었다. 적은 병력을 가지고 점령지를 지배한다는 것은 쉽지 않은 문제였다.

백제고지 지배에 대한 직접적인 내용은 아니지만 661년 고구려 원정시 蔚州刺史 李君球가 高宗에게 한 말은 당의 정복지 지배에 대한 고민을 충분히 설명해준다고 할 수 있다. 661년 당 고종이 고구려 원정에 직접 나서려 하자 李君球가 이를 말리면서

고구려는 작은 나라인데 어찌 중국을 기울일 일까지야 있겠습니까? 고구려를 멸망시킨다면 반드시 군사를 내어 이것을 지켜야 할 것인 바, 군사를 적게 내면 위신이 서지 않을 것이요, 군사를 많이 내면 사람들이 편안하지 못할 것이니 이는 온 나라의 사람들을 전선으로 내보내 지키게 됨으로써 국가는 피폐해질 것입니다. 신이 아뢰옵건데 정벌하는 것은 정벌하지 않는 것만 못하고 멸망시키는 것은 멸망시키지 않는 것만 못합니다

라고 말하였다.[79] 이 말은 李君球가 당 高宗의 고구려 親征을 말리기 위해 간언한 것이기는 하지만 정벌하고 멸망시킨 후에는 그곳을 지키기 위해 많은 군사가 징발되어야 하므로 천하가 피폐해질 것이라고 경계한 것이다.

실제로 백제를 멸망시킨 당은 李君球의 말처럼 점령지를 지키기 위해 군사를 많이 내보내지 못한 까닭에 留鎭唐軍이 위세를 떨치기

---

79) 帝欲自將大軍 蔚州刺史李君球立言 高句麗小國 何至傾中國事之有 如高句麗旣滅 必發兵以守 小發則威不振 多發則人不安 是天下疲於轉戍 臣謂征之未如勿征 滅之未如勿滅(『三國史記』高句麗本紀 寶臧王 20년 春正月).

는커녕 부흥운동군에게 포위된 채 '虎吻之危難'을 겪고 있었다. 사비성의 유인원이 거느린 留鎭唐軍과 신라군은 고립되어 있었고, 부흥운동군의 공격을 감당하기에는 역부족인 상태였다. 또한 신라군의 지원과 보급이 없이는 1만 당병을 유지하는 것도 매우 어려웠다. 答薛仁貴書에 留鎭唐軍의 열악한 상황이 다음과 같이 표현되어 있다.

平定己後 先王遂共蘇大摠管平章 留漢兵一萬 新羅亦遣弟仁泰 領兵七千 同鎭熊津 大軍廻後 賊臣福信 起於江西 取集餘盡 圍逼府城 先破外柵 摠奪軍資 復攻府城 幾將陷沒 又於府城側近四處 作城圍守 於此府城不得出入 某領兵往赴解圍 四面賊城 並皆打破 先救其危 復運糧食 遂使一萬漢兵 免虎吻之危難 留鎭餓軍 無易子而相食 至(顯慶)六年 福信徒黨漸多 侵取江東之地 熊津漢兵一千 往打賊徒 被賊摧破 一人不歸 自敗已來 熊津請兵 日夕相繼 新羅多有疫病 不可徵發兵馬(『三國史記』 新羅本紀 文武王 11년 答薛仁貴書).

위 기록에 의하면 나당연합군이 백제를 멸망시킨 후 당병 1만과 신라군 7천이 사비성과 웅진성을 지켰는데, 복신 등 부흥운동군이 일어나 府城의 外柵을 공격하고 軍資를 빼앗아 府城을 공격하니 거의 함락될 지경에 이르렀고, 또한 府城의 사방에 성을 쌓아 포위하니 府城을 출입할 수 없었다는 것이다. 여기서 府城은 사비도성을 가리키는 것이고, 府城의 네 곳에 성을 쌓아 포위하였다는 것은 부흥운동군이 사비 南岑 등 사비도성 주위에 목책을 설치하고 사비도성을 포위하였던 사실을 전하는 것이다. 즉 사비성의 留鎭唐軍은 사방을 포위당한 채 부흥운동군의 지속적인 공격에 시달리고 있었던 상황을 표현한 것이다. 또한 부흥운동군에게 포위당한 당군과 신라군은 군량이 부족하여 기아에 시달리게 되었다. 이에 신라군이 출정하여 府城의 포위를 풀고 당군을 위기에서 구출하고 군량을 운송하여 기아에서 벗어날 수 있게 해주었다는 것이다. 그리고 熊津

府城의 당군 1천이 부흥운동군에게 전멸당히는 사태를 당하자 당군은 신라군에게 계속해서 구원을 청하였으나 신라의 국내 사정으로 말미암아 구원군을 보내기가 매우 어려웠던 사실을 알려주고 있는 것이다.

이렇듯 부흥운동군이 사비성을 사방에서 포위하고 공격하여 留鎭唐軍에 대한 보급로를 끊자 당군은 굶주림에 시달리며 함락의 위기에 몰리는 등 매우 곤핍한 처지가 되었다. 그러나 신라군도 5만 대군이 660년 여름에 출정해 겨울에서야 돌아가게 되어 매우 지치고 피곤한 상태였다. 더군다나 국내에 역병이 돌아 병마를 징발할 형편이 아니었다. 신라군의 곤핍한 사정은 사비성의 留鎭唐軍을 구원하러 출병하는 것을 매우 어렵게 하였다. 당 본국에서도 사비성의 留鎭唐軍을 지원하지 못했다.

유진당군은 오직 신라군의 지원만을 기다릴 수밖에 없었다. 다음의 기사를 통하여 당군이 신라군에게 매우 의존하고 있었다는 사실을 살필 수 있다.

J-① 詔起劉仁軌檢校帶方州刺史 將王文度之衆 便道發新羅兵 以救仁願（중략）仁軌以衆小與仁願合軍 休息士卒 上表請合新羅圖之 羅王春秋奉詔 遣其將金欽將兵救仁軌等 至古泗 福信邀擊敗之 欽自葛嶺道遁還 新羅 不敢復出（『三國史記』百濟本紀 義慈王 20년）.
  ② 時郎將劉仁願留鎭於百濟府城 道琛等引兵圍之 帶方州刺史劉仁軌代文度統衆 便道發新羅兵合契 以救仁願（『舊唐書』 권199 列傳 제149 東夷 百濟國）.
  ③ 詔仁軌檢校帶方州刺史 代文度統衆 便道發新羅兵 合勢以救仁願（『舊唐書』 권84 列傳 제34 劉仁軌）.
  ④ 詔仁軌檢校帶方州刺史 統文度之衆 幷發新羅兵爲援（『新唐書』 권108 列傳 제33 劉仁軌）.

위 사료에 의하면 661년 3월에 부흥운동군에게 포위된 사비성의 유인원을 구원하려온 劉仁軌조차도 별도의 당군을 거느리고 온 것이 아니었다. 劉仁軌는 三年山城에서 급서한 王文度가 거느렸던 당병만을 직접 거느렸을 뿐이었다. 王文度가 거느렸던 당병의 규모는 정확히 알 수 없지만 그리 많은 수의 병력은 아니었을 것이다. 왕문도가 거느렸던 당병은 劉仁軌가 帶方州刺史로 임명되어 오기 전까지는 劉仁願의 留鎭唐軍과 별도로 삼년산성에서 신라군과 함께 있었던 것 같다. 유인궤가 거느린 당병이 애초부터 그 수가 매우 적었다는 것은 "仁軌以衆小與仁願合軍"하였다는 기사(J-①)에 분명히 나타나 있다.

그러므로 유인궤가 거느리고 온 당병만으로는 사비성에 포위된 채 고립된 유인원을 구원하기가 불가능했다. 그러므로 유인궤는 신라군을 징발하여 부흥운동군과의 전투를 치를 수밖에 없었다. 결국 신라군의 원조 없이 사비성의 留鎭唐軍만으로는 府城을 방어하기에도 어려웠던 것이다. 그 때문에 웅진도독부에서는 부흥운동군의 공격을 받아 농성고수하면서 신라에 朝夕으로 請兵하지 않을 수 없었던 것이다. 留鎭唐軍이 살 길은 籠城固守 이외에는 방법이 없었다.

실상 당의 조정에서는 웅진도독부의 존립에 큰 관심을 보이지 않았다. 웅진도독 왕문도가 660년 9월 28일 웅진도독에 부임도 하지 못한 채 삼년산성에서 급서했음에도 불구하고 새로운 웅진도독을 파견하지도 않았다. 661년에 가서야 웅진도독도 아니고 고구려 정벌에서의 실수로 白衣從軍하게 된 劉仁軌를 檢校帶方州刺史라는 임시직함을 주어 원군도 없이 백제에 파견한 것이 전부였다. 사비성의 留鎭郞將인 劉仁願이 웅진도독의 역할을 수행하였을 수도 있지만 결코 유인원이 웅진도독으로 임명된 것도 아니었다.[80] 유인원

---

80) 백제 멸망 직후에 당은 百濟都護府를 泗沘城에 두고 劉仁願으로 하여금 都護를

이 웅진도독으로 임명된 깃은 662년 7월에 가서였다.[81] 당시 당은 백제고토를 지배할 여력이 없었고, 의지도 부족했던 것이다. 오로지 당의 관심은 고구려원정에 있었다. 이러한 사실은 다음의 사료를 통해 살펴볼 수 있다.

K-① 左驍衛大將軍契苾何力爲浿江道行軍大摠管 蘇定方爲遼東道行軍大摠管 左驍衛將軍劉伯英爲平壤道行軍大摠管 以伐高麗(『新唐書』 권3 本紀 제3 高宗 顯慶 5년 12월 壬午).

② 鴻臚卿蕭嗣業爲扶餘道行軍摠管 以伐高麗(『新唐書』 권3 本紀 제3 高宗 龍朔 元年 正月 戊午).

③ 任雅相爲浿江道行軍摠管 契苾何力爲遼東道行軍摠管 蘇定方爲平壤道行軍摠管 蕭嗣業爲扶餘道行軍摠管 右驍衛將軍程名振爲鏤方道行軍摠管 左驍衛將軍龐孝泰爲沃沮道行軍摠管 牽三十五軍 以伐高麗(『新唐書』 권3 本紀 제3 高宗 龍朔 元年 4월 庚辰).

④ 蘇定方及高麗戰于浿江 敗之(『新唐書』 권3 本紀 제3 高宗 龍朔 元年 8월 甲戌).

⑤ 甲戌 任雅相薨 戊寅 龐孝泰及高麗戰于蛇水 死之(『新唐書』 권3 本紀 제3 高宗 龍朔 2년 2월).

위 사료를 보면 백제 원정을 마친 당군이 바로 고구려 정벌에

삼았을 가능성이 있다는 주장도 제기되었다(方香淑, 「百濟故土에 대한 唐의 支配體制」, 『李基白先生古稀紀念 韓國史學論叢(上)』, 1994). 劉仁願에 대하여 都護라고 기록된 當代의 금석문인 「唐劉仁願紀功碑」의 기록이나, 府城 등의 기록 등을 살펴보면 백제도호부의 설치 가능성은 충분하다고 본다. 다만 百濟都護府의 존재를 확인하기가 쉽지 않다. 그러나, 고구려 멸망 후 당이 고구려에 9도독부를 설치한 것과 동시에 이를 총괄하는 安東都護府를 설치하였던 것(『新唐書』 권43 志 제33 下 地理7 下 羈縻州 河北道)에 비추어 보면 그 가능성은 더욱 높아진다. 千寬宇도 백제 멸망 후 당의 軍政官으로 扶餘의 총사령관에 劉仁願, 熊津都督에 王文度가 임명되었다고 하여 都護府에 대하여 직접 언급하지는 않았지만 도독부 위의 통치기구로서 도호부를 상정한 것과 유사한 주장을 하였다(千寬宇, 「馬韓諸國의 位置試論」, 『東洋學』 9, 1979, p.218).

81) 熊津都督劉仁願與帶方州刺史劉仁軌 大破百濟於熊津之東 拔眞峴城(『資治通鑑』 권200 唐紀16 高宗 龍朔 2년 7월).

나서게 된 것을 알 수 있다. 소정방이 거느린 당군은 660년 9월 3일
에 백제에서 철군한 후, 660년 11월에 당의 東都인 洛陽의 則天門
에서 의자왕 등 백제포로를 高宗에게 바쳤다.[82] 그런데 소정방은
당으로 개선한 후 쉴 틈도 없이 바로 고구려 정벌에 나서게 된다.
당은 660년 12월에 契苾何力, 蘇定方, 劉伯英 등으로 하여금 고구려
원정에 나서게 하였다. 백제에서 돌아오자마자 고구려 원정에 나선
당군은 661년 정월과 4월에도 계속해서 고구려 원정군을 보내 고구
려 정벌의지를 불태우고 있다. 당은 고구려 정벌에 국력을 다 기울
였고 高宗이 親征에 나서려고 할 정도로 적극적이었다.[83] 그럼에도
불구하고 고구려 원정은 매번 큰 성과가 없이 끝났다. 결국 당은
662년 2월 병부상서 任雅相이 戰場에서 죽고,[84] 沃沮道行軍摠管 龐
孝泰가 蛇水戰에서 13명의 아들과 함께 전사하는 참패를 당한[85] 후
에야 비로소 고구려 원정을 그만두게 되었다.

이처럼 당의 국력을 기울인 고구려 원정은 백제 고지의 留鎭唐
軍을 돌 볼 여력이 없게 만들었다. 오히려 고립무원상태의 留鎭唐
軍이 고구려 원정에 동원되는 지경이었다. 이와 같은 상황은 다음
사료를 통해 살펴볼 수 있다.

> 唐高宗皇帝遣將蘇定方等征高句麗 入唐宿衛金仁問 受命來告兵期 兼諭出兵
> 會伐 於是文武大王率庚信仁問文訓等 發大兵向高句麗 行次南川州 鎭守劉仁願
> 以所領兵 自泗沘泛船 至鞋浦下陸 亦營於南川州(『三國史記』 列傳 金庾信 中
> 龍朔 元年 6월).

---

82) 『舊唐書』 권4 本紀 제4 高宗 5년 11월.
83) 『三國史記』 高句麗本紀 寶藏王 20년 春正月.
84) 甲戌 司戎太常伯 浿江道摠管 樂安縣公任雅相卒於軍(『舊唐書』 권4 本紀 제4 高
    宗 龍朔 2년 2월).
85) 左驍衛將軍白州刺史沃沮道摠管龐孝泰 與蓋蘇文戰於蛇水之上 擧軍沒 與其子十
    三人皆戰死(『三國史記』 高句麗本紀 寶藏王 21년 春正月).

위 사료를 보면 소정방의 고구려 원정에 시비성을 진수히고 있던 유인원도 사비성을 나와 고구려 정벌에 참여하고 있음을 알 수 있다. 즉 661년 6월에 사비성의 留鎮唐軍은 高宗의 칙명으로 신라군과 함께 고구려 원정에 징발되었던 것이다. 이때는 백의종군한 帶方州 刺史 劉仁軌가 熊津江口 전투의 승리로 부흥운동군에게 포위되어 위기에 처해 있던 사비성의 留鎮唐軍을 겨우 구원하였던 때였다. 또한 사비성의 유진당군을 구원하러 나섰던 신라군은 두량윤성 전투에서 부흥운동군에게 대패한 뒤였다. 이런 상황에서 사비성의 留鎮唐軍이 고구려 원정에 참여한다는 것은 거의 불가능한 일이었다. 그러나 劉仁願은 고종의 칙명을 어길 수 없어 고구려원정에 나선 蘇定方의 唐軍을 지원하기 위해 사비성을 나설 수밖에 없었던 것이다.

유인원이 거느린 留鎮唐軍은 단독으로 고구려로 출병하지 않았다. 더구나 1만 명의 留鎮唐軍이 泗沘城과 熊津城을 모두 버리고 출병할 수는 없는 상황이었으므로 일부만을 거느리고 출병할 수밖에 없었을 것이다. 때문에 유인원이 거느리고 출병한 병력의 수는 그리 많지는 않았을 것이다. 그러므로 역시 고구려 정벌에 억지로 동원된 신라군과 합군할 수밖에 없었다. 유인원의 당군은 신라군과 南川州에서 합군하기로 하고 사비성을 나왔다. 그러나 적은 병력으로써 기세가 올라있는 막강한 부흥운동군 사이를 뚫고 육로로 남천주까지 간다는 것은 매우 어려운 일이었다. 그리하여 당군은 사비에서 배를 타고 수로로 이동할 수밖에 없었을 것이다. 鞋浦를 거쳐 남천주에 이른 당군은 신라군과 합군하기는 하였으나, 고구려 원정에 나선 소정방의 당 본군을 실제로 지원하지는 못하였다.

유인원의 留鎮唐軍이 신라군과 합군한 것도 사실상 상징적인 의미만을 가지는 것이지 실질적으로 전력에 보탬을 주지는 못했을 것이다. 이는 사비성을 고수하기도 쉽지 않은 상황에서 고구려 원정에 나선다는 것 자체가 매우 어려운 일이었을 것이기 때문이다. 유인원의 출병은 단지 신라군을 독려하는 차원에서의 출병이었다고 볼 수 있는 것이다.

당이 부흥운동군 진압에 적극적으로 나서지 못한 까닭은 근본적으로 백제유민들의 왕성한 부흥활동에 따른 것이기는 하나 당의 내부적인 문제도 있었다. 이는 앞서 살펴본 바와 같이 고구려 원정에 주력을 한 것과 함께 변방 이민족의 침입 위험이 상존해 있었기 때문이다. 당의 입장에서 고구려 원정은 그치면 되었지만 吐蕃과 西突厥, 鐵勒, 龜玆, 回紇 등 北方과 西域 諸異民族의 군사적 위협은 피할 수가 없는 것이었다.

이때 당은 수시로 침입하는 北方과 西域 諸異民族에 대한 대책 마련이 더 급한 문제였다. 본국과 국경을 직접 접하지 않는 백제고지에서 일어난 부흥운동보다는 국경을 맞대고 있는 이민족의 침입에 당은 더 민감할 수 밖에 없었던 것이다. 그러므로 백제고지의 웅진도독부와 부흥운동 진압에 대해서는 상대적으로 소홀히 할 수 밖에 없었고, 웅진도독부에 군사지원을 한다는 것은 불가능할 수밖에 없었다.[86] 西域과 北方 異民族의 침입과 당의 대응을 정리하면 <표 2>와 같다.

당이 웅진도독부에 원군을 보내기로 한 것은 662년 7월이 되어서였다. 이때는 당의 고구려 정벌이 실패로 돌아간 후였다. 당은 右威衛將軍 孫仁師를 熊津道行軍總管으로 삼아 7천의 원병을 보내 웅진도독부의 당군을 구원하고 부흥운동군을 토벌하도록 하였다.[87]

신라 역시 留鎭唐軍을 적극적으로 지원할 처지가 아니었다. 661년 3월 豆良尹城에서 부흥운동군에게 참패를 당한 후에는 부흥운동

---

86) 申瀅植,「三國統一前後 新羅의 對外關係」,『新羅文化』2, 1985, p.17.
87) 右威衛將軍孫仁師爲熊津道行軍總管 以伐百濟(『新唐書』권3 本紀 제3 高宗 龍朔 2년 7월).

표 2. 百濟復興運動期 唐과 異民族間의 鬪爭

年月	事件 內容	相對 異民族	典 據
661년 3월	鄭仁泰가 天山에서 鐵勒을 물리침.	鐵勒	『資治通鑑』 권200 唐紀16 高宗 龍朔 元年.
	鐵勒道按撫大使 契苾何力이 鐵勒九姓을 토벌함.	鐵勒	
661년 10월	回紇이 변경을 침범함.	回紇	
	鐵勒道行軍大摠管 鄭仁泰가 鐵勒을 토벌함.	鐵勒	
662년 12월	西突厥이 庭州를 침범함.	西突厥	『資治通鑑』 권201 唐紀17 高宗 龍朔 2년.
	左武衛將軍 鄭仁泰가 鐵勒을 토벌하여 평정함.	鐵勒	
	覽海道摠管 蘇海政이 龜玆를 토벌함.	龜玆	
	吐蕃이 龜玆에 와서 唐軍과 交戰함.	吐蕃	
663년 1월	左武衛將軍 鄭仁泰가 鐵勒의 殘黨을 토벌하여 평정함.	鐵勒	『舊唐書』 권4 本紀 제4 高宗 龍朔 3년.
663년 5월	凉州都督 鄭仁泰를 靑海道行軍大摠管으로 삼아 凉州와 鄯州에 駐屯하여 吐蕃의 침입에 대비하도록 함.	吐蕃	『資治通鑑』 권201 唐紀16 高宗 龍朔 3년.
663년 6월	鄭仁泰가 吐谷渾에 침범한 吐蕃을 토벌함.	吐蕃	『新唐書』 권3 本紀 제3 高宗 龍朔 3년.

군과의 전투를 기피할 정도였다. 여기에 신라 내부에 역병이 돌고 있어 병마를 징발하기가 쉽지 않았다. 그리고 신라의 정예병력이 부흥운동군을 진압하느라 백제 고지에 출병한 틈을 타서[88] 고구려가 신라 북변의 述川城과 北漢山城을 잇따라 공격해 오는 등[89] 어

---

88) 高句麗鞨鞨謂新羅銳兵皆在百濟 內虛可擣(『三國史記』 列傳 金庾信 中).
89) 高句麗將軍惱音信與鞨鞨將軍生偕 合軍 來攻述川城 不克 移攻北漢山城(『三國史記』 新羅本紀 太宗武烈王 8년 5월).

려운 상황이었다.[90)

신라 국내의 정치상황도 매우 어려웠다. 661년 6월에 太宗武烈
王이 죽고 文武王이 즉위하였다. 새로이 즉위한 문무왕은 金庾信
등의 세력을 토대로 왕위에 오르기는 하였으나 지지기반의 확립과
왕권강화를 위한 시간이 필요하였다.[91) 660년 백제를 멸망시키기
위해 출정한 이후 신라군은 거의 일 년 동안이나 쉴 틈도 없이 부
흥운동군 및 고구려군과 전투를 계속한 상태여서 지칠대로 지쳐있
었다. 그럼에도 불구하고 신라는 당의 고구려 원정에 군대를 징발
하지 않을 수 없었다. 새로이 즉위한 문무왕은 왕권의 확립이라는
당면 과제를 안고 있었음에도 불구하고 고구려로 출병하여야만 했
다.[92) 더구나 고구려가 부흥운동군을 지원하고 있는 이상 신라는
고구려에 대해 어떠한 조치라도 취해야만 했다. 신라로서는 어려운
사정에도 불구하고 당군의 고구려 원정에 거의 반강제로라도 참여
할 수밖에 없었던 것이다.[93) 신라의 문무왕은 즉위하자마자 태종무
열왕의 장례만 겨우 치른 채 당의 요구에 응해야만 했다. 다음 사
료는 당이 고구려 원정에 신라의 참여를 요청한 기록이다.

入唐宿衛仁問儒敦等至 告王 皇帝已遣蘇定方 領水陸三十五道兵 伐高句麗
遂命王擧兵相應 雖在服 重違皇帝勅命(『三國史記』 新羅本紀 文武王 元年 6
월).

위 사료를 보면 당은 백제를 멸망시킨 후 귀환한 蘇定方을 따라
入唐 宿衛하던 문무왕의 동생 金仁問과 儒敦 등을 귀국시켜 당의

---

90) 고구려군은 660년 10월에도 신라의 七重城을 공격하였었다(『三國史記』 列傳 匹
夫).
91) 金壽泰, 「文武王」, 『韓國史市民講座』 13, 1993, p.17.
92) 拜根興, 「新羅 文武王代의 對唐外交」, 『新羅文化』 16, 1999.
93) 申瀅植, 「武烈王系의 成立과 活動」, 『韓國古代史의 新研究』, 1984, p.121.

고구려 원정에 신라가 침여힐 것을 종용하고 있다.94) 이에 당은 고
구려원정에 신라군도 상응하여 출병할 것을 요구하였던 것이다. 신
라의 문무왕은 비록 喪中이었으나 당의 요구를 거절할 수 없었다.
백제를 멸망시킨 당과 신라는 서로 군사적인 동맹관계에 있었다.
당은 본래 백제를 정벌한 후 고구려 원정에 나설 계획이었고, 이를
실행하면서 신라에게 군사징발을 요구한 것은 너무도 당연한 것이
었다. 이러한 요구는 신라에서 태종무열왕이 죽고 문무왕이 새로
즉위한 것과는 상관없이 이루어진 것이었다. 당에서 태종무열왕이
죽은 것을 안 것은 그 후였다.95) 당의 고종은 宿衛하던 金仁問을
불러

　　朕이 이미 백제를 멸망시켜 너희 나라의 근심을 없앴다. 지금 고구려가
　　險固함을 믿고 濊貊과 더불어 악한 짓을 함께하여 事大의 禮를 어기고, 善隣
　　의 義를 저버리고 있다. 朕이 군사를 보내어 치려 하니, 너도 돌아가 국왕에
　　게 고하여, 군사를 내어 함께 쳐서 망해가는 오랑캐를 섬멸하게 하라

라고 말하며96) 신라의 출병을 요구하였다. 당의 출병요구는 백제
정벌에 당이 군사를 파견한 대가로 신라도 고구려 정벌에 군사를
파견할 것을 요구한 것이었다. 신라로서는 누대의 원수이던 백제를
멸망시킬 수 있도록 13만 대군을 보냈던 당의 요구를 거절할 수도
거절할 명분도 없었을 것이다.
　　신라에서는 金仁問 등이 귀국하여 당 高宗의 勅命을 전하자 문

---

94) 申瀅植,「新羅의 宿衛外交」,『韓國古代史의 新硏究』, 1984, p.363.
95) 당 高宗이 신라의 太宗武烈王 金春秋가 죽은 것을 안 것은 661년 9월의 일이었
　　다. 당 고종은 661년 9월에 김춘추의 사망 소식을 듣고, 金法敏을 新羅王으로
　　책봉하는 한편 신라에 弔慰使節을 파견하였다(『資治通鑑』권200 唐紀16 高宗
　　龍朔 元年 9월 癸巳朔).
96)『三國史記』列傳 金仁問.

무왕은 즉시 고구려로 출병할 준비를 하였다. 당은 이미 浿江道行軍摠管에 兵部尙書 任雅相, 遼東道行軍摠管에 契苾何力, 平壤道行軍摠管에 蘇定方, 扶餘道行軍摠管에 蕭嗣業, 鏤方道行軍摠管에 程名振, 沃沮道行軍摠管에 龐孝泰 등 35軍이 고구려 정벌에 나선 후였다.

신라의 文武王은 661년 7월 17일 金庾信을 大將軍, 仁問, 眞珠, 欽突을 大幢將軍, 天存, 竹旨, 天品을 貴幢將軍, 品日, 忠常, 義服을 上州摠管, 眞欽, 衆臣, 自簡을 下州摠管, 軍官, 藪世, 高純을 南川州摠管, 述實, 達官, 文穎을 首若州摠管, 文訓, 眞純을 河西州摠管, 眞福을 誓幢摠管, 義光을 郎幢摠管, 蔚知를 罽衿大監으로 임명하였다.97) 문무왕이 편성한 고구려 정벌군은 660년의 백제정벌군 못지 않은 진용을 갖추었고, 백제에서 투항한 忠常과 自簡 등도 포함되었다.

당의 요구에 의해 출정한 신라의 고구려정벌군의 편성을 정리하면 <표 3>과 같다. 661년 8월 文武王은 喪中임에도 불구하고 고구려 원정군을 직접 이끌고 출정하였다. 그러나 신라군은 진군 도중에 甕山城에서 부흥운동군에게 저지를 당하여 661년 9월 27일에야 겨우 甕山城을 함락시킬 수 있었다. 신라군이 부흥운동군의 저지로 지체하는 사이에 당군은 이미 8월에 蘇定方이 浿江에서 고구려군을 깨뜨리고 馬邑山을 탈취하고 平壤城을 포위한 뒤였다.98)

97) 『三國史記』 新羅本紀 文武王 元年.
98) 『三國史記』 高句麗本紀 寶臧王 20년 8월.

표 3. 661년 新羅의 高句麗征伐軍 編成

部隊編成	將 軍	備考
大將軍	金庾信	
大幢將軍	金仁問, 金眞珠, 金欽突	
貴幢將軍	天存, 竹旨, 天品	
上州摠管	金品日, 忠常, 義服	백제인 扶餘忠常
下州摠管	眞欽, 衆臣, 自簡	백제인 自簡
南川州摠管	金軍官, 藪世, 高純	
首若州摠管	述實, 達官, 金文穎	
河西州摠管	文訓, 眞純	
誓幢摠管	眞福	
郎幢摠管	義光	
罽衿大監	蔚知	

契苾何力도 압록강에서 고구려의 南生이 거느린 精兵과 대치하고 있었고 강에 얼음이 얼자 압록강을 건너 고구려군을 대파하였다.[99] 그러나 평양성을 포위한 蘇定方의 당군은 원정에 나선지 오래된지라 軍糧이 부족하여 위험한 지경이었다.[100] 소정방의 당군은 신라에 含資道摠管 劉德敏을 보내 평양으로 군량을 수송할 것을 요구하였다.[101] 문무왕은 이에 662년 정월에 金庾信, 金仁問, 良圖 등 9장군에게 2천여 대의 수레에 쌀 4천 석과 조 2만 2천여 석을 싣고 평양으로 가도록 하였다. 신라군은 평양으로 가는 행로 중에 風雪

---

99) 『三國史記』高句麗本紀 寶藏王 20년 9월.

100) 定方之言曰 我受命 萬里涉滄海而討賊 艤舟海岸 旣踰月矣 大王軍士不至 糧道不繼 其危殆甚矣 王其圖之(『三國史記』列傳 金庾信 中).

101) 劉德敏이 온 시기에 대해서는 『三國史記』文武王 11년 答薛仁貴書에는 661년 6월로, 文武王 元年에는 661년 10월로 기록되어 있다. 그런데 당의 고구려 원정과 이에 대한 신라의 대응관계 기록을 검토해 보면 文武王 元年의 기록이 보다 정확하다. 그러므로 본고에서는 劉德敏이 신라에 온 시기를 661년 10월로 본다.

과 寒波로 人馬가 凍死하고 고구려군을 만나 死鬪를 벌이는 등 악
전고투 끝에 간신히 662년 2월 6일에 蘇定方의 唐軍에게 軍糧을 보
낼 수 있었다. 그러나 소정방은 군량을 얻자마자 바로 당으로 철군
하였다.[102]

신라군은 고구려 원정에 나서서 단지 당군의 군량을 운반하는데
그쳤지만 661년 7월부터 662년 2월까지 무려 8개월 동안이나 당군
의 고구려 원정을 지원하기 위하여 대군을 출병할 수밖에 없었다.
당의 고구려 원정군을 지원하기 위해 출병한 신라군의 고초는 군량
을 수송하는 과정뿐 만이 아니라 귀환하는 과정에서도 추위와 굶주
림에 시달려 동상에 걸리고 얼어 죽은 자가 헤아릴 수 없이 많았
다.[103] 신라가 이와 같은 상황에서 웅진도독부의 留鎭唐軍에게 구
원병을 보낸다는 것은 무리였다.

(2) 熊津道의 遮斷과 唐軍의 孤立

웅진도독부의 留鎭唐軍에게는 병력을 증원받는 것보다 더 급한
문제가 있었다. 부흥운동군의 공격으로 사방이 포위된 留鎭唐軍에
게 가장 중요한 것은 보급로의 확보였다. 즉 신라로부터 군량과 군
수물자를 조달받는 것이 급선무였던 것이다. 웅진도독부와 신라와
의 보급로인 熊津道가 부흥운동군에게 차단된 상태에서[104] 留鎭唐
軍은 군량과 군수물자의 조달에 어려움을 겪고 있었다. 661년 3월
유인궤가 거느린 당군과 신라군이 도침의 부흥운동군을 웅진강구

---

102) 『三國史記』 新羅本紀 文武王 元年 및 2년과 金庾信 列傳에 이 당시의 상황이
　　 자세히 기록되어 있다.
103) 『三國史記』 新羅本紀 文武王 11년 答薛仁貴書.
104) 웅진도독부의 留鎭唐軍에 대한 보급로인 熊津道에 대해서는 沈正輔「百濟復興
　　 軍의 熊津道에 關한 研究」,『大田開放大論文集』3, 1985 ; 「三國史記 文武王答
　　 書에 나타나는 熊津道에 대하여」,『黃山李興鍾博士華甲紀念 史學論叢』, 1997)
　　 의 연구 성과를 참고할 수 있다.

전투에서 격파한 후 일시적으로 府城의 포위가 풀렸었나. 그러나 신라군이 부흥운동군의 거점인 豆良尹城을 공격하다가 대패하고 돌아가자 福信이 거느린 부흥운동군은 다시 부성을 포위하게 되었고 留鎭唐軍은 고립될 수밖에 없었다. 다음 기록은 당시의 상황을 구체적으로 보여준다.

福信乘勝 復圍府城 因卽熊津道斷 絶於鹽豉 卽募健兒 偸道送鹽 救其逼困 至六月 先王薨 送葬纔訖 喪服未除 不能應赴 勅旨發兵北歸 含資道摠摠管劉德敏等至 奉勅 遣新羅 供運平壤軍粮 此時 熊津使人來 具陳府城孤危 劉摠管與某平章 自云 若先送平壤軍粮 卽恐熊津道斷 熊津若其道斷 留鎭漢兵 卽入賊手 劉摠管遂共某相隨 先打瓮山城 旣拔甕山 仍於熊峴造城 開通熊津道路 至十二月 熊津粮盡 先運熊津 恐違勅旨 若送平壤 卽恐熊津絶粮 所以 差遣老弱 運送熊津 强健精兵 擬向平壤 熊津送粮 路上逢雪 人馬死盡 百不一歸 熊津府城 頻索種子 前後所送 數萬餘斛 南運熊津 北供平壤 蕞小新羅 分供兩所 人力疲極牛馬死盡 田作失時 年穀不熟 所貯倉粮 遭運竝盡 新羅百姓草根 猶自不足 熊津漢兵 粮食有餘 又留鎭漢兵 離家日久 衣裳破壞 身無全褐 新羅勸課百姓 送給時服 都護劉仁願 遠鎭孤城 四面皆賊 恒被百濟侵圍 常蒙新羅解救 一萬漢兵四年衣食新羅 仁願已下 兵士已上 皮骨雖生漢地 血肉俱是新羅 國家恩澤 雖復無涯 新羅效忠 亦足矜憫(『三國史記』 文武王 11년 答薛仁貴書).

위 기록은 부흥운동군의 공세로 인해 留鎭唐軍이 겪어야만 했던 고초와 신라군의 역할을 기록한 答薛仁貴書의 내용이다. 이에 의하면 留鎭唐軍의 처지가 매우 곤핍하였음을 살펴볼 수 있다. 즉 福信이 거느린 부흥운동군이 부성을 포위하고 留鎭唐軍의 보급로인 熊津道가 끊어지자 당군은 소금과 된장마저 부족하게 된 것을 알 수 있다. 소금(鹽)과 된장(豉)은 현재도 마찬가지이지만 식생활의 필수요소이다. 留鎭唐軍에게 소금과 된장마저 보급이 원활하지 않았다는 것은 留鎭唐軍이 음식을 제대로 먹지 못하였다는 것을 의미한다. 이는 군량의 부족에 따른 留鎭唐軍의 고통이 매우 컸음을 짐작할 수 있다. 웅진도독부의 留鎭唐兵은 신라군에게 구원을 요청하였고, 신라는 샛길로 군량과 군수를 보내어 그 곤핍함을 구원하였다고 전하고 있다. 부흥운동군이 熊津道를 차단하자 샛길로나마 留鎭唐軍에게 군량과 군수를 보냈다는 것은 부흥운동군의 성세와 더불어 고립된 留鎭唐軍의 처지가 얼마나 절박했었는지를 엿볼 수 있다. 留鎭唐軍의 곤핍은 여기에서 그치지 않았다.

太宗武烈王이 죽고 새로이 즉위한 文武王은 겨우 장례만을 치른 채 喪中임에도 불구하고 당의 고구려 원정에 상응하여야만 하였다. 당의 含資道摠管 劉德敏은 신라군이 평양으로 진격한 당의 蘇定方軍에게 군량을 보낼 것을 요구하였다. 이때 웅진도독부에서도 신라에 사신을 보내 웅진도독부가 고립되어 위험함을 얘기하였다. 이에 문무왕은 劉德敏과 상의하여 웅진도독부의 留鎭唐軍이 부흥운동군에게 포위되어 고립된 채로 있어 위험하므로 우선 웅진도를 차단하고 있는 부흥운동군이 주둔한 瓮山城을 攻破하고 熊峴에 城을 쌓아 熊津道를 開通했던 것이다.[105]

661년 9월에 개통한 웅진도는 다시 부흥운동군에게 차단되었다. 661년 9월 웅진도 개통은 일시적인 것에 불과했던 것이다. 다시 웅진도를 차단당한 웅진도독부의 留鎭唐軍은 보급로가 끊겨 제대로 보급을 받을 수 없는 상황이 되었으며, 661년 12월에 들어서는 軍糧이 거의 다 떨어졌다. 이 때 신라는 평양성을 포위하고 있던 蘇定方의 고구려 원정군과 웅진도독부의 留鎭唐軍에게 모두 군량을 보내야만 하였다. 그러나 熊津都督府의 유진당군에게 먼저 군량을 보내자니 평양의 소정방군에게 군량을 보내라는 勅旨를 어기고 기

---

105) 『三國史記』 新羅本紀 文武王 元年 9月에는 당의 고구려 원정군에 호응하기 위해 출병한 신라군을 부흥운동군이 瓮山城에서 가로막자 金庾信 등 신라군이 이를 공파하고 부근의 雨述城도 함락한 것으로 기록되어 있다.

일을 맞추지 못할 것 같고, 평양의 소정방군에게만 군량을 보내자니 웅진도독부의 留鎭唐軍이 군량이 떨어질 것이 두려워 어찌할 바를 몰랐다. 그러다가 생각해낸 방법이 평양의 소정방군에게는 强健한 정병으로 하여금 군량을 보내고, 웅진도독부의 留鎭唐軍에게는 老弱者를 보내어 군량을 운송하기로 하였다.

그런데 熊津都督府로 군량을 보낸 老弱者들이 路上에서 눈을 만나 人馬가 모두 죽어 百에 하나도 돌아오지 못하고 말았다. 이것은 부흥운동군의 활동으로 말미암아 웅진도가 다시 차단된 상태에서 웅진도독부에 군량을 가지고 간 신라군이 샛길로 가다가 눈을 만나 고생을 하기도 했지만, 부흥운동군을 만나 거의 전멸을 당했을 가능성이 더 크다고 할 수 있다.106) 웅진도가 부흥운동군에게 다시 차단되었기 때문에 웅진도독부의 留鎭唐軍은 다시 고립되어 웅진도가 다시 개통될 때를 기다릴 수밖에 없었고, 신라는 웅진도독부의 留鎭唐軍에게 보급품을 보내기 위해 악전고투할 수밖에 없었던 것이다.

신라군이 평양의 소정방군에게 군량을 운송하고 돌아온 것은 662년 2월이었다.107) 그런데 웅진도독부에서는 신라군이 돌아온 지 한달도 못되어 자주 군량미를 보낼 것을 요구하니 前後 보낸 것이 수만 여 곡이나 되었다. 신라는 평양에 원정 온 당군과 웅진도독부의 留鎭唐軍에게 모두 군량미를 보내는 고역을 계속하여 담당하였다.

신라는 당군에 군량을 운반하느라 인력이 피폐해지고 농사에 쓸 牛馬가 다 죽어 없어져 농사를 제대로 지을 수도 없었고, 거기에

---

106) 沈正輔,「三國史記 文武王答書에 나타나는 熊津道에 대하여」,『黃山李興鍾博士華甲紀念 史學論叢』, 1997, p.33.
107)『三國史記』新羅本紀 文武王 2년 2월.

흉년까지 드니 백성들은 풀뿌리로 연명해야 할 정도로 생활은 궁핍해졌다. 그럼에도 불구하고 웅진도독부의 留鎭唐軍은 신라가 보급해준 식량과 의복으로 그나마 넉넉히 지낼 수 있었다. 게다가 熊津都督府의 劉仁願은 사방에서 부흥운동군에 포위되어 농성을 할 때마다 늘 신라군의 구원으로 포위를 풀 수 있었다. 1만의 漢兵 즉 留鎭唐軍은 4년 동안 신라가 먹이고 입히고 살려냈으니, 劉仁願 이하 모든 留鎭唐軍이 皮骨은 모두 중국에서 태어났으나 피와 살은 모두 신라의 것이라고 말할 정도로 留鎭唐軍은 군량과 군수품들을 전적으로 신라의 보급에 의존하였다.

이렇듯 留鎭唐軍은 신라에 전적으로 군량과 군수를 의지하여 보급 받을 수밖에 없었다. 그 이유는 당이 비록 백제를 멸망시켰다고는 하지만 부흥운동군의 활발한 활동으로 留鎭唐軍이 백제고지에 대한 지배권을 전혀 행사할 수 없었던 때문이었다. 당은 비록 5도독부를 두고 백제고지를 통치하려고 하였지만 실질적으로는 백제 도성이었던 사비성과 웅진성만을 겨우 점령한 채로 부흥운동군의 활발한 활동에 막혀 신라에 기대어 籠城固守하는 신세에 불과했던 것이다. 부흥운동군에게 매번 포위당하여 신라군의 구원만을 기다리던 留鎭唐軍이 식량과 군수물자를 자체 조달한다는 것은 불가능했고 당으로부터의 보급도 전혀 이루어지지 않았던 것이다.

당의 高宗은 662년 2월 고구려 원정에 나섰던 당군이 철수하자 백제고지의 留鎭唐軍도 웅진도독부에서 나와 철군할 것을 명령하였다. 留鎭唐軍의 무기력한 상황을 당 조정 내부에서도 간파하였던 것이다. 다음의 『資治通鑑』의 기록은 저간의 상황을 잘 보여준다고 할 수 있다.

初仁願仁軌等屯熊津城 上與之勅書 以平壤軍回 一城不可獨固 宜拔就新羅

若金法敏藉卿留鎭 宜且停彼 若其不須 即宜泛海還也 將士咸欲西歸 仁軌曰 人
臣徇公家之利 有死無貳 豈得先念其事 主上欲滅高麗 故先誅百濟 留兵守之 制
其心腹 雖餘寇充斥 而守備甚嚴 宜礪兵秣馬 擊其不意 理無不克 旣捷之後 士
卒心安 然後分兵據險 開張形勢 飛表以聞 更求益兵 朝廷知其有成 必命將出師
聲援纔接 凶魁自殲 非直不弃成功 實亦永淸海表 今平壤之兵旣還 熊津又拔 即
百濟餘燼 不日更興 高麗逋寇 何時可滅 且今以一城之地 居敵中央 苟或動足
即爲擒虜 縱入新羅 亦爲羇客 脫不如意 悔不可追 況福信凶悖殘虐 君臣猜離
行相屠戮 正宜堅守觀變 乘便取之 不可動也 衆從之(『資治通鑑』 권200 唐紀
16 高宗 龍朔 2년 秋7월).

위 사료를 통해 살펴보면 당 고종은 熊津城[108]에 주둔하고 유진
당군에게 철수해도 좋다는 명령을 내렸던 것이다. 고구려 원정에
나섰던 당군이 이미 회군을 하였고, 留鎭唐軍으로는 一城[109]을 홀
로 固守하기 어려우니 마땅히 군사를 빼어 신라로 가서 金法敏이
留鎭을 허용한다면 그 곳에 머물고 그렇지 않다면 즉시 바다를 건
너 돌아오라고 명령하였다. 그리고 留鎭唐軍의 병사들도 모두 돌아
가기를 원했다.

그러나 유인궤는 다음과 같이 철군의 부당함을 고종에게 역설하
였다.

---

108) 熊津都督府의 留鎭唐軍이 언제 泗沘城에서 熊津城으로 옮겨왔는지에 대해서
는 정확한 기록이 없다. 그런데 『三國史記』 列傳 金庾信에 보면 661년 6월에
劉仁願이 泗沘에서 배를 타고 鞋浦로 가서 下陸하여 南川州에서 신라의 고구
려 원정군과 만나는 기사로 미루어 보면 661년 6월 이후의 일인 것 같다. 그
리고 『資治通鑑』 권200 唐紀16 高宗 龍朔 2년 2월 당 高宗의 칙서에 熊津城의
留鎭唐軍이 신라로 가든지 아니면 환국해도 좋다고 한 것을 보면, 662년 2월
에는 留鎭唐軍이 熊津城으로 이미 옮겨 온 것을 알 수 있다. 그러므로 留鎭唐
軍이 泗沘城에서 熊津城으로 옮겨 온 것은 661년 6월에서 662년 2월 사이의
어느 때라고 볼 수 있다.
109) 留鎭唐軍이 泗沘城을 포기하고 熊津城으로 옮긴 것으로 보인다. 이는 664년 3
월에 부흥운동군이 泗沘山城에서 熊津都督에게 攻破당한 기록을 통해 확인할
수 있다(『三國史記』 新羅本紀 文武王 4년 3월).

주상께서 고려를 멸하고자 먼저 백제를 치고 병사를 머물게 하여 지키고 그 心腹을 제압하고자 하였습니다. 비록 나머지 적들(부흥운동군)이 充斥하고 수비가 매우 엄중하나, 마땅히 병장기를 잘 손질하고 말을 잘 먹인 뒤 불의에 공격하면 이기지 못할 이유가 없습니다, 그리고 군병을 나누어 험한 곳에 웅거하여 형세를 넓히고 구원병이 온다면 흉악한 괴수들이 스스로 멸망할 것입니다. 지금 평양의 군병이 이미 돌아가고 웅진을 또 빼앗긴다면 백제의 餘盡이 날로 일어날 것이니 고려의 도망친 적들을 언제 멸하겠습니까. 또한 지금 一城이 처한 지역이 적의 중앙에 있으니 진실로 혹 움직이다가는 포로가 될 것이요 신라에 들어간다 하더라도 재갈 물린 坐客이 될 것입니다. 벗어나려다가 뜻과 같이 되지 않는다면 후회해도 소용이 없습니다. 하물며 福信은 凶悖하고 잔학하여 군신이 서로 시기하니 서로 도륙을 행할 것입니다. 마땅히 굳게 지키며 변화를 보다가 틈을 타서 그들을 취할 것이지 가히 움직일 것이 아닙니다.

이러한 劉仁軌의 귀환반대로 당군은 계속하여 웅진성에 주둔하는 것으로 결정되었다. 여기서 劉仁軌가 황제의 귀환명령을 어기고 계속해서 주둔할 것을 주장한 것은 아니었다. 당 고종이 칙명으로 留鎭唐軍이 꼭 귀환하라고 했던 것이 아니고, 신라에 가서 주둔하던지 아니면 당 본국으로 돌아와도 책임을 묻지 않겠다는 내용의 칙명이었기 때문이었을 것이다.

당 고종은 백제고지를 포기할 의사도 있었다고 보여진다. 만약 백제고지를 포기할 의도가 전혀 없었다면 웅진도독부의 留鎭唐軍을 철수시킬 까닭이 없기 때문이다. 그리고 웅진도독부의 留鎭唐軍을 무조건 철수시키고자 했던 것도 아니라는 것은 劉仁軌가 철수의 부당함을 說破하자 그의 말을 들어 留鎭唐軍이 계속 주둔하기로 결정한 것에서도 알 수 있다. 당 고종이 무조건 철수를 명령했다면 유인궤가 반론을 제기하고 철수의 부당함을 논할 여지도 없었을 것이다. 그 당시 황제의 명을 거역한다는 것은 반역이기 때문에 유인궤가 이를 무릅쓰고 철수를 반대했다고 보기 어렵다.

당군과 신라군이 부흥운동군을 웅진의 동쪽에서 대파하고 지라성과 윤성, 대산책과 사정책 등을 점령한 후, 다시 부흥운동군의 요충지인 진현성을 함락시킴으로써 웅진도가 개통되었다. 이때가 662년 7월로 보급품을 대느라 악전고투하던 신라와 부흥운동군에 포위된 채 농성고수하던 熊津城의 留鎭唐軍 사이의 보급로인 웅진도가 다시 개통된 것이었다.110) 유진당군은 거의 10개월 동안이나 부흥운동군에게 포위되어 있었다. 이는 661년 9월 고구려 원정 중에 웅산성과 우술성에서 부흥운동군을 격파함으로써 잠시 개통되었던 웅진도가 다시 개통된 것이고, 이로 인해 留鎭唐軍은 부흥운동군의 포위에서 벗어나 신라로부터 안정적으로 군량과 군수품을 보급 받을 수 있게 되었다.

3) 唐의 百濟故地 支配體制

당은 百濟故地에 熊津, 馬韓, 東明, 金連, 德安 등 5도독부를 두고 그 밑에 州縣을 두어 통치하려고 하였다. 그리고 도성인 사비성에는 郎將 劉仁願이 지키게 하고 웅진도독에는 王文度를 임명하였다. 웅진도독부를 제외한 나머지 도독부의 도독과 주현의 자사와 현령은 백제의 酋渠長을 발탁하였다. 특히 백제 멸망 당시의 기록인 扶餘 定林寺址 5층 석탑의 「大唐平百濟國碑銘」에 보면 백제를 5도독부 37주 250현으로 나누어 통치하려고 하였으며, 戶口의 편제도 마친 것으로 기록되어 있다. 그러나 당의 구상대로 百濟故地를

---

110) 二年 七月 仁願仁軌等 率留鎭之兵 大破福信餘衆於熊津之東 拔其支羅城及尹城 大山沙井等柵 殺獲甚衆 仍領分兵以鎭守之 福信等 以眞峴城臨江高險 又當衝要 加兵守之 仁軌引夜新羅之兵 乘夜薄城 四面攀堞而上 比明而入其城 斬首八百級 通新羅運糧之路(『舊唐書』 권199 列傳 제149 東夷 百濟國).

실제로 통치할 수 있었는가 하는 점은 의문이다.

　백제를 멸망시킨 후 당이 百濟故地를 어떻게 통치하려했는가 하는 점에 대해서는 다음의 기록을 살펴보면 알 수 있다.

L-① 國本有五部 三十七郡 二百城 七十六萬戶 至是 析置熊津 馬韓 東明 金漣 德安五都督部 各統州縣 擢渠長爲都督 刺史 縣令以理之(『三國史記』 百濟本紀 義慈王 20년).
　② 其國本有五部 三十七郡 二百城 七十六萬戶 至是 析置熊津 馬韓 東明 金漣 德安五都督部 各統州縣 擢渠長爲都督 刺史 縣令以理之 命郞將 劉仁願守都城 又左衛郞將王文度爲熊津都督 撫其餘衆(『三國遺事』 紀異 太宗春秋公).
　③ 其國舊分爲五部 統郡三十七 城二百 戶七十六萬 至是 乃以其地分置熊津 馬韓 東明 等 五都督府 各統州縣 立其酋渠爲都督刺史及縣令 命右衛郞將王文度爲熊津都督 總兵以鎭之(『舊唐書』 권199 列傳 제149 東夷 百濟國).
　④ 平其國 五都 三十七郡 二百城 七十六萬戶 乃析置 熊津 馬韓 東明 金漣 德安 五都督府 擢酋渠長治之 命郞將劉仁願 守百濟城 左衛郞將王文度爲熊津都督(『新唐書』 권220 列傳 제145 東夷 百濟).
　⑤ 置五都督卅七州二百五十縣 戶卄四萬 口六百卄萬 各齊編戶(大唐平百濟國碑銘).

　그런데 위 사료에서 보듯이 당이 5도독부 37주 250현으로 百濟故地를 편제하였다고 하는 것은 원래 백제의 지방제도인 5방과 37군 200성을 거의 그대로 반영한 것으로 새롭게 百濟故地에 대한 지배체제를 편제한 것이라고 볼 수는 없다. 그리고 웅진도독을 제외한 도독과 자사, 현령을 모두 백제의 酋渠長으로 임명한 것은 당의 일반적인 이민족 지배정책의 소산이었다.[111] 당이 새로이 정복한

---

111) 고구려 멸망 후에도 당은 고구려인으로 공이 있는 자들 중에서 도독, 자사, 현령으로 발탁하여 중국인들과 함께 고구려 고토를 다스리는데 참여하도록 하였다(『三國史記』 高句麗本紀 寶藏王 27년).

지역을 지배하기 위해 어떤 정책을 취했는지에 대해서는 다음의 사료를 통해 살펴볼 수 있다.

唐興 初未暇於四夷 自太宗平突厥 西北諸蕃及蠻夷稍稍內屬 卽其部落列置州縣 其大者爲都督府 以其首領爲都督刺史 皆得世襲(『新唐書』 권43 志 제33 地理7 羈縻州).

위 사료에 의하면 당은 건국 초기부터 주변의 이민족을 정복하였고, 太宗이 突厥과 西北지방의 諸蕃과 蠻夷들을 복속시킨 후 그 부락에는 州縣을 설치하였는데, 그 중 큰 곳은 都督府를 두었고 그 지역의 수령을 도독과 자사로 삼아 그 직을 세습토록 하였다는 것이다. 이는 당이 새로이 정복한 지역에 羈縻州를 설치하고 규모가 큰 곳은 都督府를 두고, 그 외에는 州縣을 두었는데, 그 곳의 首領을 도독과 자사로 임명하는 방식으로 점령지 지배정책을 폈다는 사실을 알려주는 것이다. 그러므로 당은 새로이 점령한 百濟故地에도 5도독부와 37주 250현을 두면서 웅진도독을 제외한 나머지 지역에는 백제인을 관리로 임명하였던 것이었다.

그러나 정복지인 백제의 지방지배조직을 그대로 계승했다는 것은 매우 이례적인 일이 아닐 수 없다. 고구려 멸망 후 5부 176성이던 고구려의 행정조직을 9도독부 42주 100현으로 개편하고 수도인 평양에는 安東都護府를 설치하여 통치하도록 한 것[112]과는 사뭇 대조적이다. 당이 백제의 지방지배체제를 그대로 유지하게 했던 것은 당이 百濟故地나 유민에 대한 태도가 고구려의 그것에 비해 다분히 회유적인 것이었으며, 이것은 고구려 정벌을 앞둔 상황에서 백제유민들의 반발을 최소화하려는 의도에서 나온 것일 수도 있다.[113] 그

---

112) 『三國史記』 高句麗本紀 寶臧王 27년.
113) 박윤선, 「渡日 百濟遺民의 活動」, 『淑明韓國史論』 2, 1996, pp.98~99.

러나 이것은 당이 百濟故地를 완전히 평정하지 못한 상태에서 명목상으로나마 지배체제를 편제한 결과일 뿐이었다.

결국 당이 百濟故地에 설치하려 한 5도독부 37주 250현은 백제의 지배체제를 그대로 계승한 것으로 실질적으로는 탁상의 계획이었다.[114] 더구나 백제 멸망 후 일어난 부흥운동군의 활동으로 5도독부체제는 유명무실해져 제대로 시행되지도 못하였던 것이다.[115]

당군은 百濟故地 全域에 직접 병력을 파견하거나 관리를 보내지 않고도 점령지 지배를 할 수 있을 것으로 판단했을 것이다. 그리하여 사실상 탁상의 계획에 그치고 말았지만 백제의 지방제도를 거의 그대로 답습한 채로 5도독부와 37주 250현으로 편제하였던 것이다. 의자왕이 나당연합군에게 항복할 때는 백제의 지방군장들이 항복하기도 했다. 『舊唐書』와 『三國史記』에 黑齒常之가 항복해 왔다던가[116] 예에 따라 降款을 보내왔다던가 하는 기사[117]를 보면, 의자왕이 항복하자 백제의 지방군장들도 따라서 항복했다는 사실을 알 수 있다. 이것은 당으로 하여금 地方郡長들을 이용한다면 쉽게 百濟故地를 통치할 수 있을 것이라는 오판을 하게 하였다.

그리하여 당은 백제의 지방통치체제를 답습한 상태에서 통치단위의 명칭만을 중국식으로 바꿔 方郡城을 5都督府 37州 250縣으로 편제하였고, 백제의 수도에 설치한 웅진도독부의 도독을 제외하고는 모두 백제의 옛 관료들로서 都督과 刺史, 縣令으로 임명하려고

---

114) 池內宏, 「百濟滅亡後の動亂及び唐・羅・日三國の關係」, 『滿鮮地理歷史研究報告』, 제14책, 1933 ; 『滿鮮鮮史研究』 上世第二冊, 1960, p.102
115) 千寬宇, 「馬韓諸國의 位置試論」, 『東洋學』 9, 1979, p.218.
   李道學, 「熊津都督府의 支配조직과 對日本政策」, 『白山學報』 34, 1987, pp.82~85.
   鄭載潤, 「新羅의 百濟故地 점령 정책」, 『國史館論叢』 98, 2002, p.132.
116) 蘇定方平百濟 常之以所部降(『三國史記』 列傳 黑齒常之).
117) 蘇定方討平百濟 常之率所部隨例送降款(『舊唐書』 권109 列傳 제59 黑齒常之).

하였던 것이다. 그러나 흑치상지의 예에서 보듯이 항복한 백제의 지방군장들이 부흥운동군에 합류하게 되자 당의 百濟故地에 대한 통치구상은 실현될 수 없었다. 그리고 초기에 당의 통치에 형식상이나마 편제되었던 지방군장들도 사세를 관망하다가 대부분 부흥운동군에 합류하게 되었고, 당은 百濟故地에 대한 실질적인 지배권을 전혀 행사할 수 없게 되었던 것이다.

백제의 지방제도를 그대로 답습하여 5방성에 당이 설치하려한 5도독부가 실제로 운영되지 않았음은 5도독부 즉 5방성의 위치비정을 통해서도 살필 수 있다. 백제 5방성에 대해서는 『周書』와 『翰苑』의 기록을 통해 살펴볼 수 있다.

> M-① 東西四百五十里 南北九百餘里 治固麻城 其外更有五方 中方曰古沙城 東方曰得安城 南方曰久知下城 西方曰刀先城 北方曰熊津城 (중략) 五方各有方領一人 以達率爲之 郡長三人 以德率爲之 方統兵一千二百人以下 七百人以上 城之內外民庶及餘小城 咸分隷焉(『周書』 권49 列傳 41 異域 上 百濟).
> ② 括地志曰 百濟王城 方一里半 北面累石爲之 (중략) 又國南二百六十里 有古沙城 城方百五十步 此其中方也 方繞兵千二百人 國東南百里 有得安城 城方一里 此其東方也 國南三百六十里 有卞城 城方一百三十步 此其南方也 國西三百五十里 有力光城 城方二百步 此其西方也 國東北六十里 有熊津城 一名固麻城 城方一里半 此其北方也 其諸方之城 皆憑山險爲之 亦有累石者 其兵多者千人 小者七八百人 城中戶多者至五百家 諸城左右亦各有小城 皆統諸方(『翰苑』 권30 蕃夷部 百濟).

5방성은 사비시대 이후 백제지방지배의 거점을 말하는 것으로 『周書』와 『翰苑』에 의하면 中方은 古沙城으로 國南 260리에 있고, 東方은 得安城으로 國東南 100리에 있고, 南方은 久知下城(卞城)으로 國南 360리에 있고, 西方은 刀先城(力光城)으로 國西 350리에 있고, 北方은 熊津城으로 國東北 60리에 있다고 기록되어 있다.

이와 같이 수도인 사비성을 중심으로 해서 방향과 거리 등이 비교적 구체적으로 기록된 5방성에 대해서는 백제지방통치연구에 매우 유용한 자료로 지속적인 연구가 있어 왔다. 5방성의 성립시기와 5방성의 구조와 위치 등에 대해서도 연구가 진행되어 왔다. 특히 5방성의 위치에 대해서는 문헌뿐만 아니라 성곽이나 고분과 같은 고고학적인 자료를 활용하여 연구한 결과[118] 일부 이견이 있기는 하지만 대개 그 위치가 밝혀졌다.

동방의 得安城[119]과 북방의 熊津城에 대하여는 대개 의견의 일치를 보고 있고, 중방의 古沙城에 대해서도 대체로 의견의 일치를 보고 있다. 그러나 서방의 刀先城(力光城)과 남방의 久知下城(卞城)에 대하여는 의견의 일치를 보지 못하고 있다. 그러나 서방의 刀先城에 대하여는 대개 충남의 서북부 일원으로 위치를 비정하는 데에는 동의하고 있다. 문제는 남방의 久知下城인데 이에 대해서는 전북의 남원과 전남 장성설이 우세한 가운데 전북 금구, 전남 구례, 광주설 등으로 의견이 엇갈리고 있다.[120] 지금까지 밝혀진 5방성의

---

118) 성곽과 고분군 등의 위치와 규모 등을 통해 方城의 구체적인 위치를 찾으려는 연구가 全榮來, 徐程錫 등에 의해 이루어졌다.

119) 德安城과 동일한 지명이다.

120) 今西龍, 「百濟五方五部考」, 『百濟史研究』, 1934.

池內宏, 「百濟滅亡後の動亂及び唐・羅・日三國の關係」, 『滿鮮地理歷史硏究報告』 제14책, 1933 ; 『滿鮮鮮史研究』 上世第二冊, 1960.

安在鴻, 「百濟史總考」, 『朝鮮上古史鑑』 下卷, 民友社, 1948.

末松保和, 『任那興亡史』, 1961.

李丙燾, 『國譯 三國史記』, 1977.

千寬宇, 「馬韓諸國의 位置試論」, 『東洋學』 9, 1979.

全榮來, 「百濟地方制度와 城郭」, 『百濟研究』 19, 1988.

전준현, 「백제의 5부 5방제에 대하여」, 『력사과학』 147, 1993.

朴賢淑, 「百濟 地方統治體制 研究」, 고려대학교 대학원 박사학위논문, 1996.

金英心, 「百濟 地方統治體制 研究」, 서울대학교 대학원 박사학위논문, 1997.

위치를 살펴보면 <표 4>와 같다.

표 4. 百濟 5方城의 位置에 대한 諸見解

구 분	中方 (古沙城)	東方 (得安城)	南方 (久知下城)	西方 (刀先城)	北方 (熊津城)
今西龍	전북 고부	충남 은진	전북 금구(?)	충남 서북단	충남 공주
池內宏	전북 고부	충남 은진	?	?	충남 공주
安在鴻	전북 고부	충남 은진	전남 장성	충남 홍성	충남 공주
末松保和	전북 고부	충남 은진	전남 구례(?)	?	충남 공주
李丙燾	전북 옥구	충남 은진	전남 장성	?	충남 공주
千寬宇	전북 고부	충남 은진	전북 금구	예산 대흥(?)	충남 공주
全榮來	전북 정읍	전북 완주	전북 남원	나주·영광	충남 공주
전준현	전북 고부	충남 은진	전남 장성	?	충남 공주
朴賢淑	전북 고부	충남 은진	전남 광주	예산 대흥	충남 공주
金英心	전북 고부	충남 은진	전북 남원	충남 서산	충남 공주
金泰植	전북 고부	충남 은진	전남 장성	전남 진도	충남 공주
徐程錫	전북 정읍	충남 은진	전북 남원	충남 예산	충남 공주

위에서 볼 때 5방성의 위치는 구체적인 지역에 대해서는 남방이
나 서방과 같이 견해가 일치되지 않는 지역도 있으나 커다란 범위
내에서는 대개 의견의 일치를 보이고 있다.

5방성의 위치, 즉 5도독부의 위치와 부흥운동군의 전투기록을
관련시켜 살펴보면 당군이 과연 백제고지에 5도독부를 실질적으로
설치하고 운영하였는지에 대해 확인할 수 있다.

N-① 十二日 大軍來屯古沙比城外 進攻豆良尹城南 一朔有六日 不克(『三國
史記』 新羅本紀 太宗武烈王 8년 2월).

金泰植, 「百濟의 伽耶地域 關係史 : 交涉가 征服」, 『百濟의 中央과 地方』, 1997.
徐程錫, 「百濟 5方城의 位置에 대한 試考」, 『湖西考古學』 3, 2000.

② 二月 欽純天存領兵 攻取百濟居列城 斬首七百餘級 又攻居勿城沙平城降
之 又攻德安城 斬首一千七百級(『三國史記』 新羅本紀 文武王 3년).

위 기록은 661년 3월 신라군의 두량윤성 공격시 백제의 5방성
중 하나였던 中方의 古沙比城 밖에 신라군이 진을 쳤다는 기록과,
663년 2월에 신라군이 백제 남방의 거열성과 거물성, 사평성 등을
함락시키고 다시 백제 5방성 중 하나였던 東方의 德安城을 공격하
여 700급을 斬首하였다는 내용이다.

이것은 백제의 5방성 중 중방의 고사성과 동방의 덕안성이 당군
의 지배체제 내에 실제로는 편제되지 않았으며, 오히려 부흥운동군
의 주요 거점으로서의 역할을 하고 있었다는 것을 알 수 있게 해준
다. 특히 德安城이 당이 백제고지에 두려고 한 5도독부 가운데 하
나인 德安都督府였다는 것은 당의 백제고지에 대한 지배정책이 허
구에 그쳤다는 것을 분명히 알려준다. 즉 당의 百濟故地 지배체제
구상과는 달리 5방성을 비롯한 백제의 주요 지방의 郡城은 오히려
부흥운동군의 거점으로서의 역할을 하였다고 볼 수 있는 것이다.

그렇다면 최소한 당이 설치하려한 5도독부 중에서 중방과 동방
에 설치하려한 도독부는 탁상의 계획으로 그쳤다고 볼 수 있다. 당
이 백제의 5방중에 도독부를 설치할 수 있었던 곳은 북방의 熊津城
에 熊津都督府를 설치한 것만이 확인되고 나머지 지역에 도독부를
설치할 수 없었다면, 그 아래에 편제되었던 주와 현에 대한 당의
통제도 사실상 불가능했던 것으로 보는 것이 합리적인 것이다. 즉
당이 百濟故地에 설치하려한 5도독부와 37주 250현은 실제로 설치
된 것이 아니라는 사실을 말해주는 것이다.

이것은 부흥운동군과 당군이 전투를 치른 곳이 주로 사비성과
웅진성 부근이었다는 사실을 통해서도 살펴볼 수 있다. 또한 豆良
尹城 싸움에서 패한 이후로 당군은 고립되어 웅진성에서 농성할 수

밖에 없었고, 웅진성으로 통하는 신라군의 보급로인 熊津道마저 부흥운동군에게 차단되었었다. 당 조정에서는 당군이 웅진성에서 부흥운동군에게 고립되자 一城固守하기가 어려우니 신라나 당으로 철군하여도 좋다고 할 정도로 留鎭唐軍의 처지가 열악하였다는 사실을 상기할 필요가 있다.

백제를 멸망시킨 후 당군이 줄곧 확보했던 지역은 부여 일원과 공주 일원에 불과했던 것이고 보면 백제고지에 설치하려 한 당의 5도독부는 거의 유명무실한 군정기구에 불과했던 것이다.[121] 5도독부 중 명맥을 유지한 것은 당군이 주둔한 웅진도독부 하나뿐이었다. 그러므로 당의 지배력이 실제로 미쳤던 곳은 백제고지의 일부에 한정되었던 것이다.

3. 復興運動의 消滅

1) 羅唐軍의 攻勢 强化

660년 7월 백제멸망 직후부터 일어난 부흥운동군의 활동은 200성을 수복하는 등 거의 모든 백제지역에서 매우 활발하였다. 실제로 나당군이 점령하고 있었던 곳은 사비도성과 웅진성 등 극히 일부의 거점성과 나당연합군의 백제공격로상에 있던 성들뿐이었다.

부흥운동군의 활동으로 사비성에 포위된 채 머물던 유진당군은 고립무원 상태에서 신라의 원병만을 기다리고 있었고, 부임도 하지 못하고 삼년산성에서 급서한 웅진도독 王文度를 대신하여 백제에

---

121) 千寬宇, 「馬韓諸國의 位置試論」, 『東洋學』 9, 1979, p.218.

온 유인궤가 웅진강구 전투에서 부흥운동군을 격퇴해 겨우 사비성의 포위를 풀 수가 있었다. 그러나 661년 3월 사비성에 포위된 당군을 구원하러 오던 신라군이 두량윤성 전투에서 백제에게 참패를 당하고 수많은 輜重을 빼앗기게 되어 오히려 사비성은 다시 고립무원의 상태에 이르게 되었다. 점령군인 나당군은 시종일관 부흥운동군의 공격을 감내하느라 사비성과 웅진성도 지켜내기가 어려울 만큼 군사적인 열세에 놓여 있었다.

부흥운동군의 활동은 당이 백제 고지에 설치하려 한 5도독부를 유명무실하게 만들었고, 留鎭唐軍이 철수를 고려할 만큼 기세가 왕성했다. 백제고지를 지배하려한 당군의 계획은 탁상공론에 불과했다. 당초 백제고지를 손쉽게 지배할 수 있을 것이라는 기대와는 거리가 먼 것이었다. 고구려정벌을 하기 위한 전초전으로서 백제를 멸망시킨 당에게 백제유민들이 일으킨 격렬한 부흥운동은 상상 밖의 일이었다. 당으로서는 곤혹스러웠지만 별다른 대책을 수립하지 못하였다. 留鎭唐軍은 부흥운동군에게 포위되어 사비성에 고립되어 있었고 보급로인 웅진도마저 끊겨 피폐한 상태였다. 더구나 661년 6월에는 부흥운동군의 활동으로 사비성을 방어하기도 급급한 留鎭唐軍이 고구려 정벌에 동원되는 지경에 이르자 백제고토는 留鎭唐軍의 영향력이 미치는 곳이 거의 없을 정도였다.

신라 역시 당의 고구려원정에 동원되어 부흥운동군을 진압할 여력이 없었다. 신라군은 평양 부근에서 고구려와 전투를 하고 있던 소정방의 당군에게 군량을 보내는데 문무왕이 직접 나설 정도로 국력을 기울였다. 그러나 661년 8월에 출병한 신라군은 甕山城과 雨述城에서 부흥운동군에게 저지를 당했다. 겨우 9월에 가서야 옹산성을 함락시키고 10월에야 우술성을 함락시켜 軍期에 막대한 차질이 생겼다. 부흥운동군이 백제고토를 거의 장악한 상태에서 웅진도독부의 留鎭唐軍은 고립된 채 신라의 원군과 군량의 보급만을 기다렸다. 이러한 상황은 662년 7월까지 계속되었다.

나당군이 부흥운동군에 군사적인 공세를 취하기 시작한 것은 662년 7월을 기점으로 삼을 수 있다. 이 무렵 부흥운동군 내부에서는 내분이 일어나 복신이 도침을 살해한 뒤였다. 복신과 도침의 알력으로 인한 부흥운동군의 내분은 나당군에게 매우 유리하게 작용하였다. 또한 662년 3월을 끝으로[122] 당의 고구려 원정이 잠시 중단되자[123] 신라로서는 더 이상 고구려원정에 동원되지 않게 되어 부흥운동군의 진압에 전력을 기울일 수 있게 되었다. 백제를 멸망시킨 후 줄곧 부흥운동군의 공세에 밀리던 나당군이 공세로 돌아서게 된 것은 662년 7월에 가서였다. 다음의 사료를 통해 이러한 사실을 알 수 있다.

O-① 二年 七月 仁願仁軌等 大破福信餘衆於熊津之東 拔支羅城及尹城大山沙井等柵 殺獲甚衆 乃令分兵以守鎭之 福信等以眞峴城臨江高險當衝要 加兵守之 仁軌夜督新羅兵 薄城板堞 比明而 入城 斬殺八百人 遂通新羅饟道(『三國史記』 百濟本紀 義慈王 20년).

② 仁願仁軌知其無備 忽出擊之 拔支羅城及尹城大山沙井等柵 殺獲甚多 分兵守之 福信等以眞峴城險要 加兵守之 仁軌伺其稍解 引新羅兵夜薄城下 攀艸而上 比明 入據其城 遂通新羅運糧之路(『資治通鑑』 권200 唐紀 16 高宗 龍朔 2년 秋7월).

위 사료를 보면 유진당군을 고립시키면서 공세를 유지하던 부흥운동군이 662년 7월에 이르러 나당군에게 대패를 당하였다는 사실을 알 수 있다. 유인원과 유인궤가 거느린 당군이 복신의 부흥운동

---

122) 663년 3월 소정방이 고구려 원정에 실패하여 철군한 이후 666년 6월까지는 당의 고구려 출병이 더 이상 없었다.

123) 李昊榮,「수・당과의 전쟁」,『한국사』 5, 1996, pp.138~142.

군을 웅진의 동쪽에서 대파하고 지라성과 윤성, 대산책과 사정책 등을 점령하기에 이르렀던 것이다.124) 이때 웅진의 동쪽지역에 주둔하고 있던 부흥운동군은 웅진도독부로 연결되는 糧道인 웅진도를 차단하고 있었다. 웅진도를 차단하고 있던 부흥운동군의 주둔지는 대개 현재의 대전 근방으로 파악되고 있다.125) 특히 대전의 동쪽에 있는 계족산과 식장산 등의 산악지대에 위치한 삼국시대의 산성이 유력하다. 이 지역은 웅진에서 신라로 이어지는 중요한 교통로상에 위치하고 있는 곳으로 현재도 경부고속도로와 경부선 철도가 지나가는 교통상의 요충지이다.

신라와 웅진도독부를 이어주는 교통로인 웅진도를 차단하고 있던 부흥운동군은 662년 7월 유인원과 유인궤가 이끄는 당군에게 대패하게 됨으로써 웅진 동쪽의 거점인 支羅城126)과 沙井柵127) 등을 상실하게 되었다. 이미 661년 9월과 10월에 신라군에게 빼앗긴 옹산성,128) 우술성129)과 함께 지라성마저 당군에게 빼앗김으로 인해서 웅진도독부의 留鎭唐軍과 신라군이 연결될 수 있는 계기를 만들어 주게 되었다. 그리고 웅진도독부와 사비성 주위에 있던 주요 거점성인 尹城130)과 大山柵131)도 나당군에 의해 차례로 함락되었다. 또

---

124) 沈正輔,「百濟復興軍의 主要據點에 關한 硏究」,『百濟硏究』14, 1983, pp.165~172.
　　　沈正輔,「三國史記 文武王答書에 나타나는 熊津道에 대하여」,『黃山李興鍾博士華甲紀念史學論叢』, 1997, pp.42~58.
125) 대전지방 城址에 대하여는 沈正輔,「한밭의 城郭」,『大田의 城郭』, 1993을 참고.
126) 대전시 대덕구 비래동 산 31-1에 있는 迷峴城으로 비정된다.
127) 대전시 중구 사정동 산 62 성재에 있는 沙井城으로 비정된다.
128) 대전시 대덕구 장동 鷄足山城으로 비정된다. 그러나 최근 계족산성의 발굴조사 결과 산성의 축조시기를 두고 백제시대 축성설과 통일신라시대 축성설 등의 논란이 있다.
129) 대전시 대덕구 읍내동 산 19-1 수척골에 위치한 連丑洞山城으로 비정된다.
130) 충남 청양군 정산면 鷄鳳山城으로 비정된다.

한 羅唐軍이 부흥운동군의 요충인 眞峴城[132]을 기습하여 점령함으로써[133] 웅진도독부로 연결되는 보급로인 웅진도가 완전히 개통되었던 것이다.

그런데 앞의『資治通鑑』에 의하면 부흥운동군이 지라성 등의 성책과 眞峴城을 빼앗긴 것이 단지 유인궤가 이끈 신라군의 기습만으로 함락된 것이 아님을 알 수 있다. 지라성과 윤성, 대산책과 사정책은 부흥운동군이 당군의 공격에 대비하지 않고 있다가 유인원과 유인궤가 갑자기 출격하여 공격하자 힘없이 무너졌다. 또한 진현성도 부흥운동군이 병력을 증원하기는 하였으나 강에 접해 있으면서도 높고 험한 곳에 위치한 요충지라는 점만을 믿고 오히려 경계를 소홀히 하였다. 이에 유인궤는 진현성을 수비하는 부흥운동군의 움직임을 살피고 점차 방비가 소홀해진 틈을 타서 야간에 신라병을 이끌고 성 밑으로 다가가게 하였다. 그리고 날이 밝아오는 것을 기다려 풀뿌리를 잡고 성벽을 기어 올라가 800명을 참수하고 진현성을 함락시켰던 것이다. 즉 662년 7월에 함락당한 부흥운동군의 거점인 지라성과 윤성, 대산책과 사정책, 진현성은 모두 방비를 소홀히 하다가 나당군의 기습을 받아 많은 사상자와 포로를 내고 어이없이 무너졌던 것이다.

이것은 부흥운동군이 이전에 보여줬던 당군에 대한 지나친 자만심으로 말미암은 것이다. 더구나 진현성의 부흥운동군은 지라성 등

---

131) 충남 부여군 鴻山面으로 비정된다.
132) 대전시 서구 봉곡동 산 26-1 黑石洞山城 속칭 밀암산성으로 비정된다.
133) 池內宏은 眞峴城 전투가 실제로는 있지 않았다고 보고 있다(池內宏,「百濟滅亡後の動亂及び唐・羅・日三國の關係」,『滿鮮地理歷史硏究報告』제14책, ;『滿鮮鮮史硏究』上世第二冊, 1960, pp.134~147). 그는 662년 8월의 內斯只城 전투를 두고 眞峴城 전투로 오해한 것으로 판단하여 眞峴城을 '僞眞峴城'으로 보고 있으나, 이는 명백한 오류이다. 진현성과 내사지성 전투는 별개의 사실로 보아야 타당할 것이다.

성책이 방비소홀로 기습을 당해 무너지는 상황을 목도하고도, 지형지세의 험준함만을 믿고 역시 방비를 소홀히 하다가 성이 함락당하는 지경에 까지 이른 것이다. 이는 나당군의 전력이 부흥운동군 보다 우세했다기보다는 기강의 해이와 당군에 대한 과소평가와 같은 부흥운동군 내부의 문제가 더 컸다고 보여진다. 나당군의 전력은 이때까지만 해도 크게 보강되지 않은 상태였다. 오히려 부흥운동군은 왜로부터 662년 1월에 화살 10만쌍 등의 군수물자를 지원받았고, 662년 3월에는 倭의 支援軍이 周留城(州柔城)에 도착하는 등 외형적으로는 전력이 더욱 강화된 후였다.

사실 부흥운동군은 662년 7월 진현성의 함락 이전까지만 해도 661년 3월 두량윤성 전투의 대승과 웅진도의 차단을 통한 留鎭唐軍의 고립과 압박 등을 통하여 소기의 성과를 거두고 있었다. 그리고 웅진도독부의 留鎭唐軍은 당으로의 철군을 고려할 정도로 곤핍한 상태였다. 부흥운동군의 활발한 활동은 당군이 백제고토에 설치한 군정기구인 웅진도독부 등 5도독부를 무력하게 만들었다. 이렇듯 우세한 전황을 이끌던 부흥운동군 진영에서는 당군의 회군을 종용할 정도로 기세가 올라 있었다. 그러나 그러한 우세한 전황은 지속되지 못하고 자만심에 따른 방비의 소홀로 이어져 나당군의 기습에 그만 무너져 내리게 되었던 것이다.

진현성이 함락된 직후인 662년 8월에는 부흥운동군의 또 다른 거점인 內斯只城[134]도 함락되었다. 그러나 진현성과 서로 근접한 거리에 있던 內斯只城은 방비를 튼튼히 하고 있었음을 『三國史記』의 기록으로 알 수 있다.

八月 百濟殘賊 屯聚內斯只城作惡 遣欽純等十九將軍討破之 大幢摠管眞珠

---

134) 대전시 서구 월평동 산 12-2 성재의 儒城山城 즉 月坪洞山城으로 비정된다.

南川州摠管眞欽 詐稱病 閑放 不恤國事 遂誅之(『三國史記』 新羅本紀 文武王
2년).

위 기록에 의하면 내사지성의 부흥운동군이 惡行을 일삼자 신라
는 金欽純 등 무려 19장군을 보내어 토벌하였다고 기록하고 있다.
이러한 기록은 부흥운동군의 세력이 만만치 않았다는 사실을 반증
해 준다. 신라군이 내사지성의 부흥운동군을 진압하기 위해서 보낸
19장군의 전모를 알 수는 없다. 그러나 661년 두량윤성 전투에서
패배한 신라군을 구원하러 출격하였던 金欽純과 大幢摠管 眞珠, 南
川州摠管 眞欽 등이 포함되어 있었다.

신라군은 金欽純을 대장군으로 삼고[135] 大幢摠管 眞珠와 南川州
摠管 眞欽 등 19장군으로 토벌군을 구성하였다. 이때의 편제는 661
년 7월 당군의 고구려 원정에 호응하기 위해 출정한 고구려 원정군
의 편제[136]와 유사하였을 것이다. 다만 661년 7월의 고구려 원정군
에는 文武王이 친히 출정하였고, 대장군에 金庾信이 임명되었던 것
과는 달랐다. 즉 文武王과 金庾信 등이 출정하지는 않았지만 신라
는 가능한 전력을 최대한 동원하여 內斯只城의 부흥운동군을 공격
한 것이다. 이는 661년 3월 두량윤성 전투 패배 이후 부흥운동군에
대해 적극적인 공세를 취하지 못했던 신라군이 진현성 전투의 승리
를 계기로 본격적인 공세를 시작하였던 것으로 볼 수 있을 것이다.

그런데 신라군의 內斯只城 토벌 전투 이후 大幢摠管 眞珠와 南
川州摠管 眞欽이 거짓으로 稱病하고 國事를 돌보지 않고 한가로이
지냈으므로 목을 베었다는 기사가 있어 주목할 만하다. 大幢摠管인
眞珠와 南川州摠管인 眞欽이 거짓으로 稱病하고 國事를 돌보지 않
았다는 것은 무엇을 의미하는 것일까. 장수로서 국사를 돌보지 않

---

135) 李文基, 「中古期의 軍令體系와 軍政機構」, 『新羅兵制史研究』, 1997, p.296.
136) 『三國史記』 新羅本紀 文武王 元年 7월.

았다는 것은 軍務를 소홀히 했다는 것으로 밖에는 풀이할 수 없다. 당시 신라군의 가장 중요한 軍務라면 말할 것도 없이 부흥운동군에 대한 토벌이었다. 그렇다면 眞珠와 眞欽이 거짓으로 稱病하면서까지 國事를 돌보지 않았다는 것은 부흥운동군 토벌에 소극적으로 대응했거나 전투를 의도적으로 회피하였다고 볼 수 있다. 더구나 거짓으로 稱病하여 국사를 돌보지 않고 한가로이 지냈으므로 목을 베었다고 한 것은 부흥운동군과의 전투에 패배하였기 때문이 아니라, 아예 전투 자체를 기피한 것이 발각되어 誅殺을 당한 것으로 보인다.[137]

大幢摠管 眞珠와 南川州摠管 眞欽은 661년 7월 고구려 원정에도 大幢將軍과 下州摠管으로 참여할 만큼 신라군 내에서는 비중있는 인물이었다. 특히 眞珠는 당시 兵部令으로서[138] 660년 7월의 백제 정벌시에도 金庾信·天存 등과 함께 將軍으로서 출병한 바 있었다.[139] 眞欽은 661년 3월 두량윤성 전투에서 패한 신라군을 구원하러 金欽純과 함께 출병한 적이 있었다. 眞珠와 眞欽은 이와 같은 경력을 보더라도 신라군 내에서 매우 중요한 위상을 차지하고 있었다는 것을 알 수 있다.

그런데 이들이 거짓으로 稱病하고 國事를 돌보지 않다가 誅殺되었다는 것은 당시의 군사적인 상황으로 보아 정치적인 음모에 의해 희생되었다고 보기는 어려울 것이다. 眞珠와 眞欽은 內斯只城에 주둔한 부흥운동군의 세력을 보고 661년 3월 두량윤성 전투의 패배와 같은 사태를 염두에 두고 전투를 회피하다가 발각되어 주살된 것으로 보인다. 그렇다면 이들이 전투를 회피할 정도로 內斯只城의 부

---

137) 沈正輔,「三國史記 文武王答書에 나타나는 熊津道에 대하여」,『黄山李興鍾博士華甲紀念史學論叢』, 1997, p.56.
138) 秋八月 以阿飡眞珠爲兵部令(『三國史記』新羅本紀 太宗武烈王 6년).
139)『三國史記』新羅本紀 太宗武烈王 7년 夏5월.

흥운동군의 군세가 매우 강했고 신라군에게는 매우 두려운 존재였던 것으로 볼 수 있다. 그렇기 때문에 신라군은 內斯只城 한 성을 점령하기 위하여 金欽純 등 무려 19장군을 동원해야만 했던 것이다. 그리고 內斯只城 역시 眞峴城과 마찬가지로 신라에서 웅진도독부에 이르는 길목인 웅진도에 자리 잡고 있었으므로 웅진도를 개통하려면 피할 수 없는 부흥운동군의 요새지였던 것이다.

진현성과 내사지성 등 부흥운동군의 동방거점들을 차례로 점령하여 웅진도를 확보한 당군은 고립을 면하게 되었고, 신라군과 쉽게 합세하여 부흥운동군에 대한 공세를 본격화할 수 있게 되었다. 그리고 나당군의 공세는 이제 백제부흥운동의 남방거점으로까지 확대되었다. 이에 대해서는 다음의 기록을 통해 살펴볼 수 있을 것이다.

冬十二月丙戌朔 百濟王豊璋 其臣佐平福信等 與狹井連(闕名) 朴市田來津議曰 此州柔者 遠隔田畝 土地磽确 非農桑之地 是拒戰之場 此焉久處 民可飢饉 今可遷於避城 避城者 西北帶以古連旦涇之水 東南據深泥巨堰之坊 繚以周田 決㲼降雨 華實之毛 則三韓之上腴焉 衣食之源 則二義之隩區矣 雖曰地卑 豈不遷歟 於是 朴市田來津獨進以諫曰 避城與敵所在之間 一夜可行 相近茲甚 若有不虞 其悔難及者矣 夫飢者後也 亡者先也 今敵所以不妄來者 州柔設置山險 盡爲防禦 山峻高而谿隘 守易而攻難之故也 若處卑地 何以固居 而不搖動 及今日乎 遂不聽諫 而都避城(『日本書紀』 권 제27 天智天皇 元年).

위 『日本書紀』의 기록을 보면 부흥운동군이 그 중심지를 옮기고 있다. 부흥운동군은 초기부터 任存城과 周留城[140]을 중심으로 활동

---

140) 주류성의 위치에 대해서는 지금까지 정확한 위치가 알려지지 않았다. 부흥운동의 중심지였음에도 불구하고 주류성의 위치를 알 수 없었던 것은 『三國史記』 地理志에도 有名未詳地分條에 수록될 정도로 철저히 기록에서 잊혀진 까닭이다. 그러나 그 위치에 대하여 역사지리학적인 연구가 없었던 것은 아니다. 지금까지의 연구 결과 扶安說, 韓山說, 燕岐說, 洪城說 등이 대두되었고, 이

을 하였다. 백제고토의 북쪽 지역에서는 임존성이 중심이 되었고,
남쪽 지역에서는 부흥운동군의 총본영인 주류성이 중심지였다.[141]
그런데 부흥운동군은 662년 12월에 들어서면서 부흥운동군의 총본
영을 천험의 요새지인 주류성에서 비옥한 토지가 있는 避城으로 옮
긴 것이다.

　　부흥운동군이 주류성에서 避城[142]으로 총본영을 옮기게 된 이유

　　중 扶安說이 점차 설득력을 얻어가고 있다. 부안설은 1924년 小田省吾(「朝鮮
　　上世史」, 『朝鮮一般史』, 朝鮮總督府, 1924)가 주창한 이래 今西龍이 位金岩山
　　城으로 구체적인 위치를 제시하였고(『百濟史硏究』, 近澤書店, 1934), 安在鴻「
　　百濟史 總考」, 『朝鮮上古史鑑』, 民友社, 1948)등이 이를 보완했다. 그리고 全榮
　　來(『周留城·白江 位置比定에 관한 新硏究」, 扶安郡, 1976 ; 『百濟最後決戰場
　　의 硏究 - 白村江에서 大野城까지 - 』, 新亞出版社, 1996)와 盧道陽「百濟周留城
　　考」, 『明知大論文集』 12, 1980), 李道學『백제장군 흑치상지 평전』, 주류성,
　　1996) 등이 이 설을 따르고 있다. 주류성으로 비정되는 位金岩山城은 첩첩이
　　산으로 둘러싸인 邊山에 위치하고 있고 주변에 토지도 척박하여, 계화도 등에
　　대한 간척사업이 시행되기 이전에는 농토가 부족한 서해안의 산악지역이었다.
　　한산설과 연기설, 홍성설에 대하여는 뒤의 각주에서 문제점을 지적할 것이다.
　　이러한 설 이외에도 扶餘 忠化面의 周峰山城說(輕部慈恩, 「百濟都城及び百濟
　　末期の戰跡に關する歷史地理的檢討」, 『百濟遺跡の硏究』, 吉川弘文館, 1971)과
　　全北 金堤郡 水流面說(大原利武, 「朝鮮歷史地理」, 『朝鮮一般史』, 朝鮮總督府,
　　1924) 등이 있으나 周峰山城의 "周峰"과 水流面의 "水流"라는 지명과 주류성
　　의 音이 서로 유사한 것을 주요 근거로 하고 있어 받아들이기 쉽지않다. 또한
　　忠南 舒川郡 庇仁說(池憲英, 「豆良尹城에 대하여」, 『百濟硏究』 3, 忠南大學校
　　百濟硏究所, 1972)과 全北 井邑郡 七寶面說(徐程錫, 「百濟 5方城의 位置에 대
　　한 試考」, 『백제문화의 고고학적 연구』, 호서고고학회, 2000) 등도 있다.
141) 주류성 홍성설은 金正浩가 지은 『大東地志』 권5 忠淸道 洪州 沿革에 "本百濟
　　周留城"이라는 기사를 근거로 하고 있다. 朴性興은 洪城郡 長谷面 一帶에 걸
　　쳐있는 鶴城山城과 石城이 주류성이라는 주장을 하였다(朴性興, 『洪州 周留城
　　考』, 洪城郡, 1994). 그러나 이 지역에 대한 고고학적인 조사결과 백제 沙尸良
　　縣과 관련되는 지역으로 밝혀져 주류성으로 보기는 어렵게 되었다(상명여자대
　　학교 박물관·홍성군청, 『洪城郡 長谷面 一帶 山城 地表調査報告書』, 1995 ;
　　상명대학교 박물관·홍성군, 『洪城 石城山城建物址 發掘調査報告書』, 1998).
　　또한 홍성은 백제의 서북방에 위치한 지역으로 任存城과도 그리 멀지 않은
　　곳이다. 그러므로, 백제 남방의 부흥운동 중심지인 주류성을 백제 서북방에
　　위치한 홍성으로 비정하는 것은 불합리하다.

는『日本書紀』의 기사를 살펴보면 다음과 같다. 우선 주류성은 산이 높고 계곡으로 막힌 곳에 있는 까닭에 오래도록 적을 방어하기에는 좋은 곳이라는 이점이 있었다. 그러나 주변에 농지가 없고 또한 토지가 척박하여 農桑을 할 수 없는 곳이라는 단점이 있었다.[143] 그러므로 부흥운동군들의 衣食을 충분히 해결하는데 어려움을 겪었고 飢饉에 시달리기도 하였다. 비록 倭軍으로부터 군수물자를 조달받기도 하였지만 이것은 일시적인 것에 불과하였다. 그러므로 부흥운동군은 토지가 비옥하여 物産을 확보하는데 유리한 지역으로 거점을 옮기려고 하였다. 그래서 선택되어진 곳이 평야지대인 避城으로 현재의 전북 金堤지역이다. 避城은 위『日本書紀』의 기록에서도

142)『三國史記』地理志의 古四州 本古沙夫里五縣에는 "辟城縣 本辟骨"이라 하였다. 여기서 辟와 避는 서로 통하는 글자로 피성은 벽성을 지칭하는 것이다. 그리고 역시『三國史記』地理志의 全州에 "金堤郡 本百濟碧骨縣"이라는 기사가 있는 것을 참작하면 避城은 오늘날의 金堤지방에 위치하고 있었다고 볼 수 있다(津田左右吉,「百濟戰役地理考」,『朝鮮歷史地理』上, 1913, p.261 ; 池內宏,「百濟滅亡後의 動亂及び唐·羅·日三國의 關係」,『滿鮮地理歷史研究報告』제14책, 1933 ;『滿鮮鮮史研究』上世第二冊, 1960, p.153).

143) 이러한 점에서 주류성이 충남 서천군 한산면에 있었다는 설은 설득력이 없다. 한산은 서천지역의 넓은 평야지대로 지금도 유명한 곡창지대이다. 한산설은 1913년 津田左右吉(「百濟戰役地理考」,『朝鮮歷史地理』上, 南滿洲鐵道株式會社, 1913)이 주장한 이래 池內宏이 이를 수용하였으나, 후에 스스로 이설을 폐기하였다(池內宏,「百濟滅亡後의 動亂及び唐·羅·日三國의 關係」,『滿鮮地理歷史研究報告』제14책, 1933 ;『滿鮮鮮史研究』上世第二冊, 1960). 그 뒤 李丙燾가 乾芝山城이라는 구체적인 위치를 제시하였고(李丙燾,『國譯 三國史記』, 1977), 沈正輔, 鄭孝雲 등 대부분의 국내 학자들(沈正輔,「百濟復興軍의 主要據點에 關한 研究」,『百濟研究』14, 忠南大學校 百濟研究所, 1983 ; 鄭孝雲,『古代韓日政治交涉史研究』, 學研文化社, 1995)과 鬼頭清明, 鈴木治 등의 일본학자들도 이 설을 수용하였다(鬼頭清明,『白村江-東アジアの動亂と日本-』, 教育社, 1981 ; 鈴木治,『白村江-古代日本の敗戰と藥師寺の謎-』, 學生社, 1995). 그러나 최근 들어 건지산성에 대한 고고학적 조사결과 고려시대에 축조한 성으로 밝혀져(忠淸南道 舒川郡·(財)忠淸埋藏文化財研究院,『乾芝山城』, 1998 ;『韓山 乾芝山城』, 2001) 한산 건지산성설은 명분을 잃게 되었다(沈正輔,「百濟周留城考」,『百濟文化』28, 公州大學校 百濟文化研究所, 1999).

보듯이 삼한에서 가장 비옥한 지역이었다. 사방에 농토가 있고 경작에 필요한 물을 灌漑할수 있는 '古連旦涇之水'와 '深泥巨堰之坊'이라고 표현되어 있는 하천과 저수지 관개시설이 잘 되어있는 곳이었다.

그러나 避城의 입지가 부흥운동군에게 유리한 것만은 아니었다. 倭將 朴市田來津이 豊璋, 福信 등과 함께 천도를 논의하는 과정에서 지적하고 있듯이 나당군이 주둔하고 있는 지역과 하룻밤에 갈수 있을 만큼 가까운 곳이었다. 또한 지세가 너무 낮은 곳에 위치하고 있어 적을 방어하기에도 매우 불리한 곳이었다.

避城이 위치한 김제지역은 사실상 지금도 만경평야의 중심지로 널리 알려진 평야지대이다. 그러므로 부흥운동군의 거점으로 삼을 만한 험준한 산이나 요새지를 주변에서 찾기가 어렵다. 평지에 자리한 피성은 적을 방어하는 데 매우 취약한 곳이었다. 그럼에도 불구하고 豊璋과 福信이 주류성을 나와 避城으로 거점을 옮길 수밖에 없던 사정은 군수물자의 조달이 급선무였다는 것을 짐작할 수 있다. 토지가 척박한 주류성에서의 오랜 항전은 부흥운동군의 군비와 물자를 자급자족할 수 있는 여건이 되지 못했고, 특히 衣食을 충분히 마련치 못해 굶주림에 시달릴 위기까지 직면해 있었다. 여기에 662년 3월 倭軍이 주류성에 들어오게 되자[144] 물자의 부족은 더욱 심각한 지경에 이르렀던 것으로 보여진다.

그런데 피성이 갖는 이러한 불리한 입지조건을 들어 朴市田來津이 천도를 반대하고 나섰지만, 豊璋과 福信이 이를 받아들이지 않고 避城으로의 천도를 하였던 사정에는 부흥운동군이 나당군에 대하여 갖고 있는 군사적인 우월감도 작용하였을 것이다. 비록 부흥운동군이 웅진성에 고립된 留鎭唐軍의 보급로였던 웅진 동쪽의 諸

---

144) 『日本書紀』 권 제27 天智天皇 元年 3월.

城柵을 상실하기는 하였지만 남방의 거점들은 아직 굳건하게 부흥운동군의 휘하에 있었던 것이다.[145] 그리고 避城과 적병인 나당군이 주둔하고 있는 곳이 불과 하룻밤이면 갈 수 있는 거리로 매우 가까웠지만 부흥운동군의 내부에서는 이를 대수롭지 않게 여겼던 것이다. 이것은 부흥운동군이 나당군에 대하여 군사적인 우세를 지녔다고 판단하였고, 倭로부터 도착한 지원군은 豊璋과 福信 등에게 더욱 자신감을 갖도록 하였던 것으로 생각된다.

이러한 군사적인 우세를 바탕으로 부흥운동군은 군량과 군수품을 조달하기가 용이한 避城으로의 천도를 단행하였던 것이라 할 수 있다. 그러나 결과적으로 避城으로의 천도는 실패로 끝났고 믿었던 남방의 제성들이 속속 신라군에게 함락되었다.

---

145) 이점에서 주류성이 연기지역에 위치했다는 설도 문제가 된다. 연기지역은 웅진의 동북쪽에 위치한 지역으로 淸州와는 지근거리이며 신라와의 접경지대였다(양기석, 「신라의 청주지역 진출」, 『新羅 西原小京 硏究』, 2001). 이러한 지역에 부흥운동군의 최대거점인 주류성이 위치해 있었다고 보기 어렵고, 특히 백제의 남방지역에 있어야할 주류성이 동북방에 있었다고 볼 수는 없다. 주류성이 연기지역에 있었다는 설은 申采浩가 처음 주장하였고(申采浩, 『朝鮮上古史(下)』, 鐘路書院, 1948 ; 丹齋 申采浩先生 紀念事業會, 1986), 金在鵬이 그 설을 이어받았다. 그리고 구체적인 위치에 대해서 申采浩는 연기군 남면의 元帥山城이라고 하였다. 그러나 元帥山城은 금강 본류와 미호천의 합수머리에 위치하여 산성은 험준하기는 하나 주변에 넓은 들판을 갖춘 평야지대에 위치해 있다, 金在鵬은 연기군 전의면 일대의 山城群으로비정하였다가(金在鵬, 「全義 周留城考證」, 『燕岐地區古蹟硏究調査報告書-全義篇-』, 1981), 연기군 남면의 唐山城이라고 견해를 수정하였다(金在鵬, 「百濟 周留城硏究」, 『백제 주류성의 연구현황과 과제』, 공주교육대학교 박물관·공주문화원, 1999). 그러나, 당산성은 백제시대의 토성이기는 하나 지세와 규모가 험준하거나 크지 않고, 금강의 지류인 美湖川邊의 넓은 평야지대가 주변에 펼쳐져 있다. 또한 원수산성과도 매우 가까운 거리에 위치하고 있다. 즉 당산성은 원수산성과 마찬가지로 주변에 넓은 들판을 끼고 있어, 전지와 멀리 떨어져 있고 토양이 척박한 곳이라는 『日本書紀』의 기록과는 부합되지 않는 곳이다(百濟文化開發硏究院, 「關防遺蹟」, 『忠南地域의 文化遺蹟-燕岐郡篇-』 12, 1999).

二月 欽純天存領兵 攻取百濟居列城 斬首七百餘級 又攻居勿城沙平城降之
又攻德安城 斬首一千七十級(『三國史記』 新羅本紀 文武王 3년).

위 『三國史記』의 기사를 살펴보면 663년 2월에 이르러서 신라군
은 居列城(거창), 居勿城(남원 부근), 沙平城(순천) 등 부흥운동군의
거점성들을 차례로 공격하여 함락시키고 있다. 金欽純과 天存 등이
거느린 신라군은 662년 8월에 부흥운동군의 동쪽 거점성으로 웅진
도를 차단하고 있던 內斯只城(유성)을 함락시킨 후 여세를 몰아 부
흥운동군의 남방 거점성들을 계속하여 공격하였던 것이다.

신라군은 먼저 백제의 남쪽 경계에 있던 거열성을 공격하여 700
급을 참수하고 이어서 거물성과 사평성 등을 공격하여 항복시켰다.
이 때 항복시킨 백제의 남쪽 성들은 661년 3월 두량윤성 전투에서
신라가 패배한 이후 부흥운동에 일제히 가담했던 성들이었다.[146]
또한 신라군은 백제의 5방성 중의 하나였던 동방의 德安城(은진)도
1,070명을 참수하는 전과를 올리며 함락시켰다. 이처럼 웅진의 동쪽
과 남방의 제성, 그리고 동방의 德安城 등 부흥운동군의 주요 거점
을 함락시킨 나당군은 더욱 공세를 펴게 되었다.

신라군에 의해 부흥운동군의 주요 세력근거지인 웅진의 동쪽 지
역과 옛 백제의 동방과 남방지역이 점령당함으로써 부흥운동군의
활동은 위축될 수밖에 없었다. 그리고 662년 12월에 단행한 주류성
에서 避城으로의 천도도 돌이키지 않으면 안될 정도로 부흥운동군
은 나당군의 공세에 휘말리게 되었다. 이러한 상황은 『日本書紀』에
보이는데 이는 위 『三國史記』의 기사와 연결시킬 수 있는 기사로
다음과 같다.

---

146) 遂發兵衆 往圍周留城 敵知兵小 遂卽來打 大損兵馬 失利而歸 南方諸城 一時摠
   叛 並屬福信(『三國史記』 新羅本紀 文武王 11년 答薛仁貴書).

春二月乙酉朔丙戌 百濟遣達率金受等進調 新羅人燒燔百濟南畔四州 幷取安
德等要地 於是 避城去敵近 故勢不能居 乃還居於州柔 如田來津之所計(『日本
書紀』권 제27 天智天皇 2년).

　　남방과 동방의 거점성들을 잃은 부흥운동군은 倭에 達率 金受
등을 보내어 이 사실을 알리고 있다. 『日本書紀』에는 이때를 663년
2월 2일인 것으로 기록하였는데, 앞의 『三國史記』의 기사와 시기적
으로 약간의 상충되는 면이 있다. 그렇지만 倭에 사신으로 간 達率
金受가 백제의 南畔 四州가 신라군에게 초략 당하였고 安德(덕안성)
등의 요지를 상실했다고 전하는 것으로 보아 『三國史記』의 기사에
보이는 거열성과 거물성, 사평성, 덕안성 등이 함락된 것을 전하고
있음이 분명하다.147) 그런데 『日本書紀』에 보이는 '南畔 四州'는 신
라군에게 함락된 백제의 南畔 즉 신라와 백제의 남쪽 경계였던 거
창과 남원, 순천 등 지금의 전라도와 경상도의 접경지대로 볼 수
있다.148) 백제의 남쪽 경계에 있던 거열성과 거물성, 사평성 등이
함락당하고 동방의 거점이던 덕안성 마저 신라군에게 함락당하자
피성의 부흥운동군은 나당군과 너무 가까운 거리에 놓이게 되었다.

147) 盧重國, 「百濟 滅亡後 復興軍의 復興戰爭 硏究」, 『歷史의 再照明』, 1995, p.255.
148) 『日本書紀』의 '百濟南畔四州'기사를 '百濟南 四伴州'로 고쳐 읽어야 한다는 견
　　해가 있기도 하다. 즉 백제의 남쪽 경계의 四州가 아니라, 백제의 남쪽에 있던
　　四伴州로서 지금의 전라남도 영광 방면에 설치한 웅진도독부 관할하의 7주의
　　하나로 파악해야 한다는 것이다. 그리고 사반주 관할하의 4개현이 대체로 영
　　광과 함평, 고창 등지로 비정되는데 이 지역을 부흥운동군이 상실한 것으로
　　보아야 한다는 것이다(李道學, 『새로 쓰는 백제사』, 1997, pp.249～250). 그런데
　　이런 주장대로라면 부흥운동군이 피성에서 다시 주류성으로 복귀한 까닭이
　　백제의 남쪽 사반주가 신라군에게 점령당하자 피성의 부흥운동군이 적군과
　　너무 가까워졌기 때문이라는 『日本書紀』의 기사와 부합되지 않는다. 사반주가
　　영광과 함평, 고창 등지를 가리키는 것이면 오히려 피성(김제)이 주류성(부안
　　위금암산성)보다 거리상으로 멀기 때문에 거리상의 이유를 들어 주류성으로
　　복귀한 것이라는 기사를 설명하기 어렵다. 주류성과 피성의 위치를 부안과 김
　　제로 비정하고 있는 견해가 수정되지 않고서는 성립할 수 없는 견해이다.

662년 12월 피성으로 천도를 논의할 때 倭將 朴市田來津이 예견했던 바와 같이 되었던 것이다. 그러므로 부흥운동군은 피성에서 주류성으로 다시 돌아오지 않으면 안되었다. 부흥운동군은 위축되지 않을 수 없었고 피성으로 옮긴지 불과 두 달여 만인 663년 2월에 방어에 유리한 천험의 요새인 주류성으로 돌아오고 말았다.

신라군의 공세와 더불어 당군의 공세도 강화되었다. 당은 662년 고구려 원정이 실패로 돌아가자 우선 고구려에 대한 공격을 잠정적으로 중지하고 백제고토지배에 대하여 관심을 가지기 시작하였다. 여기에는 웅진도독부에 파견되었던 帶方州刺史 劉仁軌의 당 조정에 대한 설득이 주효했다. 劉仁軌가 처음 웅진도독부에 온 661년 이후 留鎭唐軍은 사실상 부흥운동군의 적극적인 활동에 밀려 단지 守成을 하기에도 급급한 실정이었다. 그리하여 당 조정은 留鎭唐軍의 철수를 고려하기도 하였다. 그러나 劉仁軌의 반대로 熊津都督府의 留鎭唐軍은 철수하지 않았다.[149] 劉仁軌는 오히려 증원군을 보내줄 것을 당 조정에 요청하였다. 다음의 사료들은 이와 관련한 기사들이다.

> P-① 仁軌與仁願合 解甲休士 乃請益兵 詔遣右威衞將軍孫仁師 率兵四十萬 至德物島 就熊津府城(『三國史記』 新羅本紀 文武王 3년 5월).
> ② 仁願乃奏請益兵 詔發淄青萊海之兵七千人 遣左威衞將軍孫仁師 統衆浮海赴熊津 以益仁願之衆(『舊唐書』 권199 列傳 제149 東夷 百濟國).

---

149) 仁軌曰 人臣徇公家之利 有死無貳 豈得先念其事 主上欲滅高麗 故先誅百濟 留兵守之 制其心腹 雖餘寇充斥 而守備甚嚴 宜礪兵秣馬 擊其不意 理無不克 旣捷之後 士卒心安 然後分兵據險 開張形勢 飛表以聞 更求益兵 朝廷知其有成 必命將出師 聲援纔接 兇魁自殲 非直不弃成功 實亦永淸海表 今平壤之兵旣還 熊津又拔 卽百濟餘燼 不日更興 高麗逋寇 何時可滅 且今以一城之地 居敵中央 苟或動足 卽爲擒虜 縱入新羅 亦爲羈客 脫不如意 悔不可追 況福信兇悖殘虐 君臣猜離 行相屠戮 正宜堅守觀變 乘便取之 不可動也 衆從之(『資治通鑑』 권200 唐紀 16 高宗 龍朔 2년 秋7월).

③ 七月乙丑 右威衛將軍孫仁師爲熊津道行軍總管 以伐百濟(『新唐書』권
3 本紀 제3 高宗 龍朔 2년).

④ 仁願請濟師 詔右威衛將軍孫仁師爲熊津道行軍總管 發齊兵七千往(『新
唐書』권220 列傳 제145 東夷 百濟).

⑤ 仁願乃奏請益兵 詔發淄靑萊海之兵七千人 以赴熊津(『資治通鑑』권
200 唐紀16 高宗 龍朔 2년 秋7월).

위 사료들을 통해 살펴보면 부흥운동군의 활발한 활동으로 熊津
都督府에 고립되어있던 1만 명의 留鎭唐軍은 신라와 당 조정에 계
속해서 증원군을 요청하고 있었다는 것을 알 수 있다. 그 결과 留
鎭唐軍은 먼저 신라군의 지원을 받아 662년 7월에는 웅진의 동쪽에
서 부흥운동군을 대파하고 眞峴城 전투를 승리로 이끌 수가 있었
다. 또한 진현성 전투의 승리 이후 당 조정에서는 유인궤의 청을
받아들여 웅진도독부에 지원군을 파견하도록 하였던 것이다. 662년
7월 21일 당 고종은 右威衛將軍[150) 孫仁師를 熊津道行軍總管으로
임명하였다. 그리고 지금의 山東省[151)에 속한 淄州·靑州·萊州·
海州의 병사 7천 명[152)을 징발하여 웅진도독부로 보내었다.

孫仁師가 거느린 7천 명의 당군이 웅진도독부에 도착한 것은
663년 5월이 되어서였다. 당 고종은 662년 7월에 熊津道行軍總管으
로 孫仁師를 임명한 후 663년 5월에 가서야 熊津都督府에 孫仁師가
이끄는 지원군을 보냈던 것이다.[153) 고구려원정과 660년 백제정벌

---

150) 『舊唐書』에는 左威衛將軍으로 기록되어 있다.
151) 『新唐書』권220 列傳 제145 東夷 百濟에는 齊兵을 보냈다고 기록되어 있다.
齊는 지금의 산동성 지역을 말한다.
152) 『三國史記』에는 40만으로 기록되어 있으나 취하기 어렵다. 당이 660년 백제정
벌시의 13만보다도 많은 40만의 병력을 동원하여 웅진도독부에 증원군을 보
냈다고 보기는 어렵다. 만일 40만 명을 보냈다면 右威衛將軍인 孫仁師 보다
더 고위급 장군이 熊津道行軍摠管으로 임명되었을 것이다. 실제 당군은 고구
려 원정에도 40만의 대병을 동원한 적이 없었던 만큼, 『三國史記』의 기록은
착오라고 생각된다.

시에도 파병에 이처럼 많은 시간이 소요되지는 않았었다. 그런데 이토록 오랜 시일이 걸린 것은 어떤 사정이 분명히 있었을 것으로 생각된다.

우선 662년 7월에 손인사를 웅진도행군총관으로 임명한 후 淄州·靑州·萊州·海州의 齊兵을 징발하고 전함을 마련하느라[154] 시간이 지체되었을 것이다. 그리고 당과 백제라는 지리적인 위치상 바다로의 이동이라는 문제가 걸림돌이 될 수도 있을 것이다. 그렇다고 7천 명의 병사를 징발해 파견하는데 무려 10개월이 걸렸다는 것은 당 내부에 어떤 문제가 있었을 것으로 볼 수도 있다. 660년 12월부터 시작된 당의 고구려원정이 실패하고 회군한 것이 662년 2월 이후의 일임을 상기해 보면 웅진도독부에 군대를 보내는 문제가 그리 쉽지만은 않았기 때문이었다. 더욱이 당은 고구려원정이 잠시 중지되었지만 鐵勒과 吐蕃 등 이민족의 군사적 위협[155]에서 벗어나지 못한 상황이었다. 그러므로 이미 정벌한 백제의 고토에서 일어난 부흥운동군 진압을 위해 웅진도독부에 지원군을 보낼 수가 없었던 것이다. 다음 기사를 통해 당의 어려운 사정을 살펴볼 수 있다.

上以海東累歲用兵 百姓困於征調 士卒戰弱死者甚衆 詔罷三十六州所造舡 遣司元太常伯竇德玄等 分詣十道 問人疾苦(『資治通鑑』 권200 唐紀16 高宗 龍朔 3년).

---

153) 梁起錫,「百濟 扶餘隆 墓誌銘에 대한 檢討」,『國史館論叢』 62, 1995, p.142.
154) 660년 백제정벌시 당군은 1,900척에 13만 대군을 태우고 백제로 왔던 것에 비추어 보았을 때, 당군의 배 한 척당 평균 65명 정도가 탈수 있는 규모였다(金榮官,「羅唐聯合軍의 百濟侵攻戰略과 百濟의 防禦戰略」,『STRATEGY 21』 2-2, 1999, p.168). 그렇다면 손인사의 당군 7천명이 타고온 배는 약 100여 척 가량 되었을 것이다.
155) 『資治通鑑』 권200 唐紀16 高宗 龍朔 2년.

당은 여러 해 동안 연이은 백제와 고구려원정으로 곤핍한 상태였다. 또한 사졸들도 전장에서 전사하거나 익사한 자들이 매우 많았다고 한데서 알 수 있듯이 장기간의 원정으로 인해 피해가 매우 컸다. 그리하여 당 고종은 원정에 필요한 배를 만드는 일을 그만두게 하고 전국에 관리들을 보내어 백성들의 고충을 듣도록 하였다. 당 내부의 어려운 사정은 백제고지의 웅진도독부에 지원군을 보내기가 매우 어렵게 만들었던 것이다. 그 결과 孫仁師가 熊津道行軍總管으로 임명된 지 거의 10개월이 걸려서야 7천 명의 구원군을 거느리고 德物島를 거쳐 웅진도독부에 도달할 수 있었던 것이다. 따라서 660년 9월이 되서야 소정방이 거느린 당의 백제원정군 주력이 회군한 이후 처음으로 당의 지원군이 백제고지에 도착할 수 있었다. 당 내부의 어려운 사정에도 불구하고 백제로 파견된 손인사가 거느린 당군은 웅진도독부의 유인원과 유인궤에게는 큰 힘이 되었다.156) 孫仁師의 당군은 웅진도독부에 도착하기도 전에 군사적인 위력을 보여주었다. 다음의 사료에서 그 사실을 살펴볼 수 있다.

Q-① 遣使高句麗倭國乞師 以拒唐兵 孫仁師中路迎擊破之 遂劉仁願之衆相合 士氣大振(『三國史記』百濟本紀 義慈王 20년).

② 又遣使往高麗及倭國請兵 以拒官軍 孫仁師中路迎擊破之 遂與仁願之衆相合 兵勢大振(『舊唐書』권199 列傳 제149 東夷 百濟國).

『三國史記』百濟本紀 義慈王 20년조의 기사에 실려 있지만, 실제로는 663년의 사실에 대한 기록인 Q-①과 『舊唐書』東夷列傳의 기록(Q-②)을 보면 손인사가 이끈 당군이 고구려와 왜의 구원군을 격파하였다는 기사가 있다. 이는 부흥운동군이 請兵하여 백제로 오

---

156) 右威衛將軍孫仁師率軍浮海而至 士氣振(『新唐書』권108 列傳 제33 劉仁軌).

　　仁願已得齊兵 士氣振(『新唐書』권220 列傳 제145 東夷 百濟).

고 있던 고구려와 왜의 구원군을 손인사가 거느린 당군이 중로에서 격파하였다는 것을 알려주는 것이다. 孫仁師의 당군 역시 웅진도독부로 오는 도중에 고구려와 왜군을 만난 것으로 볼 수 있을 것이다. 그러나 당군이 중로에서 만나 격파한 고구려와 왜의 구원군에 대해서는 더 이상 구체적인 기록을 찾을 수는 없다. 그렇지만 고구려와 왜군이 필시 수군으로 편성된 구원군이었을 것이라고 짐작된다. 왜냐하면 손인사가 거느린 당군은 배를 타고 웅진도독부로 오는 중이었고 바다에서 고구려와 왜군을 만났을 가능성이 매우 크기 때문이다. 즉 부흥운동군의 구원요청을 받고 출병한 고구려와 왜국의 수군은 당에서 출병한 손인사의 당군과 바다에서 조우하였을 것이고, 이를 손인사의 당군이 격파하였던 것이라고 볼 수 있다.

고구려와 왜의 수군을 중로에서 물리친 손인사의 군대는 웅진도독부로 들어가 劉仁願이 거느린 留鎭唐軍과 합세하여 兵勢를 크게 떨치게 되었다. 이로써 웅진도독부의 留鎭唐軍은 그동안 공격할 엄두를 내지 못하던 부흥운동군의 최대 거점이자 천험의 요새지인 주류성 공격에 나설 태세를 갖추고 신라군과 공동작전에 돌입하게 되었다.

2) 白江口 戰鬪와 周留城 陷落

나당군은 부흥운동군을 진압한 지역에서는 부흥운동군의 우두머리는 참수하고 그 이하 백성들은 방면하여 생업에 종사하게 하는 등 강경책과 회유책을 동시에 사용하였다. 그리고 백제유민들이 다시 결집하여 부흥운동군에 참여하지 못하도록 관리와 병사를 두어 지키게 하였다[157].

---

157) 取其城 置官守(『三國史記』 新羅本紀 太宗武烈王 7년 10월).

당에서부터 덕물도를 거쳐 웅진도독부로 오는 과정에서 이미 고구려와 왜의 구원군을 해상에서 격파한 손인사의 당군은 웅진도독부의 留鎭唐軍과 합군하였다. 孫仁師가 거느린 唐의 증원군이 도착하게 되자 留鎭唐軍의 사기는 크게 진작되었다. 그 동안 웅진도를 차단하고 웅진도독부에 당군을 고립시킨 부흥운동군의 세력을 일축하기 위한 당군의 전략은 부흥운동군의 최대거점인 주류성을 공격하여 함락시키는 것이었다. 그러나 이것은 최후의 목표였다. 당군은 부흥운동군을 공격하기 위한 구체적인 전략을 세우게 되었다. 우선 부흥운동군을 공격하기 위한 전투병을 편성하는 것이 문제였다.

唐軍의 병력은 부흥운동군을 압도할 만한 규모가 아니었다. 우선 劉仁願과 劉仁軌가 거느린 웅진도독부의 留鎭唐軍은 처음에 1만 명이었다. 그러나 661년 부흥운동군과의 전투에서 손실을 입은 1천 명을 제외한 나머지 병력이 9천 명뿐이었다. 여기에 孫仁師가 거느리고 온 7천 명을 합하여도 唐軍의 전력은 1만 6천 명이었다. 이 정도의 전력으로는 부흥운동군을 공격하기가 쉽지 않았다. 이 무렵 부흥운동군은 이미 왜에서 온 2만 7천 명의 구원군이 합세해 있는 상태였다.158) 병력만으로 볼 때 결코 당군이 우세한 상황이 아니었다. 이러한 병력의 불리함은 劉仁軌가 웅진강구 전투와 眞峴城 전투에서 신라군을 동원한 것과 같이 필연적으로 신라군과의 연합으로 해결할 수밖에 없었다.

당군의 단독 작전만으로는 부흥운동군을 상대하기가 어려웠던 것으로 생각된다. 신라군과의 연합은 단지 당군의 요구만은 아니었다. 신라군으로서도 당군과 연합하여 부흥운동군을 진압하여야만 했다. 신라군도 文武王이 직접 金庾信, 金仁問, 天存, 竹旨 등 28장

領分兵以鎭守之(『新唐書』 권220 列傳 제145 東夷 百濟).
158) 『日本書紀』 권 제27 天智天皇 2년 3월.

군과 함께 출정하여 당군과 합세하였다.159) 신라군의 병력에 대해
서는 구체적인 기록이 없지만 아마 660년 백제 정벌 당시의 전력인
5만 명 정도의 대군을 동원했다고 추측된다. 왜냐하면 663년 주류
성의 부흥운동군 진압 작전 역시 신라로서는 국왕과 김유신 등 28
장군이 출전하는 등 전력을 기울였던 것이 분명하고 또한 661년 3
월 두량윤성(주류성) 전투에서의 패배를 거울삼아 신라군은 총력을
기울였을 것이 분명하기 때문이다. 그렇다면 나당군은 모두 6만 6
천 명 이상의 대군을 동원하였던 것으로 추측할 수 있다.

그런데 주류성 공격에 앞서 나당군은 진군방향을 놓고 고민에
빠지지 않을 수 없었다. 水陸의 要衝에 자리 잡고 있던 부흥운동군
의 주요 거점의 하나였던 加林城이 문제였던 것이다. 加林城은 지
금의 충남 부여군 임천면 군사리에 소재한 聖興山城을 가리킨다.160)
가림성은 동성왕대 이래로 백제의 주요 거점성으로 사비도성 방어
의 요충지였다.161) 특히 금강의 입구에서 사비도성과 웅진성으로
가기 위해서는 반드시 거쳐야 하는 길목에 위치하고 있는 수륙의
요충지였다.162) 加林城은 부흥운동군의 거점으로 웅진도독부에서
주류성으로 진군하고자 하는 나당군의 길목을 가로막고 있었던 것
이다. 나당군에게 가림성에 주둔한 부흥운동군은 주류성 공격의 장
애물로 매우 위협적인 존재였다.

그러므로 나당군은 주류성으로 진군하는 도중에 있는 가림성을
놓고 고민에 빠지지 않을 수 없었다. 이에 대하여 다음의 자료들을

---

159) 王領金庾信等二十八(一云三十)將軍與之合(『三國史記』 新羅本紀 文武王 3년 5
　　월).
　　大王親率庾信仁問天存竹旨等將軍 以七月十七日征討 次熊津州 與鎭守劉仁願合
　　兵(『三國史記』 列傳 金庾信 中).
160) 兪元載, 「百濟 加林城 硏究」, 『百濟論叢』 5, 1996, pp.77~90.
161) 『三國史記』 百濟本紀 東城王 23년 8월.
162) 安承周·徐程錫, 『聖興山城 門址發掘調査報告書』, 1996, pp.12~19.

살펴보도록 하사.

　R-① 於是諸將議所向 或曰 加林城水陸之衝 合先擊之 仁軌曰 兵法避實擊
　　　虛 加林嶮而固 攻則傷士 守則曠日 周留城百濟巢穴 群聚焉 若克之諸
　　　城自下(『三國史記』 百濟本紀 義慈王 20년).
　　② 於是諸將會議 或曰 加林城水陸之衝 請先擊之 仁軌曰 加林城險固 急
　　　攻則傷損戰士 固守則用日持久 不如先攻周留城 周留 賊之巢穴 群凶
　　　所聚 除惡務本 須拔其源 若克周留 則諸城自下(『舊唐書』 권84 列傳
　　　제34 劉仁軌).
　　③ 諸將以加林城水陸之衝 欲先攻之 仁軌曰 加林城險固 急攻則傷士卒 緩
　　　之則曠日持久 周留城虜之巢穴 群凶所聚 除惡務本 宜先攻之 若克周
　　　留 諸城自下(『資治通鑑』 권201 唐紀 17 高宗 龍朔 3년 9월).

위 사료들을 살펴보면 당과 신라군이 부흥운동군의 거점이며 수
륙의 요충인 가림성에 대한 공격여부를 놓고 고심하는 모습을 엿볼
수 있다. 즉 웅진도독부에 모인 여러 장수들이 수륙의 요충지인 가
림성을 먼저 공격할 것을 주장했다. 그러나 劉仁軌는 兵法에 '避實
擊虛'를 들어 周留城으로의 直攻을 주장했다. 유인궤는 험준하고 견
고한 加林城을 치다가는 병사를 상하게 하고 시간을 오래 지체하게
되니 오히려 부흥운동군의 소굴인 周留城을 먼저 쳐서 함락시키면
저절로 나머지 성들은 항복할 것이라고 하였다. 비록 加林城이 부
흥운동군의 요충지로 나당군의 진격로 상에 있었으나 나당군은 전
력의 낭비와 시간상의 손실을 줄이기 위해 加林城 공격을 뒤로 미
루었던 것이다.

나당군은 이에 加林城을 지나쳐서 周留城으로 바로 공격하는 우
회전술을 택하게 되었다. 이는 660년 나당연합군이 백제공격시에
택한 전략으로 여타 제성에서의 전투를 피하고 공격의 최후 목표인
사비성을 직공한 전략과 동일한 것이었다. 이리하여 나당군은 가림

성을 우회하여 周留城으로 직공하기로 하고 군단을 편성하였다. 이러한 전격적인 공격전략은 나당군이 부흥운동군에 비해 전력상 우위를 점하고 있다는 판단에 바탕을 둔 것이었다.163)

　나당군의 진격로와 백강구 전투 및 주류성164) 함락에 이르는 과정은 다음의 사료를 통해 살펴볼 수 있다.

　S-① 於是仁師仁願及羅王金法敏 帥陸軍進 劉仁軌及別帥杜爽扶餘隆 帥水
　　　　軍及糧船 自熊津江往白江 以會陸軍 同趨周留城 遇倭人白江口 四戰
　　　　皆克 焚其舟四百艘 煙炎灼天 海水爲丹 王扶餘豊脫身而走 不知所在
　　　　或云奔高句麗 獲其寶劍 王子扶餘忠勝忠志等帥其衆 與倭人並降 獨遲
　　　　受信據任存城未下(『三國史記』 百濟本紀 義慈王 20년).
　　② 龍朔三年癸亥 百濟諸城潜圖興復 其渠帥據豆率城 乞師於倭爲援助 大
　　　　王親率庾信仁問天存竹旨等將軍 以七月十七日征討 次熊津州 與鎭守
　　　　劉仁願合兵 八月十三日至于豆率城 百濟人與倭人出陣 我軍力戰大敗
　　　　之 百濟與倭人皆降 (중략) 分兵擊諸城降之 唯任存城 地險城固 而又
　　　　糧多 是以攻之三旬 不能下(『三國史記』 列傳 金庾信 中).
　　③ 於是仁師仁願及羅王金法敏 帥陸軍進 劉仁軌及別帥杜爽扶餘隆 率水軍
　　　　及糧船 自熊津江往白江 以會陸軍 同趨周留城 仁軌遇扶餘豊之衆於白
　　　　江之口 四戰皆捷 焚其舟四百艘 賊衆大潰 扶餘豊脫身而走 僞王子扶
　　　　餘忠勝忠志等 率士女及倭衆並降 百濟諸城 皆復歸順(『舊唐書』 권199
　　　　列傳 제149 東夷 百濟國).
　　④ 於是仁師仁願及新羅王金法敏 帥陸軍以進 仁軌乃別率杜爽扶餘隆 率水

---

163) 부흥운동기 留鎭唐軍의 전략을 「唐劉仁願紀功碑」를 통해 살펴보면 "閑然高枕
　　不與爭鋒 堅甲利兵 以□其弊賊等 曠日持久 力竭氣衰 君乃陰行間諜 □其卒墮
　　□□□ □釁待時 鑿門開穴 縱兵掩襲" 이라 기록되어 있다. 즉 留鎭唐軍은 사
　　비도성과 웅진도독부성에서 농성하면서 부흥운동군의 예봉을 피하는 持久戰
　　을 전개하였다. 그리고 한편으로는 간첩을 보내어 부흥운동군을 이간질하고
　　한편으로는 부흥운동군이 쇠퇴할 때를 기다리면서 무기와 병사를 조련하면서
　　때를 기다리고 있었다.
164) 『三國史記』 金庾信列傳에는 주류성이 豆率城으로 기록되어 있다. 두율성은 주
　　류성과 발음상 유사할 뿐만 아니라 新羅本紀의 기록과 대조해 볼 때 주류성
　　에 대한 또 다른 표기로 보여진다.

軍及糧船 自熊津江往白江 會陸軍 同趣周留城 仁軌遇倭兵於白江之口 四戰捷 焚其舟四百艘 煙焰漲天 海水皆赤 賊衆大潰 餘豊脫身而走 獲 其寶劍 僞王子扶餘忠勝忠志等 率士女及倭衆並耽羅國使 一時並降 百 濟諸城 皆復歸順 賊帥遲受信據任存城不降(『舊唐書』 권84 列傳 제 34 劉仁軌).

⑤ 於是仁師仁願及法敏 帥陸軍以進 仁軌與杜爽扶餘隆 繇熊津白江會之 遇倭人白江口 四戰皆克 焚四百艘 海水爲丹 扶餘豊脫身走 獲其寶劍 僞王子扶餘忠勝忠志等 率其衆與倭人降 獨酋帥遲受信據任存城未下 (『新唐書』 권108 列傳 제33 劉仁軌).

⑥ 仁願已得齊兵 乃與新羅王金法敏 率步騎 而遣劉仁軌 率舟師 自熊津江 偕進 趨周留城 豊屯白江口 四戰皆克 火四百艘 豊走 不知所在 僞王子 扶餘忠勝忠志 率殘及倭人請命 諸城皆復(『新唐書』 권220 列傳 제 145 東夷 百濟).

⑦ 九月戊午 熊津道行軍總管右威衛將軍孫仁師等 破百濟餘衆及倭兵於白 江 拔其周留城 (중략) 於是仁師仁願與新羅王法敏 將陸軍以進 仁軌 與別將杜爽扶餘隆 將水軍及糧船 自熊津入白江 以會陸軍 同趣周留城 遇倭兵於白江口 四戰皆捷 焚其舟四百艘 煙炎灼天 海水爲赤 百濟王 豊脫奔高麗 王子忠勝忠志等帥衆降 百濟盡平 唯別帥遲受信據任存城 不下(『資治通鑑』 권201 唐紀17 高宗 龍朔 3년 9월).

위 사료들을 통해 우선 나당군의 군단편성과 진공 전략을 살펴 볼 수 있다. 우선 군단 편성을 보면 나당군은 연합군으로 편성되었 고, 병종별로 보면 육군과 수군으로 구성되었음을 알 수 있다. 즉 육군은 문무왕이 거느린 신라군[165]과 劉仁願, 孫仁師가 거느린 당 군으로 편성되었다. 그리고 水軍은 劉仁軌와 別將 杜爽, 백제의 태 자였던 扶餘隆이 거느린 당군으로 편성되었고, 여기에는 군량미를 실은 糧船도 포함되었다.

이때 나당연합군의 편성을 보면 <표 5>와 같다.

---

165) 신라군은 김유신과 김인문, 천존, 죽지 등 등 28장군(또는 30장군)이 출정하였 다(『三國史記』 新羅本紀 文武王 3년 5월 및 『三國史記』 列傳 金庾信 中).

표 5. 周留城 攻擊時 羅唐聯合軍의 編成

구 분	新羅軍 將軍	唐軍 將軍
陸 軍	文武王	劉仁願
	金庾信	
	金仁問	
	天 存	
	竹 旨	孫仁師
水 軍	□상	劉仁軌
		杜 爽
		扶餘隆

그런데 여기서 수군에 신라군이 포함되어 있지 않은 것으로 기록되어 있다. 이는 신라 수군이 정말로 편제되지 않았을 수도 있고, 단순히 기록의 누락일 수도 있다. 그러나 신라 수군이 당시의 군단 편성에 빠져있는 것은 周留城 공격을 위한 나당군의 편성이 웅진도독부에서 출발한 군단만을 기록한 까닭으로 보인다. 웅진도독부에서 출발하는 나당연합군에 굳이 신라 수군이 웅진도독부까지 가서 합류할 필요성은 없을 것이다. 더욱이 나당연합군의 최종 공격목표가 웅진도독부에서 바다 쪽으로 나와야만 하는 周留城인 이상 신라 수군이 강물을 거슬러 웅진도독부로 갈 필요는 없었다. 오히려 신라 수군은 웅진도독부에서 출발했다고 보기보다는 다른 곳에 주둔해 있다가 당의 수군과 나중에 백강구에서 합류했을 가능성이 큰 것이다.166)

나당연합군의 편성을 통하여 나당군의 진공 전략을 몇 가지 엿볼 수 있다. 첫째로, 나당연합군은 육군과 수군으로 구성되었다는

---

166) 660년에 덕물도에 당군을 맞으러 나갔던 良圖와 같은 인물이 신라의 수군을 이끌었을 가능성이 있다.

점이다. 이는 나당연합군이 주류성의 부흥운동군을 공격하기 위하여 水陸竝進 전략을 채용하고 있음을 알 수 있게 해 준다. 즉 수군과 육군의 양군을 동원한 水陸竝進에 의한 협공전략을 나당연합군은 채택하였던 것이다.

둘째로, 신라군은 문무왕이 직접 출정하고 있다는 점이다. 신라군은 국왕인 문무왕이 직접 김유신 등 모두 28장군을 거느리고 출병하였다. 660년 백제 정벌 당시에 태종무열왕이 직접 5만 대군을 거느리고 출정한 것과 같이 신라군의 전력을 대부분 동원한 것이었다. 이는 660년 백제 정벌 당시와 마찬가지로 신라는 부흥운동군 진압에 전력을 기울였던 것이다. 이것은 비록 孫仁師가 7천 명의 당군을 거느리고 왔다고는 하지만 부흥운동군 토벌군의 주력은 留鎭唐軍이 아니라 신라군이었다는 사실을 알려주는 것이다. 부흥운동군 진압에 신라군이 중심이 되었고, 당군은 부수적인 존재였던 것이다. 이는 660년 백제 정벌 당시와는 다른 양상이었다.

셋째로, 660년 사비성의 함락과 함께 의자왕과 더불어 唐으로 끌려갔던 백제의 마지막 태자인 扶餘隆이 唐軍의 일원으로서 부흥운동군 토벌에 참여하고 있다는 점이다. 扶餘隆은 백제의 태자로 의자왕의 후계자였다. 즉 백제의 왕통을 이어받을 제일의 후보였던 扶餘隆이 당군에 포함되어 있었다. 扶餘隆은 孫仁師의 증원군과 함께 熊津都督府에 도착했던 것으로 보인다.[167] 당이 扶餘隆을 백제 고지에 파견한 것은 백제유민을 위무하고 부흥운동군을 토벌하기 위한 것이었다. 扶餘豊보다는 의자왕의 태자로서 왕위계승권을 갖고 있던 扶餘隆이 당군의 편에 서서 부흥운동군을 토벌한다는 것은 백제유민들의 결집력을 와해시키고, 백제부흥의 의지를 잠재우는데

---

167) 梁起錫, 「百濟 扶餘隆 墓誌銘에 대한 檢討」, 『國史館論叢』 62, 1995, pp.143~144.

매우 유효하게 작용할 것이라고 판단한 것으로 생각된다.

　더구나 부흥운동군의 지도층 내부에서 福信이 道琛을 죽이고, 道琛은 豊王에게 죽임을 당하는 등 내분과 갈등이 노정된 상황에서 扶餘隆의 등장은 부흥운동군의 사기를 크게 저하시켰다. 扶餘隆의 참전은 부흥운동군 토벌을 위한 以夷制夷戰略의 극치였다.[168) 신라군에도 扶餘忠常과 自簡이 참여하고 있었다. 나당연합군은 부흥운동군 토벌의 대오에 백제의 왕족과 귀족들을 포함시켰던 것이다.

　나당군의 공격로에 대해서도 살펴볼 필요가 있다. 문무왕이 거느린 신라 육군과 劉仁願 및 孫仁師가 거느린 당의 육군은 웅진도독부에서 白江으로 진군하고, 劉仁軌와 杜爽, 扶餘隆이 거느린 당의 수군은 熊津江으로부터 배를 타고 白江으로 진군하기로 하였다. 그리고 백강에서 만나 함께 주류성을 공격하기로 하였다.[169) 웅진도독부 즉 지금의 공주에서 각기 출발한 육군과 수군이 만나기로 한 곳이 白江이었던 것이다. 육군은 육로를 통해서 백강으로 갔을 것이고, 수군은 수로인 금강을 따라 내려가 백강으로 갔을 것이다. 특히 육군은 가림성을 피해 금강의 남변을 따라 백강으로 향했을 것이다. 부흥운동군의 소굴인 주류성을 공격하기 위해 웅진도독부에

---

168) 馬韓餘燼 狼心不悛 鴟張遼海之濱 蟻結丸山之域 皇赫斯怒 天兵輝威 上將擁旄 中權奉律 呑噬之籌 雖稟廟謨 綏撫之方 且資人懿 以公爲熊津都督 封百濟郡公 仍爲熊津道摠管兼馬韓道按撫大使 公信勇早孚 威懷素洽 招攜邑落 忽若拾遺 翦滅姦凶 有均沃雪 尋奉明詔 修好新羅 俄沐鴻恩 陪觀東岳(韓國古代社會硏究所編, 「扶餘隆 墓誌銘」, 『譯註 韓國古代金石文』 제1권, 1992, pp.545～553).

169) 그런데 여기서 백강의 위치가 어디냐에 따라 나당군의 공격로와 백강구 전투가 일어난 곳의 위치가 달라진다. 그리고 주류성의 위치에 대해서도 의견이 달라진다. 백강과 주류성의 위치에 대해서는 지금까지 많은 논의가 있어 왔다. 그리고 부흥운동에 대한 연구의 상당부분이 백강과 주류성의 위치 구명에 치중해 왔으나 아직까지 구체적인 위치에 대해서는 확정적인 견해를 내지 못하고 있다. 본고에서는 백강은 지금의 금강 하류를 지칭하는 강명으로 보고, 주류성의 위치에 대해서는 부안의 위금암산성설을 따른다.

시 출발한 나당군은 금강을 따라 내려가 백강에서 만나고자 했던 것이다. 이러한 나당군의 공격로는 660년 소정방이 거느린 백제원정군이 사비도성으로 진군한 공격로를 역으로 진행한 것이다.

나당군의 주류성 공격을 위한 전략과 전술은 660년 백제 정벌시의 전략전술과 매우 흡사한 면을 보인다. 나당군이 보여준 직접적인 공격전략으로써 水陸竝進을 통한 협공전략과 부흥운동군의 주요 거점이며 전략적 요충인 加林城을 직접 공격하지 않고 우회하는 우회전술은 이미 660년 백제 정벌전에도 활용되었었다. 그리고 나당군의 공격로도 비록 역방향으로의 진행이라고 할지라도 매우 유사한 것이었다.

周留城의 부흥운동군도 나당군의 공격에 대비해 방어전략을 펼쳤다. 우선 부흥운동군의 주요 거점성들이 신라군과 당군에 의해 속속 함락당하자 부흥운동군은 군수물자의 부족을 해결하려고 일시적으로 옮겼던 평야지대에 위치한 避城에서 산이 험하고 계곡이 깊어 방어하기 유리한 천험의 요새지인 주류성으로 돌아와 방비를 단단히 하였다.[170] 이른바 농성전을 준비하였던 것이다. 그리고 고구려와 왜에 구원군을 파견해 줄 것을 요청하였다.[171]

부흥운동군의 요청에 대해 고구려는 당의 측면공격 때문에 구원군을 직접 파견하지는 못했다.[172] 그러나 倭에서는 직접 구원군을 파견하여 白江口 전투와 주류성 전투에 참여하게 된다. 百濟·倭의 연합군이 羅唐聯合軍과 대결전을 치르게 된 것이다. 白江口에 도착한 신라군과 당군은 부흥운동군과 왜군을 상대로 접전을 펼쳐 대승을 거두게 된다.

---

170) 『日本書紀』권 제27 天智天皇 元年.
171) 遣使高句麗倭國乞師 以拒唐兵(『三國史記』百濟本紀 義慈王 20년).
172) 盧重國, 「百濟 滅亡後 復興軍의 復興戰爭 硏究」, 『歷史의 再照明』, 1995, p.257.

앞의 사료에 보면 웅진에서 출발한 나당연합군이 백강구에서 백제·왜의 연합군과 치열한 전투를 벌이는 장면을 기록하고 있다. 『三國史記』百濟本紀와 『新唐書』 劉仁軌 列傳에는 白江口에서 倭軍을 만난 것으로 되어 있고, 『舊唐書』 東夷 百濟國 列傳과 『新唐書』 東夷 百濟 列傳에는 白江口에 주둔하고 있는 扶餘豊을 만난 것으로 상이하게 기록되어 있다. 이는 나당군이 백강구 전투에서 상대한 군대의 주력이 부흥운동군인지 왜의 수군인지에 따라 다르게 기록된 것으로 보인다. 즉 백강구 전투의 主敵을 부흥운동군으로 인식한 것인지 倭軍으로 인식한 것인지에 따라 약간의 기록상의 차이가 나는 것이라 할 수 있다.

그러나 실제로 백강구 전투에서의 전투양상은 전투 상대가 누구냐에 따라 다르게 기록되어진 것보다는 육군과 수군의 전투 기록을 혼재하여 기록한 결과로 볼 수 있다. 『資治通鑑』의 기록에는 백강구에서 만난 것이 왜군으로 기록되어 있으면서도 부흥운동군과 왜군을 백강구 전투에서 공파하였다고 복합적으로 기록하고 있다. 이는 또한 나당군을 방어하던 부흥운동군과 왜군이 육군과 수군으로 나뉘어져 있었다는 사실을 알려주는 것이다. 다음의 答薛仁貴書를 보면 그 양상을 분명히 살필 수 있다.

至龍朔三年 摠管孫仁師 領兵來救府城 新羅兵馬亦發同征 行至周留城下 此時 倭國船兵 來助百濟 倭船千艘 停在白沙 百濟精騎 岸上守船 新羅驍騎爲漢前鋒 先破岸陣 周留失膽 遂卽降下(『三國史記』 新羅本紀 文武王 11년 答薛仁貴書).

즉 答薛仁貴書의 기록에 의하면 웅진도독부에서 출발한 신라군이 주류성으로 진군하였을 때, 왜군은 白沙(白江)에 정박해 있었고, 부흥운동군의 精騎는 강 언덕 위에서 왜의 수군을 지키고 있었다.

이 때 신라군이 당군의 선봉이 되어 강 언덕 위의 부흥운동군을 격파하였다. 이와 같은 기록을 살펴보면 백강구의 해전에서는 당의 수군이 왜의 수군을 만나 격파하였고, 육상에서는 신라군이 부흥운동군을 격파하였던 것으로 볼 수 있다.

백강구 전투에서 劉仁軌가 이끄는 나당의 수군은 倭軍과 네 번 싸워 네 번 모두 이기고 400척을 불사르는 대승을 거두었다. 왜군의 전함은 나당군의 火攻으로 불에 타 그 연기가 하늘을 찌르고, 핏물이 바닷물을 시뻘겋게 만들 정도였다. 백강구 전투에 대해서 『日本書紀』는 다음과 같이 기록하고 있다.

> 秋八月壬午朔甲午 新羅 以百濟王斬己良將 謨直入國先取州柔 於是百濟知賊所計 謂諸將曰 今聞 大日本國之救將盧原君臣 率健兒萬餘 正當越海而至 願諸將軍等 應預圖之 我欲自往待饗白村 戊戌 賊將至於州柔 繞其王城 大唐軍將率戰船一百七十艘 陣烈於白村江 戊申 日本船師初至者 與大唐船師合戰 日本不利而退 大唐堅陣而守 己酉 日本諸將 與百濟王 不觀氣象 而相謂之曰 我等爭先 彼應自退 更率日本亂伍 中軍之卒 進打大唐堅陣之軍 大唐便自左右夾船繞戰 須臾之際 官軍敗績 赴水溺死者衆 艫舳不得回旋 朴市田來津 仰天而誓 切齒而嗔 殺數十人 於是戰死 是時 百濟王豊璋 與數人乘船 逃去高麗(『日本書紀』 권 제27 天智天皇 2년).

위 기록을 보면 663년 8월 13일 부흥운동군은 이미 나당연합군이 주류성을 공격하려는 전략을 간파하고 있었다. 이 때 扶餘豊은 盧原君臣이 거느리고 오는 倭의 1만 구원군을 영접하러 백강으로 갔다. 扶餘豊은 周留城에서 농성하는 것보다는 왜의 구원군을 맞이하는 것을 더 중시했던 것 같다. 이러한 결정은 그의 세력기반이라고 할 수 있는 왜군에게 의지하고자 하는 풍의 심정을 잘 보여준다.

그런데 豊王이 백(촌)강으로 왜의 구원군을 맞이하러 간 뒤 나당연합군의 육군은 8월 17일에는[173] 주류성을 포위하였고, 수군은 백강구에 이미 진을 치고 있었다. 이 당시 나당연합군의 수군이 170척의 전함으로 구성되었다는 사실은 『日本書紀』를 통해 알 수 있는데 이는 孫仁師가 당으로부터 이끌고 온 선단에 신라 수군이 합세한 것이다. 당의 수군이 보유한 전함의 크기는 660년 백제원정 당시를 참고하면 전함 1척당 약 65명이 탈 수 있는 규모였다.[174] 그렇다면 孫仁師가 거느리고 온 7천 명의 증원군이 타고 온 전함의 수는 약 100여 척으로 추산할 수 있는데, 백강구 전투에 170척의 전함으로 구성된 수군이 왜의 수군과 전투를 벌였다면 나머지 70척은 신라 수군의 전함으로 볼 수 있다. 신라 수군의 전함들은 웅진도독부에서 출발한 劉仁軌가 거느린 당의 수군과 백강구에서 합류한 것이었다.

8월 17일에 왜의 수군은 백강구에 도착하여 나당연합군의 수군과 싸웠으나 불리하여 퇴각했다. 그러다가 8월 28일에 왜의 수군과 백제의 풍왕은 나당군 수군에 대하여 기습을 감행하였다. 그러나 대오가 난삽하여 조직력이 미약한 왜의 수군이 견고한 나당연합군을 이길 수 없었다. 오히려 나당연합군은 왜군을 좌우에서 협격하였다. 눈 깜짝할 사이에 왜군은 패배하고 물에 떨어져 익사한 자가 많았으며 뱃머리를 돌릴 수도 없었다. 왜군은 나당연합군의 撞破戰術과 협공전략에 밀려 많은 사상자를 낼 수밖에 없었다. 결국 왜군은 나당연합군과의 네 차례 전투에서 모두 패하고 말았다.

왜의 수군이 나당연합군에게 참패한 이유는 다음과 같다. 첫째는 대오가 난삽한 군대로 수비를 굳건히 한 나당연합군의 수군을 공격하는 모험을 감행했다는 점이다. 둘째는 전투에 앞서 조수나

---

173) 『三國史記』金庾信 列傳에는 8월 13일에 周留城에 도착한 것으로 되어있다.
174) 金榮官, 「羅唐聯合軍의 百濟侵攻戰略과 百濟의 防禦戰略」, 『STRATEGY 21』 2－2, 1999, p.168.

해풍 등 바다의 기상을 고려하면서 전투에 나서야 하는데도 불구하고, 무작정 공격하다가 나당연합군의 역공에 밀려 진퇴양난의 위기를 자초했다는 점이다. 셋째로 나당연합군의 전력에 대한 철저한 분석도 없이 군세만을 믿고 전쟁의 결과를 지나치게 낙관하였다는 점이다.

이러한 왜군의 오판은 결국 백강구전의 참패로 이어졌다. 백강구 전투에서 왜군은 1,000척의 전함 중 中軍이 거느린 400척의 전함을 잃는 대패를 당하였고, 풍왕이 거느린 부흥운동군도 백강의 언덕 위에서 신라군에게 패배하였다. 그 결과 倭將 朴市田來津 등이 전사하였고 부흥운동의 최고지도자인 풍왕마저도 배를 타고 고구려로 달아났다. 백강구 전투의 패배로 전의를 상실한 부흥운동군은 9월 7일에 이르러서는 주류성도 나당군에게 내주고 말았다.[175] 나당연합군이 웅진에서 합세하여 출병한지 불과 50여 일만의 일이었다.

주류성의 함락으로 왕자 扶餘忠勝과 扶餘忠志 등이 거느린 부흥운동군과 백제유민들은 나당연합군에게 항복을 하였다. 그리고 주류성의 왜군과 耽羅에서 온 使臣도 나당연합군에게 항복하였다. 나당연합군에 항복하지 않은 백제의 유민들은 弖禮城과 枕服岐城 등 백제의 여타지역에 주둔하고 있던 왜군을 따라 왜로 망명의 길을 떠나게 되었다.[176]

---

175) 九月辛亥朔丁巳 百濟州柔城 始降於唐(『日本書紀』 권 제27 天智天皇 3년).

176) 甲戌 日本船師 及佐平餘自信達率木素貴子谷那晉首憶禮福留 幷國民等 至於弖禮城 明日 發船始向日本(『日本書紀』 권 제27 天智天皇 2년 9월).

3) 任存城과 泗沘山城에서의 마지막 抗戰

백강구 전투의 패배와 부흥운동군의 최대 거점인 주류성의 함락은 부흥운동군의 활동을 종말로 치닫게 하였다. 그리고 왜에서 迎立한 豊王마저도 고구려로 달아난 후 부흥운동군은 백제의 남방지역을 나당연합군에게 모두 내 주었다. 주류성의 함락으로 인해 여러 성에 남아있던 부흥운동군은 전의를 상실한 채 나당연합군의 공격에 무기력하게 무너졌다. 이제 부흥운동군의 북방 거점으로 遲受信이 督戰하고 있던 任存城이 나당연합군의 공격목표로 남게 되었다.

임존성은 부흥운동의 발생 단계부터 남방의 주류성과 함께 북방의 거점이었던 지역이다.[177] 임존성은 지세가 험하고 성벽이 견고한 곳으로 백제의 서방지역으로 비정되는 지역이기도 하다. 福信과 道琛이 거느린 부흥운동군이 661년 3월 사비성에 포위되어 있던 留鎭唐軍을 구원하러 온 劉仁軌를 熊津江口에서 막다가 1만 명의 사상자를 내고 철수한 곳도 任存城이었다. 그리고 黑齒常之가 처음 거병한 곳도 任存城이었다.

백제의 서북부 지역에 위치한 임존성은 시종일관 부흥운동의 중심지 역할을 했던 곳이었다. 그러나 부흥운동군의 최대 거점이었던 주류성이 나당연합군의 수중에 들어가자 나당연합군의 주력은 백제 북방의 임존성을 공격하기에 이르렀다. 임존성의 함락에 대하여는 『三國史記』의 기록을 통해 살펴볼 수 있다.

---

177) 지금의 忠南 禮山郡 大興面 上中里와 光時面 東山里에 걸쳐있는 鳳首山에 소재한 山城으로 비정되고 있다(禮山郡・忠南發展研究院, 『禮山 任存城 -文化遺蹟 精密 地表調査-』, 2000).

T-① 獨遲受信據任存城 不下 白冬十月二十一日攻之 不克 至十一月四日班
   師 至舌利停論功行賞有差 大赦 製衣裳 給留鎭唐軍(『三國史記』新羅
   本紀 文武王 3년).
   ② 唯任存城 地險城固 而又糧多 是以攻之三旬 不能下 士卒疲困狀兵 大
   王曰 今雖一城未下 而諸餘城保皆降 不可謂無功 乃振旅而還 冬十一
   月二十 至京 賜庾信田五百結 其餘將卒賞賜有差(『三國史記』列傳
   金庾信 中).
   ③ 南方已定 廻軍北伐 任存一城 執迷不降 兩軍兵力 共打一城 固守拒捍
   不能打得 新羅卽欲廻還(『三國史記』新羅本紀 文武王 11년 答薛仁貴
   書).

　위 기록을 보면 9월 7일에 주류성을 함락시킨 나당연합군은 다
시 북쪽으로 군대를 돌려 부흥운동군의 북방거점인 임존성을 공격
하였다. 주류성이 함락된 후 임존성에서는 遲受信이 부흥운동군을
이끌고 있었다. 나당연합군은 양군이 합세하여 任存城을 공격하였
으나 쉽사리 함락시키지 못했다. 지세가 험한 곳에 자리 잡고 있어
공격하기 어렵고, 또한 양식이 풍부한 任存城의 부흥운동군은 遲受
信의 지휘 하에 성을 굳게 지키고 있었다. 遲受信에 대해서는 다른
기록이 없어 자세히 알 수는 없다.

　그러나 그가 부흥운동군의 북방 거점인 임존성을 固守하고 있었
다는 것을 보면 부흥운동군을 이끈 주요 인물이었음은 틀림이 없
다. 遲受信이 任存城에서 부흥운동군을 이끌기 시작한 시기에 대해
서도 자세히 알 수 없다. 다만 복신이 豊王의 귀국 이후 道琛을 살
해하고는 豊王과 함께 周留城에 있었던 사실로 보아 풍왕의 迎立이
후 福信이 道琛을 살해한 이후에 임존성에서 활동했었다고 추측된
다. 즉 道琛을 대신해서 遲受信이 부흥운동군의 양대 거점 중 북방
의 任存城을 중심으로 부흥운동을 전개하였다고 보여진다.

　신라군은 무려 30일간이나 임존성을 공격했으나 실패했다. 『三

國史記』新羅本紀 문무왕 3년의 기록에는 10월 21일에 신라군이 임존성을 공격했으나 함락시키지 못하자 11월 4일 군대를 돌려 舌利停178)으로 물러나서 論功行賞을 한 것으로 기록되어 있다. 더욱이 大赦를 베풀고 留鎭唐軍에게는 衣裳을 지어주는 일까지 하였다고 기록되어 있다. 그런데 『三國史記』 金庾信列傳에는 신라군이 任存城을 30일이나 공격했으나 성을 함락시키지 못하였고 사졸이 피곤해지자 군대를 돌려 11월 20일 경주로 돌아와 論功行賞을 했다고 기록되어 있다. 이 두 기록의 차이는 『三國史記』 新羅本紀와 金庾信列傳이 서로 다른 사료를 바탕으로 편찬되어진 결과로 보여진다. 이 두 기록을 答薛仁貴書의 기록을 참고하여 정리해 보면 다음과 같다.

즉 신라군은 당군과 함께 任存城을 30일간이나 공격하였으나 함락시키지 못하자 우선 11월 4일에 舌利停으로 退軍을 하였다. 그리고 11월 20일에는 경주로 돌아와 金庾信 등에게 田 500結을 하사하고 당군에게는 의복을 지어주는 등 論功行賞과 함께 大赦를 하였다고 볼 수 있다. 그렇다면 신라군이 임존성을 처음 공격한 것은 10월 5일 경의 일이었을 것이다. 10월 5일부터 11월 4일까지 30일간의 任存城 공격은 성공을 거두지 못하였고, 신라군은 舌利停으로 철군을 결정하였다. 그리고 11월 20일에는 경주로 완전히 철군을 한 것이다.

이와 같이 任存城을 함락시키지도 못한 채 경주로 철군한 신라

---

178) 지금의 舒川에 비정되는 舌利停이 周留城을 함락시키고 설치한 것이라는 주장도 있다. 즉 舌利停이 周留城이라는 주장이다(沈正輔,「白江과 周留城」,『乾芝山城』, 1998, p.242). 그러나 서천지역에서 조사된 성곽 중 『日本書紀』에 나오는 주류성의 입지에 대한 설명과 같이 '산이 높고 계곡으로 막힌' 천험의 요새지에다가 부흥운동군의 최대거점의 역할을 할 만큼 규모가 큰 성곽을 찾기는 어렵다.

군의 동태는 자못 이해하기가 어렵다. 비록 7월에 출병하여 4개월이 넘게 부흥운동군과의 전투로 인한 장졸들의 피곤함만으로는 신라군이 당군을 任存城에 남겨둔 채 철군하였다고 보기는 매우 어렵다. 당군도 신라군보다 오랜 원정을 하고 있었던 터라 장졸의 피곤함만을 이유로 들 수는 없다. 당군이 홀로 任存城을 함락시킬 수 있는 방책을 강구한 뒤라야 신라군이 철군할 수 있었을 것이다. 여기에는 任存城 함락을 당군에게 미뤄도 될만한 충분한 사유가 있었기에 신라군은 철군을 결행할 수 있었다고 보여진다.

또한 任存城을 지키고 있던 부흥운동군 내부에도 문제가 있었을 것으로 생각된다. 대표적인 예로 부흥운동군의 지도자였던 沙吒相如와 黑齒常之가 당군에게 투항한 일을 들 수 있다. 이들은 遲受信의 휘하에 있다가 唐軍에 투항한 것으로 보여 진다. 黑齒常之와 沙吒相如가 당군에 투항한 시기는 명확하지 않다. 그러나 『三國史記』百濟本紀와 『舊唐書』와 『新唐書』의 劉仁軌 列傳을 살펴보면 대강의 시기를 짐작할 수 있다. 주류성을 함락 시킨 후 백제의 여러 성들이 모두 다시 귀순해 왔는데 임존성은 항복하지 않았다는 기사에 연결해서 黑齒常之와 沙吒相如에 대한 기사가 이어진다. 이들이 당군에 투항한 시기와 이유는 다음의 사료들을 통해 살펴볼 수 있다.

U-① 常之與別部將沙吒相如據嶮 以應福信 至是皆降 仁軌以赤心示之 俾取任存自效 卽給鎧仗糧糒 仁師曰 野心難信 若受甲濟粟 資寇便也 仁軌曰 吾觀相如常之 忠而謀 因機立功 尙何疑 二人訖取其城 遲受信委妻子奔高句麗 餘黨悉平(『三國史記』百濟本紀 義慈王 20년).

② 先是 百濟首領 沙吒相如黑齒常之 自蘇定方軍廻後 鳩集亡散 各據險以應福信 至是率其衆降 仁軌諭以恩信 令自領子弟以取任存城 又欲分兵助之 孫仁師曰 相如等 獸心難信 若授以甲仗 是資寇兵也 仁軌曰 吾觀相如常之 皆忠勇有謀 感恩之士 從我則成 背我必滅 因機立效 在於玆日 不須疑也 於是給其糧仗 分兵隨之 遂拔任存城 遲受信棄其妻子走

投高麗 於是百濟餘盡悉平(『舊唐書 권84 列傳 제34 劉仁軌).

③ 始定方破百濟 酋領沙吒相如黑齒常之 嘯亡散 據險以應福信 至是皆降 仁軌以赤心示之 畀取令任存自效 卽給 鎧糧仗糧橊 仁師曰 夷狄野心 難信 若受甲濟粟 資寇便也 仁軌曰 吾觀相如常之 忠而謀 因機立功 尙 何疑 二人訖拔其城 遲受信委妻子奔走高麗 百濟餘黨悉平(『新唐書 권 108 列傳 제33 劉仁軌).

④ 常之與別部將沙吒相如據嶮 以應福信 百濟旣敗 皆帥其衆降 劉仁軌使 常之相如自將其衆取任存城 仍以糧仗助之 孫仁師曰 此屬獸心 何可信 也 仁軌曰 吾觀二人 皆忠勇有謀 敦信重義 但崷者所託 未得其人 今正 是其感激立效之時 不用疑也 遂給其糧仗 分兵隨之 攻拔任存城 遲受 信委妻子奔高句麗 餘黨悉平(『資治通鑑』 권201 唐紀17 高宗 龍朔 3 년 9월).

위 기록을 보면 沙吒相如와 黑齒常之가 처음에 부흥운동에 참여 하였다가 당군에 투항한 사실을 기록하고 있다. 그리고 당군에 투 항한 이들을 두고 손인사와 유인궤가 회유하여 당군의 일원으로 임 존성을 공격하는데 이용하는 과정에 대하여 기록하고 있다. 손인사 는 유인궤가 이들을 무기와 식량을 주어 회유하고, 이들로 하여금 임존성을 공격하도록 하려는 것을 반대하였다. 손인사는 이들을 믿 을 수 없다고 하였으나 유인궤는 이들이 충성스럽고 용맹스러우며 꾀가 있어 진심으로 그들을 대하면 은혜를 알 것이라고 하여 임존 성을 공격하여 공을 세울 수 있도록 하였다. 그리고 그 결과 이들 에게 무기를 주어 임존성을 공격하도록 하여 마침내 함락시켰다는 내용이다.

沙吒相如와 黑齒常之는 각기 백제 멸망 전에는 別部將과 風達郡 將으로 백제의 지방관이었다. 이들은 처음에 사비도성이 함락되고 의자왕이 소정방과 김춘추에게 항복의 예를 갖추자 당군에 항복을 하였었다. 그러나 나당군이 남녀노소를 불문하고 약탈과 살육을 자 행하자 자신들의 기득권을 지키려 任存城의 부흥운동군에 합류하여

부흥운동을 전개하는데 주도적인 역할을 허였다. 그렇지만 다시 부
흥운동군의 최대 거점인 주류성이 함락당하고 豊王이 고구려로 달
아나자 劉仁軌가 거느린 당군의 회유에 넘어가 무리들을 거느리고
투항하였다.[179] 이들이 당군에 투항한 시기는 周留城 함락 후의 일
인 것으로 보인다.

　　沙吒相如와 黑齒常之가 劉仁軌의 회유에 넘어간 것은 아마도 이
들에게 당군이 모종의 보장을 약속한 것으로 추측된다. 그리고 이
들은 위 사료에서 보듯이 福信을 추종하여 부흥운동에 합류한 세력
이었다. 그러나 주류성 함락 직전인 663년 6월에 豊王에 의해 福信
이 참수되자 豊王에 대한 반감을 가지게 되었을 것이다. 게다가 부
흥운동군의 최대 거점인 周留城이 함락되고 豊王마저 고구려로 달
아나게 되자 당군의 회유를 받아 遲受信을 배신하고 任存城을 나와
당군에 투항한 것이다. 신라군과 당군이 任存城을 공격하고 있을
때에는 沙吒相如와 黑齒常之가 唐軍의 회유에 넘어오지는 않았던
것으로 보인다. 나당군의 공격으로 치열한 공방전을 벌이던 任存城
에서는 遲受信 휘하의 沙吒相如나 黑齒常之가 결사적으로 방어를
하였고 任存城은 30일간이나 함락되지 않고 버틸 수 있었다.

　　그러나 신라군이 舌利停으로 일단 철수를 한 것은 당군의 부흥
운동군에 대한 宣撫工作과 관련이 있다. 여기서 당에서 孫仁師와
함께 정벌군의 일원으로 귀국한 扶餘隆의 존재를 주목할 필요가 있
다. 扶餘隆은 의자왕의 太子로서 만약 당군이 扶餘隆을 국왕으로
한 백제왕국의 부흥을 약속하였다면 沙吒相如와 黑齒常之 등은 고
구려로 달아난 豊王이나 任存城의 遲受信보다는 扶餘隆의 편에 서
려고 했을 가능성이 크기 때문이다. 신라군도 이러한 扶餘隆을 내
세워 부흥운동군을 회유하는 당의 움직임에 불만을 품고 舌利停으

---

179) 龍朔中 高宗遣使招諭 乃詣劉仁軌降(『三國史記』列傳 黑齒常之).

로 회군하였다고 보여진다.[180]

당이 扶餘隆을 내세워 멸망한 백제의 왕정을 復古시켜 당의 附庸勢力으로 만들어 백제고지를 직접 지배하려 획책하려 한다는 의도를 간파한 신라에게는 任存城 함락은 무의미한 일이었던 것이다. 그러므로 文武王은 任存城을 함락시키기도 전에 將卒들이 피로하다는 핑계를 대고 서둘러 철군한 것으로 생각된다. 그리고 沙吒相如와 黑齒常之는 신라군이 任存城에서 철수한 11월 경에 당군의 회유를 받아들여 任存城을 나와 扶餘隆에게 갔던 것으로 추측된다. 이러한 상황은 遲受信이 任存城을 방어하기 어렵게 만들었다.

沙吒相如와 黑齒常之는 당군에 회유되어 투항하자 곧바로 任存城 공격에 투입되었다. 당군이 扶餘隆을 이용해 周留城을 공격한 것과 같이 沙吒相如와 黑齒常之로 하여금 任存城을 직접 공격하도록 하였던 것이다. 劉仁軌는 孫仁師의 만류에도 불구하고 沙吒相如와 黑齒常之를 적극적으로 회유하였고, 이들에게 무기와 식량을 주어 任存城을 공격하게 하였다. 이들은 任存城을 거점으로 부흥운동군을 지휘하였던 터라 任存城을 방어하던 부흥운동군의 상황을 너무 잘 알고 있었다. 沙吒相如와 黑齒常之는 당군의 의도대로 직접 任存城을 공격하였고 任存城도 더 이상 버티지 못하고 黑齒常之와 沙吒相如가 이끄는 당군에게 함락되었다. 마지막까지 임존성을 지키던 遲受信은 처자도 버리고 고구려로 달아났다. 당군은 扶餘隆과 沙吒相如, 黑齒常之 등 백제유민들을 이용한 以夷制夷策으로 任存

---

180) 사비에 소부리주를 설치하는 671년까지 백제고지는 당의 웅진도독부의 관할하에 편제되어 있었고, 신라가 지배권을 제대로 행사하지 못했다. 그리고 664년과 665년에 당은 반강제적으로 신라의 文武王과 백제의 扶餘隆을 熊嶺과 就利山에서 誓盟하게 하여 신라의 백제고지 지배를 허용하지 않았다. 또한 당은 백제고지에 웅진도독부를 설치하고 扶餘隆을 熊津都督으로 임명하여 신라를 견제하는 역할을 수행하도록 하였다.

城마저도 힘릭시켰던 것이다.[181]

그렇다면 任存城이 함락된 시기는 언제쯤일까 추측해 볼 수 있다. 즉 沙吒相如와 黑齒常之가 당군에게 회유되어 투항한 시기가 11월 경 이었고, 그 즉시 任存城 공격에 이들이 투입되었던 것으로 보아 11월 중에는 任存城이 함락되었을 것이다. 이것은 『三國史記』 新羅本紀 文武王 3년 기사에 11월 20일에 신라에서 論功行賞을 하면서 당군에게도 의복을 지어 주었다는 기사로 보아서도 유추할 수 있다. 신라로서는 扶餘隆과 沙吒相如, 黑齒常之 등 백제유민을 이용한 백제고지에 대한 직접지배전략을 간파하였다. 여기에 불만을 품고 任存城을 함락시키지도 못한 상황에서 먼저 철군을 하였지만 당군이 임존성을 함락시키자 모른 척 할 수만은 없었다. 당과 신라가 대립한다는 것은 당장 신라의 입장에서 득이 되지 않는 것이었다. 신라에게는 고구려라는 적이 아직 남아있었고, 당과 대결할 힘도 없었다. 당분간 당의 요구와 처분대로 따를 수밖에 없는 것이 당시 신라가 지닌 현실이었다.

그렇지만 任存城의 함락으로 부흥운동군의 활동이 완전히 끝난 것은 아니었다.[182] 다음의 기록들을 보면 임존성 함락 이후에도 부흥운동군이 완전히 진압되지 않고 남아있었다는 사실을 알 수 있다.

  V-① 三月 百濟殘衆 據泗沘山城叛 熊津都督發兵 攻破之(『三國史記』 新羅
      本紀 文武王 4년).
    ② 麟德元年甲子三月 百濟餘衆又聚泗沘城 反叛 熊州都督發所管兵士 攻

---

181) 심정보, 「百濟復興運動과 任存城」, 『백제 부흥운동의 재조명』, 2002, p.91.
182) 지금까지는 대부분의 연구자들이 부흥운동군의 최후 거점을 任存城이라고 보아온 것이 상례였다. 이는 664년 3월 泗沘山城에서의 부흥운동군과 당군과의 전투기록을 무시하였기 때문이다. 앞으로는 664년 3월 泗沘山城에서 당군과 결전한 것을 백제부흥운동군의 마지막 활동으로 보아야 한다.

之婁日 霧塞不辨人物 是故不能戰 使伯山來告之 庾信授之陰謀 以克
之(『三國史記』列傳 金庾信 下).

위 『三國史記』의 기록들에서 보면 664년 3월에도 泗沘山城에서
부흥운동군들이 활동한 기록이 보인다. 泗沘山城에서 百濟殘衆으로
표현된 백제유민들이 반란을 일으켰다는 것은 사비성이 부흥운동군
의 수중에 있었다는 것을 의미한다. 멸망 직후 일어난 부흥운동군
의 활동이 대개 사비도성 주변에서 일어났었고 끈질긴 투쟁의 결과
부흥운동군이 사비성을 탈환하였던 것이다. 부흥운동군이 사비성을
수복한 시기는 구체적으로 알 수는 없다. 그렇지만 661년 6월에 劉
仁願이 거느린 留鎭唐軍이 蘇定方의 고구려 원정군에 호응하기 위
해 사비성을 나와 출병한[183] 이후의 일로 추정된다. 사비성의 留鎭
唐軍은 당시 부흥운동군의 기세에 눌려 그 본영을 이미 웅진도독부
가 있던 웅진으로 옮긴 뒤였기 때문에[184] 사비성을 비우지 않고서
는 출병할 수 없었기 때문이다. 그리하여 부흥운동군은 661년 6월
경에 수복한 사비성을 664년 3월까지 차지하고 있었던 것으로 볼
수 있는 것이다.

熊津都督府[185]의 당군은 부흥운동군이 차지하고 있던 사비성을
되찾기 위해 도독부 소관 병사들을 보냈었다. 그러나 쉽사리 웅진

---

183) 六月 唐高宗皇帝遣將軍蘇定方等 征高句麗 入唐宿衛金仁問 受命來告兵期 兼諭
　　出兵會伐 於是文武大王率庾信仁問文訓等 發大兵向高句麗 行次南川州 鎭守劉
　　仁願 以所領兵 自泗沘泛船 至鞋浦下陸 亦營於南川州(『三國史記』列傳 金庾信
　　中).
184) 留鎭唐軍의 本營이 웅진으로 옮겨간 시기에 대하여는 660년 8월 이후라는 설
　　(李道學,「熊津都督府의 支配組織과 對日本政策」,『白山學報』34, 1987, p.84)과
　　661년 초라는 설(沈正輔,「百濟復興軍의 主要據點에 關한 硏究」,『百濟硏究』
　　14, 1983, p.146의 註 4)이 있다. 필자는 고구려 원정에 참여하기 위해 劉仁願
　　이 泗沘城을 떠난 661년 6월을 그 시점으로 본다.
185) 당시 熊津都督은 扶餘隆이었다.

도독부에서 부흥운동군을 진압하지 못한 것 같다. 『二國史記』金庾信 列傳에 보면 熊津都督府에서 사비성의 부흥운동군을 진압하고자 여러 날 동안 공격했으나 사람과 물건을 분간할 수 없을 정도로 안개가 자욱히 껴서 싸울 수가 없었다. 이에 金庾信의 계책으로 부흥운동군을 진압하게 되었다는 것이다. 이것은 사비성의 부흥운동군 진압이 웅진도독부의 병사들만으로는 어려웠다는 것을 말하는 것으로 신라군의 도움을 받아야 할 만큼 수월치만은 않았다. 그러나 결국 664년 3월에 泗沘山城에 있던 부흥운동군이 신라군의 도움을 받은 당군에게 진압됨으로써 백제부흥운동은 막을 내리게 되었다.

제 4 장

百濟復興運動의 失敗 原因과 歷史的 性格

백제 멸망과 동시에 시작된 부흥운동은 사비도성과 일부 지역만을 제외한 백제고지의 대부분을 회복할 정도로 활발한 활동을 보였다. 그러나 662년 7월 진현성의 함락을 기점으로 663년 9월과 11월에 부흥운동군의 본거지인 주류성과 임존성의 함락, 그리고 664년 3월 사비산성의 부흥운동군이 당의 웅진도독부에 의해 진압됨으로서 백제부흥운동은 종말을 맞이하였다. 백제고지의 대부분을 회복하여 무너진 백제 왕조를 다시 일으킬 수 있을 것 같았던 부흥운동이 실패로 끝나버리고 말았던 것이다.

백제부흥을 목표로 일어난 백제유민들의 부흥활동이 더 이상 지속되지 못하게 된 것은 표면적으로 보면 나당군의 진압이 주효했다고 볼 수 있다. 그런데 나당군을 압도할 만큼 활발한 활동을 보이던 부흥운동군이 나당군에 의해 진압되게 된 까닭은 부흥운동군 내부의 자체적인 문제에 있었다. 부흥운동군 내부의 문제점이 결국 나당군에 대한 대항능력의 약화와 거점의 상실로 이어졌기 때문이다. 부흥운동군 내부의 문제는 나당군에게는 부흥운동진압에 매우 유리한 국면을 조성했던 것이다. 이러한 문제 중에 가장 큰 것은 부흥운동군의 분열이었다. 부흥운동군의 분열은 지도층의 내부으로 말미암은 것이었다.

第4장　百濟復興運動의 失敗 原因과 歷史的 性格

1. 復興運動의 失敗 原因

1) 復興運動軍의 分裂

　백제 멸망과 동시에 시작된 부흥운동은 사비도성과 일부 지역만을 제외한 백제고지의 대부분을 회복할 정도로 활발한 활동을 보였다. 그러나 662년 7월 진현성의 함락을 기점으로 663년 9월과 11월에 부흥운동군의 본거지인 주류성과 임존성의 함락, 그리고 664년 3월 사비산성의 부흥운동군이 당의 웅진도독부에 의해 진압됨으로써 백제부흥운동은 종말을 맞이하였다. 백제고지의 대부분을 회복하여 무너진 백제 왕조를 다시 일으킬 수 있을 것 같았던 부흥운동이 실패로 끝나고 말았다.

　백제부흥을 목표로 일어난 백제유민들의 부흥활동이 더 이상 지속되지 못하게 된 것은 표면적으로 보면 나당군의 진압이 주효했다고 볼 수 있다. 그런데 나당군을 압도할 만큼 활발한 활동을 보이던 부흥운동군이 나당군에 의해 진압된 까닭은 부흥운동군 내부의 자체적인 문제에 있었다. 부흥운동군 내부의 문제점이 결국 나당군에 대한 대항능력의 약화와 거점의 상실로 이어졌기 때문이다. 부흥운동군 내부의 문제는 나당군에게는 부흥운동진압에 매우 유리한 국면을 조성했던 것이다. 이러한 문제 중에 가장 큰 것은 부흥운동군의 분열이었다. 부흥운동군의 분열은 지도층의 내분으로 말미암은 것이었다.

661년 5월에 倭國에 가 있던 故王子 扶餘豊이 귀국하자 백제유민들은 豊을 國王으로 옹립하였다. 이에 백제유민들은 국왕인 豊을 중심으로 활발하게 부흥운동을 전개하였고, 倭軍의 지원도 얻을 수 있었다. 그러나 豊이 귀국한지 얼마 되지 않아서 부흥운동군은 지도층에 내분이 일어나기 시작했다. 福信과 道琛이 중심이 된 부흥운동군의 지도체계가 豊王의 迎立으로 더욱 공고히 되어야함에도 불구하고 오히려 내분이 일어난 것이다. 豊王의 귀국 이후 福信과 道琛 사이에 반목과 대립이 심화되었다. 이것은 『日本書紀』에서 보듯이 豊王을 迎立한 주체세력이 福信과 道琛의 연합세력이 아니라는 문제에서 출발한다.

『三國史記』와 『舊唐書』, 『新唐書』, 『資治通鑑』 등에는 福信과 道琛이 함께 豊王의 귀국을 주도한 것처럼 기록되어 있지만, 실상은 『日本書紀』의 기록과 같이 福信이 豊王의 귀국을 주도적으로 추진했다. 福信은 豊王이 귀국한 661년 9월에 "豊璋入國之時 福信迎來 稽首奉國朝政 皆悉委焉"[1]이라는 기사로 보아서도 알 수 있듯이 朝廷의 권한을 형식적이나마 모두 豊王에게 넘겨주었다. 이러한 과정에서 福信의 주도적인 역할은 道琛과의 不和로 이어졌다. 福信은 道琛과의 이중적인 지도체제를 국왕인 豊王을 중심으로 일원화하고, 백제유민들의 민심을 수습하여 멸망한 백제국의 회복을 선언하

---

1) 『日本書紀』 권 제27 齊明天皇 7년 9월.

고자 했었다. 그러나 豊王이 귀국한 뒤에도 부흥운동군의 활동은
여전히 福信과 道琛을 중심으로 전개되었다.

　　661년 3월의 豆良尹城(周留城) 전투의 승리로 더욱 세력을 넓힌
福信은 霜岑將軍을 일컬으며 백제부흥운동의 중심적인 인물로 부상
했다. 道琛도 비록 熊津江口 전투에서 唐의 劉仁軌에게 패하기는
하였지만 領軍將軍이라고 自號하고, 웅진도독부에서 보낸 사신을
홀대하는 등 강성한 세력을 유감없이 떨쳤다. 이때까지만 해도 부
흥운동군은 福信과 道琛의 양대세력이 중심이 되어 활발한 움직임
을 보였다.

　　그러나 곧 福信과 道琛간에 문제가 생겼다. 이에 대해서는 다음
과 같은 기록을 참고할 만 하다.

A-① 尋而福信殺道琛 幷其衆 豊不能制 但主祭而已(『三國史記 百濟本紀 義
　　慈王 20년).
　② 旣而福信殺道琛 幷其衆 招還叛亡 勢甚張(『三國史記 新羅本紀 文武王
　　3년).
　③ 尋而福信殺道琛 倂其兵馬 招誘叛亡 其勢益張(『舊唐書』 권84 列傳
　　제34 劉仁軌).
　④ 尋而福信殺道琛 幷其兵衆 扶餘豊但主祭而已(『舊唐書』 권199 列傳
　　제149 東夷 百濟國).
　⑤ 旣而福信殺道琛 幷其衆 招還叛亡 勢甚張(『新唐書』 권108 列傳 제
　　33 劉仁軌).
　⑥ 福信俄殺道琛 幷其兵 豊不能制(『新唐書』 권220 列傳 제145 東夷
　　百濟).
　⑦ 福信尋殺道琛 專治摠國兵(『資治通鑑』 권200 唐紀16 高宗 龍朔 元
　　年 3월).

　　위 사료들은 福信이 道琛을 살해했다는 기록들이다. 그런데 福
信이 道琛을 살해한 이유나 정황에 대해서는 아무런 설명이 없다.

다만 福信이 道琛을 죽이고 道琛 휘하의 군사들을 아울러 장악했다고만 간략하게 기록하고 있다. 道琛이 살해된 시기에 대해서는 위 사료 모두 豊이 귀국한 이후의 사실로 기록하고 있다. 그리고 661년 3월 福信이 豆良尹城 전투에서 대승을 거두고 신라군이 葛嶺道를 따라 퇴각한 이후에 道琛을 살해한 것으로 기록하고 있다. 이 두 가지 기록을 가지고 보면 福信이 道琛을 살해한 것은 661년 3월 豆良尹城 전투의 승리 이후이고, 661년 9월에 倭에 가 있던 豊이 귀국하여 백제국의 왕으로 옹립된 후의 일이다. 즉 豊王이 귀국한 661년 9월 이후에 道琛이 살해된 것이다.[2] 그렇다면 661년 9월 이후의 어느 시점에서 道琛이 살해되었는지를 살펴볼 필요가 있다.

　道琛이 살해된 것에 대해 기록한 위 사료들 중『三國史記』百濟本紀와『舊唐書』東夷 百濟國傳,『新唐書』東夷 百濟傳에는 道琛이 살해된 다음인 662년 7월에 福信의 부흥운동군이 熊津 동쪽에서 劉仁願과 劉仁軌가 거느린 熊津都督府의 唐軍에게 大敗하였다고 기록하고 있다. 그러나『舊唐書』와『新唐書』劉仁軌 列傳에는 고구려원정에 나섰던 蘇定方의 唐軍이 平壤城을 포위하였다가 실패하고 廻軍한 사실을 기록하고 있다. 蘇定方이 廻軍한 것은 662년 2월의 일이었다. 그렇다면 道琛이 살해된 시기는 豊王이 귀국한 661년 9월에서 蘇定方의 고구려 원정군이 平壤城에서 회군한 662년 2월의 일로 좁혀 볼 수 있다. 이와 관련해서『三國史記』新羅本紀의 다음 기록이 주목된다.

---

　2) 그런데『三國史記』新羅本紀에는 文武王 3년 5월조에 福信이 道琛을 살해한 것처럼 기록되어 있다. 文武王 3년은 663년으로 이 때에는 道琛이 이미 살해된 뒤였다.『三國史記』의 이 기록은 신라군이 孫仁師의 唐軍과 合軍하여 周留城을 공격하여 함락시킨 기사와 일괄해서 기록한 것으로 道琛이 살해된 시기와는 상관이 없다.

耽羅國主佐平徒冬音律來降 耽羅 自武德以來 臣屬百濟 故以佐平爲官號 至
是降爲屬國(『三國史記』 新羅本紀 文武王 2년 2월).

위 사료는 文武王 2년 즉 662년 2월에 百濟에 服屬되었던 耽羅
가 신라에 와서 항복하였다는 기록이다. 662년 2월은 蘇定方의 고
구려 원정군에게 軍糧을 조달하러 갔던 新羅軍이 돌아온 시기이다.
東城王 20년(498) 이래 백제에 복속되었던[3] 耽羅의 國主 徒冬音律
이 신라에 항복을 청한 것이다. 이때 徒冬音律이 갑자기 신라에 항
복한 이유에 대해서는 기록에 직접적으로 나타나 있지 않다. 원래
부터 백제에 복속되어 있던 耽羅가 백제가 멸망한 후 늦게나마 항
복한 것이라고 보기에도 무언가 의문이 생긴다. 662년 2월 무렵은
熊津都督府의 留鎭唐軍이 熊津城에 고립된 채 復興運動軍에게 포위
되어 있었고, 新羅軍도 復興運動軍과의 戰鬪를 자제하고 있는 상황
이었다. 즉 復興運動軍의 기세가 오를 대로 오른 상황이었고, 부흥
운동이 성공을 거둘 가능성이 큰 시기였다.
이러한 상황에서 갑자기 耽羅가 신라에 가서 항복한 데에는 무
언가 합당한 이유가 있었을 것이다. 아마 福信이 道琛을 살해한 사
건과 관련이 있을 가능성이 크다. 당시 耽羅는 道琛을 지원하고 있
었는데 갑자기 福信이 道琛을 살해하자 福信이 전권을 장악한 백제
를 버리고 新羅에게 항복을 하였던 것으로 볼 수 있다. 그리고 더
욱 나아가서 추정하면 662년 2월 경에 福信이 道琛을 살해하자 道
琛을 따르던 耽羅國主 徒冬音律은 新羅에 항복을 하였던 것으로 볼
수 있다.[4]

---

3) 王以耽羅不修貢賦 親征至武珍州 耽羅聞之 遣使乞罪 乃止(『三國史記』 百濟本紀
   東城王 20년 8월).
4) 그런데 耽羅는 다음 해인 663년 9월 周留城이 함락될 때에 耽羅國使가 倭人과
   함께 羅唐軍에게 항복하였다는 기록이 있다(『舊唐書』 권84 列傳 제34 劉仁軌).

福信이 道琛을 살해한 이유에 대해서 구체적으로 알려주는 기록
은 남아있지 않다. 그러나 이들이 백제부흥운동의 양대 축으로서
초기 부흥운동군을 이끌었다는 점에서 부흥운동군에 대한 총지휘권
을 둘러싼 不和가 있었다고 짐작할 수 있다. 즉 부흥운동군 내부에
서의 권력투쟁의 결과 福信이 道琛을 죽이고 全權을 장악했던 것이
다. 道琛에게는 부흥운동 초기에 唐軍에게 패배한 前歷이 있었다.
661년 3월 熊津江口 전투에서 劉仁軌의 唐軍에게 대패하고 1만 명
의 사상자를 낸 적이 있었다. 福信과의 不和는 서로 霜岑將軍과 領
軍將軍이라 自號하는 가운데 부흥운동군에 대한 지휘권을 다투는
가운데 생겨났을 것이다. 661년 熊津江口 전투에서 道琛이 唐軍에
게 대패한 일은 福信이 道琛을 제거하는데 좋은 빌미가 되었다. 福
信은 熊津江口 전투에서의 패배 책임을 물어 道琛을 제거하였던 것
이다.

道琛의 죽음은 倭國에서 맞아다가 옹립한 豊王의 처지를 더욱
초라하게 만들었다. 豊王은 福信이 도침을 살해하는 것에 찬성을
하지 않았다.5) 그러나 豊王은 부흥운동군의 한 축을 담당했던 道琛
이 福信에게 살해당하는 것을 저지할 수 없었다. 道琛을 살해하고
그 휘하의 군사들을 아울러 장악한 福信의 세력은 더욱 커져 모든
兵權을 장악하게 되었다. 豊王은 아무런 實權도 없는 존재였으며
단지 제사나 주관6)하는 상징적인 존재가 되었다.『資治通鑑』의 기

이것은 662년 2월 耽羅國主가 新羅에 가서 항복했다는 기록과 대조해 볼 때 서
로 모순되는 기록처럼 보인다. 그러나 이런 모순되는 것처럼 보이는 기록들은
실제로 부흥운동기에 耽羅가 親百濟勢力과 親新羅勢力으로 兩分되어 있었던
사실을 전하는 것으로 볼 수 있다.
5) 鈴木英夫,「百濟復興運動と倭王權－鬼室福信斬首の背景－」,『朝鮮社會の史的展
開と東アジア』, 1996, p.189
6) 백제에서는 일 년에 네 번 국왕이 하늘(天) 및 오제(五帝)의 신과 시조묘에 대한
제사를 지냈다(최광식,『고대한국의 국가와 제사』, 1994, p.339).

록과 같이 부흥운동군을 지휘하는 兵權은 모두 福信에게 집중되었다. 豊王은 國王으로 추대되기는 했으나 명목상의 지도자였을 뿐 실질적인 부흥운동군의 지도자는 福信이었다.

福信이 부흥운동군의 지도자로서 활약할 수 있었던 것은 다음과 같은 까닭에서였을 것이다. 福信은 부흥운동 초기부터 국내에 기반을 두고 있었고, 倭에서 豊을 귀국시켜 국왕으로 옹립하고 倭軍의 출병을 이끌어 내는 등 매우 눈부신 활동을 전개하여 백제유민들로부터 명망을 얻고 있었다.[7] 여기에 비해 豊王은 비록 자신이 國王으로 擁立되었지만 국내에 세력기반이 없고 倭에 세력기반을 가지고 있었다. 국내에 기반이 없던 豊王은 福信에 대하여 상대적으로 무력한 자신의 모습에 실망하였다. 그리하여 福信의 세력을 약화시키고 자신의 세력을 강화시키려는 노력을 하였다.[8] 국내에 세력기반을 갖지 못한 豊王은 자기세력을 확충하기 위하여 倭에 원군을 요청하였고, 倭軍에게 福信과의 갈등을 직접 말하기도 하였다.[9]

全權을 장악하고 있던 福信에 대한 豊王의 불만이 다음의 기사에서 보듯이 표면으로 드러났던 것이다.

夏五月癸丑 犬上君(闕名) 馳告兵事於高麗而還 遺糺解於石城 糺解仍語 福信之罪(『日本書紀』 권 제27 天智天皇 2년).

『日本書紀』의 이 기사는 663년 5월 犬上君이, 上毛野君雉子 등이 거느린 27,000명의 倭軍이 출병한 것[10]을 고구려에 알리고 돌아

---

7) 『日本書紀』 권 제26 齊明天皇 6년 9월.
8) 盧重國, 「百濟 滅亡後 復興軍의 復興戰爭硏究」, 『歷史의 再照明』, 1995, pp.246 ~249.
   沈正輔, 「百濟復興運動과 任存城」, 『백제 부흥운동의 재조명』, 2002, pp.87~88.
9) 鈴木英夫, 「百濟復興運動と倭王權 - 鬼室福信斬首の背景 - 」, 『朝鮮社會の史的展開と東アジア』, 1996, pp.192~194.

오자 豊王(紅解)이 石城[11]에 있던 犬上君을 찾아가 福信의 죄를 말하였다는 것이다. 福信의 罪라는 것은 福信이 全權을 갖고 있었던 데서 나온 豊王의 불만이었을 것이다. 그 불만은 福信이 모반하려 한다고 倭軍에게 말하는 것으로 표출되었다.[12] 豊王이 부흥운동군의 수도였던 周留城에서 멀리 石城까지 찾아와 福信의 罪를 말한 것은 倭軍으로부터의 지지를 이끌어 내기 위한 것이었다. 倭軍의 지지를 얻기 위한 豊王의 노력은 부흥운동군 내에서 福信의 위세를 약화시키는 동시에 자신의 정치적 입지를 넓히기 위한 것이었다.[13]

이와 같은 豊王의 행동은 福信과 더욱 不和하는 계기가 되었다. 이들의 불화는 결국 부흥운동군을 福信勢力과 豊王勢力으로 분열시켰다. 倭에서 귀국하여 倭軍의 세력을 바탕으로 부흥운동에 합류한 豊王 세력과 在地勢力을 결집하여 초기부터 부흥운동을 주도해 온 福信 세력은 반목과 갈등을 빚었다. 다음 기사는 이러한 상황을 알려준다.

---

10) 遣前將軍上毛野君稚子 間人連大蓋 中將軍巨勢神前臣譯語 三輪君根麻呂 後將軍 阿倍引田臣比邏夫 大宅臣鎌柄 率二萬七千人 打新羅(『日本書紀』 권 제27 天智天皇 2년 3월).

11) 충남 부여군 석성면에 소재한 석성산성을 말하는 것으로 맞은 편 금강 건너에는 가림성으로 비정되는 성흥산성이 있다.

12) 百濟王豊璋 嫌有福信謀反心(『日本書紀』 권 제27 天智天皇 2년 6월).

13) 盧重國은 662년 12월 豊王이 避城으로 천도한 것은 豊王이 주도한 것이며, 遷都 목적은 周留城이 福信의 세력근거지이므로 이 곳을 떠나 避城으로 천도함으로써 福信의 세력을 약화시키고 동시에 자기의 세력기반을 확대하려 하였던 것이라고 하였다(盧重國, 「百濟 滅亡後 復興軍의 復興戰爭硏究」, 『歷史의 再照明』, 1995, pp.247~249). 그러나 避城으로의 遷都는 豊王과 福信이 모두 주장했던 것이고, 이를 반대한 것은 倭將 朴市田來津이었다(『日本書紀』 권 제27 天智天皇 元年 冬12월 丙戌朔). 즉 避城으로의 천도문제를 가지고 豊王과 福信의 대립을 상정할 수는 없기 때문에, 豊王이 避城으로 천도함으로써 福信의 세력을 약화시키려고 한 것으로 볼 수는 없다.

B-① 況福信凶暴 殘虐過甚 餘豊猜惑 外合內離 鴟張共處 勢必相害 (중략)
　　俄而餘豊襲殺福信(『舊唐書』 권84 列傳 제34 劉仁軌).
　② 扶餘豊猜貳 表合內攜 勢不支久 (중략) 豊果襲殺福信(『新唐書』 권
　　108 列傳 제33 劉仁軌).

　위 기록은 倭軍이 백제로 출병하고 孫仁師가 이끈 唐의 증원군
이 도착한 663년 5월경에 豊王과 福信의 대립이 격화되었음을 설명
해 준다. 이들의 대립은 이미 예견되었다. 위 『舊唐書』와 『新唐書』
의 劉仁軌 列傳에서 보듯이 劉仁軌는 부흥운동군의 사실상 지도자
인 福信이 권력을 잡고 있는 것을 豊王이 시기하여 서로 권력다툼
을 벌일 것이라는 예견을 하고 있었다. 豊王과 福信은 부흥운동군
내부의 주도권을 둘러싸고 대립하였고, 羅唐軍과의 결전을 앞두고
는 극단으로 치달았다. 그 결과는 豊王이 福信을 살해하는 것으로
나타났다.

　豊王이 福信을 살해하기 직전의 정황에 대해서는 다음의 『三國
史記』와 『舊唐書』, 『資治通鑑』, 『日本書紀』 등에 비교적 자세히 기
록되어 있다.

C-① 時福信旣專權 與扶餘豊寖相猜忌 福信稱疾臥於窟室 欲俟豊問疾執殺
　　之 豊知之 帥親信掩殺福信(『三國史記』百濟本紀 義慈王 20년).
　② 時福信旣專其兵權 與扶餘豊漸相猜貳 福信稱疾 臥於窟室 將俟扶餘豊
　　問疾 謀襲殺之 扶餘豊覺 而率其親臣 掩殺福信(『舊唐書』 권199 列傳
　　제149 東夷 百濟國).
　③ 福信顓國 謀殺豊 豊率親信 斬福信(『新唐書』 권220 列傳 제145 東
　　夷 百濟).
　④ 福信專權 與百濟王豊寖相猜忌 福信稱疾臥於窟室 欲俟豊問疾而殺之
　　豊知之 帥親信襲殺福信(『資治通鑑』 권200 唐紀16 高宗 龍朔 2년
　　秋7월).
　⑤ 百濟王豊璋 嫌有福信謀反心 以革穿掌而縛 時難自決 不知所爲 乃問諸

臣曰 福信之罪 旣如此言 可斬以不 於是 達率德執得曰 此惡逆人 不合
放捨 福信卽唾於執得曰 腐拘癡奴 王勒健兒 斬而醯首(『日本書紀』권
제27 天智天皇 2年 6월).

이와 같이 福信이 전권을 휘두르자 豊王은 점차 福信을 시기하
게 되었고, 石城에 주둔하고 있던 倭軍에게까지 가서 福信이 謀叛
하려한다는 말을 전하였다. 豊王의 이러한 행동은 福信으로 하여금
豊王을 제거할 마음을 갖게 하였다. 그리하여 福信은 병을 핑계로
窟室에 누워 있다가 豊王이 問病을 오면 잡아 죽이려고 하였다. 그
러나 이를 눈치 챈 豊王이 오히려 휘하 세력을 이끌고 가서 福信을
사로잡았다.

그런데 위 『日本書紀』의 기록을 보면 豊王은 福信이 자기를 죽
이려고 하였다는 것을 알고서도 쉽사리 福信을 죽이지 못하고 망설
였다는 것을 알 수 있다. 초기부터 부흥운동군을 주도한 良將[14]으
로 백제유민들의 존망을 한 몸에 받고 있었던[15] 福信을 함부로 죽
일 수 없었던 것이다. 豊王은 福信을 잡아 결박시켜 놓고도 어찌
할 바를 몰랐다.[16] 이에 여러 신하들에게 福信이 모반을 하였으니
목을 베어야 할지 말지를 물어야만 했다. 결국 達率 德執得이 福信
을 斬首할 것을 주장하자 福信을 참하고 醯首[17]하였다. 豊王이 福
信을 斬首하고 나서 醯首까지 했다는 것은 福信이 모반한 사실을
널리 알리고 경계로 삼기위한 것이었다.

---

14) 秋八月壬午朔甲午 新羅 以百濟王斬其良將 謀直入國先取州柔(『日本書紀』권 제
    27 天智天皇 2년).
15) 『日本書紀』권 제26 齊明天皇 6년 9월.
16) 豊王은 倭軍의 주력이 도착하기 직전에 倭軍의 동의를 얻은 후에 福信을 참수하
    였다는 주장도 있다(鈴木英夫, 「百濟復興運動と倭王權-鬼室福信斬首の背景-」,
    『朝鮮社會の史的展開と東アジア』, 1996, p.194).
17) 죄인의 목을 베어 소금에 절이는 형벌.

그러나 豊王이 실질적인 부흥운동의 지도자로서 자리를 잡는 것은 쉽지 않았다. 비록 達率 德執得과 같이 豊王을 추종하는 세력이 있었지만, 復興運動을 실질적으로 주도한 福信을 추종하던 세력도 역시 남아 있었기 때문이었다. 福信의 처형으로 豊王이 부흥운동군을 지휘하는 최고지도자가 되었지만 부흥운동군 지도자 중에서는 豊王에게 합류하기를 거부하고 唐軍에게 투항하는 일도 생겨났다.

周留城 함락 후에 唐軍에 항복한 沙吒相如와 黑齒常之가 그 대표적인 인물로 보여 진다. 沙吒相如와 黑齒常之가 唐軍에게 항복한 것이 劉仁軌의 회유에 의한 것이라고 하지만,[18] 백제 멸망 직후부터 부흥운동군을 이끌었던 이들이 단순히 劉仁軌의 회유에 넘어갔다고 볼 수는 없다. 白江口 전투에서 패한 豊王이 任存城으로 들어가지 않고 고구려로 달아난 사실은 시사하는 바가 크다. 白江口 전투 이전에 이미 나당군에게 포위당한 周留城으로[19] 풍왕이 돌아가는 것은 불가능한 일이었지만, 白江口 전투의 패배와 周留城 함락 후에도 건재했던 任存城을 두고 고구려로 달아난 것은 분명 이유가 있다. 그것은 任存城에 있던 沙吒相如와 黑齒常之가 福信을 추종하던 세력이었기 때문에 豊王이 任存城으로 감히 피신하지 못하고 고구려로 달아났던 것이다. 黑齒常之와 沙吒相如는 초기부터 任存城에서 福信과 더불어 부흥운동군을 이끌었던 지도자로 福信세력이었다.[20]

福信의 처형으로 豊王이 周留城에서 부흥운동군을 이끌자 任存城에 있던 沙吒相如와 黑齒常之 등 福信세력은 豊王의 휘하로 들어가지 않고 독자적인 행동을 취했다. 그 결과 풍왕은 白江口 전투에

---

18) 『舊唐書』 권84 列傳 제34 劉仁軌.
19) 『三國史記』 列傳 金庾信 中 및 『日本書紀』 권 제27 天智天皇 2년 8월.
20) 常之與別部將沙吒相如 據險以應福信(『三國史記』 百濟本紀 義慈王 20년).

서 패한 후 부흥운동군의 시북방 기점이던 任存城으로 들어가지 못하고 고구려로 달아날 수밖에 없었다. 즉 豊王에 의한 福信의 被殺은 부흥운동군을 하나로 통합시키는데 실패하고 오히려 부흥운동군을 분열시켰던 것이다. 그리고 任存城 내에서도 復興運動軍 내부의 분열로 沙吒相如와 黑齒常之가 唐軍에게 투항하고 遲受信만이 任存城을 지키게 되었다. 遲受信이 지키던 任存城은 다시 唐軍에게 투항한 沙吒相如와 黑齒常之에 의해 함락되는 비운을 맞이해야 했다.

이러한 부흥운동군 지도층 내부의 분열은 부흥운동군을 분열시키고 부흥운동을 실패로 끝나게 한 가장 큰 원인이 되었다. 福信과 道琛의 불화로 시작된 부흥운동군 지도층의 내분은 부흥운동군과 羅唐軍의 전세를 완전히 바꿔놓았다. 백제 멸망 직후부터 시작된 부흥운동은 백제고지의 대부분을 수복할 정도로 기세를 올렸고, 熊津都督府의 留鎭唐軍을 고립시켜 本國으로의 철수를 고려할 정도로 활발한 활동을 전개했었다. 그러나 662년 2월경에 초기 부흥운동의 양대 축이었던 福信이 道琛을 살해한 이후로 復興運動軍은 羅唐軍에 連敗하여 眞峴城, 內斯只城, 居列城, 沙平城 등 주요 거점성들이 차례로 나당군의 수중에 들어가게 되었다. 그리고 福信이 豊王에게 斬殺된 663년 6월 이후에 부흥운동군은 白江口 싸움에서 대패하고 부흥운동의 최대거점인 周留城도 함락 당하였다. 또한 부흥운동의 서북방 최대 거점이었던 任存城도 부흥운동군의 지도자로서 唐軍에 투항한 沙吒相如와 黑齒常之에 의해 함락되고 豊王과 遲受信은 고구려로 달아났다. 이렇듯 부흥운동군 지도층의 내분에서 촉발된 부흥운동군의 분열은 나당군과의 싸움을 연패로 몰아갔고, 결국 부흥운동의 실패로 이어졌다.

2) 高句麗와 倭의 軍事支援 失敗

(1) 高句麗의 軍事支援 失敗

　백제가 멸망할 무렵 동북아시아의 국제정세는 고구려와 백제의 연합으로 이루어진 南北陣營과 신라와 당으로 연결된 東西陣營이 대립 항쟁하는 양상이었다.[21] 당시 고구려는 대륙의 중국세력인 隋와 그 뒤를 이은 唐의 거듭되는 침략을 받고 있었으며, 半島의 남쪽에서는 신라가 한강유역을 점령하고 親唐外交를 전개하면서 고구려의 南界를 위협하고 있었다. 이러한 국제적인 力關係 속에서 羅唐聯合軍에 의한 백제의 멸망은 고구려에게는 동맹국을 잃은 것으로 크나큰 충격이었다. 특히 南界에서 신라를 견제하던 백제의 멸망은 곧 동북아시아에서 고구려의 고립을 의미하는 것이었다. 더 남쪽의 바다 건너에는 백제와 긴밀한 관계를 유지하던 倭가 있었으나, 당시 倭는 古代國家단계에 이르렀다고 보기에도 어려울 만큼 나약한 국가였다. 倭는 국제관계에 있어서는 고구려에게는 만족할 만한 同盟세력이 아닌 副次的인 존재였다. 그러나 백제가 멸망한 뒤 곧바로 일어난 백제의 부흥운동은 고구려로서는 지극히 반가운 일이었다.

　고구려는 백제부흥운동이 시작되던 寶臧王 19년(660) 11월에 신라의 七重城을 공격하여 軍主인 匹夫를 전사시키는 등[22] 백제부흥운동을 지원하기 위하여 신라군을 직접 공격하였다. 그리고 다음 해인 661년 5월에도 말갈군과 연합하여 신라의 요충지인 述川城과 北漢山城을 공격하는 등[23] 적극적인 공세로 백제부흥운동을 측면적

---

21) 盧重國, 「高句麗·百濟·新羅 사이의 力關係變化에 대한 一考察」, 『東方學志』 28, 1981.
22) 『三國史記』 新羅本紀 太宗武烈王 7년 11월.

으로나마 지원하는 일련의 조치를 계속 취했다. 고구려의 신라공격
은 모두 唐軍으로부터 대규모의 침략을 받고 있던 중에 행해진 것
이었다. 이것은 고구려가 배후의 신라를 제압하고 나서 唐軍의 공
격을 막아내는데 전념하겠다는 의지가 가미된 것이었다. 또한 신라
를 공격함으로 해서 백제부흥운동을 간접적으로나마 지원하여 南界
의 禍를 덜어보자는 의도도 있었다고 볼 수 있다. 그러나 고구려의
백제부흥운동에 대한 지원은 더 이상 확대되지 못하였다. 고구려가
동북아시아에서 고립을 면하기 위해 동맹국이던 백제의 부흥을 바
라면서도 백제부흥운동에 적극적인 지원을 보내지 못했던 원인은
바로 唐軍의 계속된 침입이었다.

   唐은 한반도에서 고립된 신라를 이용하여 백제와 고구려를 멸망
시키고 나아가서는 신라까지도 점령하여 한반도 전체를 직할영토로
하는 것을 목표로 對韓半島政策을 펴고 있었다.[24] 그런 까닭에 반
도에서 고립된 신라와 우선 동맹하여 백제를 멸망시키고는 곧이어
고구려에 대한 대규모 원정을 재개하였다. 백제를 멸망시킨 660년
에 唐은 左驍衛大將軍 契苾何力을 浿江道行軍大摠管으로, 左武衛大
將軍 蘇定方을 遼東道行軍大摠管으로, 左驍衛將軍 劉伯英을 平壤道
行軍大摠管으로, 蒲州刺史 程名振을 鏤方道摠管으로 삼아 고구려
원정에 나섰다.[25] 이 때 唐은 백제 원정에서 막 돌아온 蘇定方과
劉伯英도 고구려 원정에 참여시킬 만큼 고구려 원정에 전력을 기울
였다.

   661년 정월에는 唐 高宗이 친히 고구려 원정에 나서고자 하였으
나 蔚州刺史 李君球의 諫言과 則天武后의 반대로 親征은 중지하였

---

23) 『三國史記』 新羅本紀 太宗武烈王 8년 5월.
24) 盧重國, 「高句麗·百濟·新羅 사이의 力關係變化에 대한 一考察」, 『東方學志』
      28, 1981.
25) 『三國史記』 高句麗本紀 寶臧王 19년 11월.

다.26) 그리고 661년 4월에는 任雅相, 契苾何力, 蘇定方, 蕭嗣業 등으로 하여금 고구려를 공격하게 하였다.27) 661년 8월에는 蘇定方을 다시 보내 浿江에서 고구려군을 격파하고 馬邑山을 탈취하여 平壤城을 포위하였다.28) 661년 9월에는 契苾何力이 鴨綠江에서 淵蓋蘇文의 아들 南生이 이끄는 고구려군을 대패시키고 3만을 殺獲하는 戰果를 올리는 등 맹렬한 기세로 고구려를 공격했다.29) 그러나 662년 정월에 이르러 고구려는 淵蓋蘇文이 龐孝泰가 거느린 唐軍을 물리쳤고,30) 2월에는 장기간의 고구려 원정에 지친 蘇定方이 平壤城의 포위를 풀고 물러갔다.31)

이렇듯 백제를 멸망시킨 후 이어진 唐軍의 공세로 인하여 고구려는 곤경에 빠졌고, 막대한 피해를 입었다. 고구려는 당군의 공격을 막아내는 도중에는 백제부흥운동에 대한 직접적인 군사력을 지원하기가 어려운 형편이었고, 간접적인 지원마저도 성공적으로 이끌만한 여력이 없었다. 오직 唐軍의 침입을 막기에 급급하여 백제부흥운동군을 돕기에는 역부족이었다.

백제부흥운동에 대한 고구려의 직접적인 군사지원은 다음의 사료에서 보듯이 唐軍의 고구려 원정이 잠시 소강상태에 접어든 663년에 가서야 한 차례 있었다.

D-① 時福信旣專權 與扶餘豊寢相猜忌 福信稱疾臥於窟室 欲俟豊問疾執殺
　　之 豊知之 帥親信掩殺福信 遣使高句麗倭國乞師 以拒唐兵 孫仁師中

---

26) 『三國史記』 高句麗本紀 寶臧王 20년 正月.
　　『新唐書』 권220 列傳 제145 東夷 高麗.
27) 『三國史記』 高句麗本紀 寶臧王 20년 4월.
28) 『三國史記』 高句麗本紀 寶臧王 20년 8월.
29) 『三國史記』 高句麗本紀 寶臧王 20년 9월.
30) 『三國史記』 高句麗本紀 寶臧王 21년 正月.
31) 『三國史記』 新羅本紀 文武王 2년 2월.

路迎擊破(『三國史記』百濟本紀 義慈王 20년).

② 時福信旣專其兵權 與扶餘豊漸相猜貳 福信稱疾 臥於窟室 將俟扶餘豊
　　問疾 謀襲殺之 扶餘豊覺 而率其親臣 掩殺福信 又遣使往高麗及倭國
　　請兵 以拒官軍 孫仁師中路迎擊破之(『舊唐書』권199 列傳 제149 東
　　夷 百濟國).

③ 福信專權 與百濟王豊寢相猜忌 福信稱疾臥於窟室 欲俟豊問疾而殺之
　　豊知之 帥親信襲殺福信 遣使詣高麗倭國乞師 以拒唐兵(『資治通鑑』
　　권200 唐紀16 高宗 龍朔 2년 秋7월).

　위 사료를 통해 볼 때 고구려가 지원군을 보낸 시기는 이미 백
제부흥운동군이 지도층의 내분으로 豊王이 福信을 掩殺한 후였다.
지도층의 내분은 부흥운동군을 분열시켰고 부흥운동군은 이로 인해
매우 취약해진 상태였다. 福信을 斬殺한 豊王은 고구려와 왜에 구
원군을 보내줄 것을 요청하였는데 고구려가 이를 수용하였다. 그러
나 고구려 지원군은 唐에서 增派된 孫仁師의 唐軍에게 中路에서 격
파되고 말았다.

　고구려의 직접적인 군사적 지원이 無爲로 돌아간 것은 고구려군
의 전력에 문제가 있었기 때문이었다. 고구려군은 연이은 唐軍의
침략을 막아내느라 막대한 피해를 입은 상태였고, 언제 있을지 모
를 唐軍의 침입에 대비하여야 했다. 그러므로 고구려는 백제부흥운
동군을 돕는데 대규모 병력을 보내거나 精銳兵力을 보내기는 매우
어려운 상황이었다. 고구려군이 비록 백제의 乞師에 응해 구원군을
보내기는 했어도 전력은 그리 대단한 것은 아니었을 것이다. 고구
려군이 中路에서 孫仁師가 거느린 唐軍에게 격파당한 것도 이러한
사정과 무관하지 않을 것이다. 唐軍의 계속되는 원정을 막아내야만
하는 고구려가 처한 어려운 상황은 백제부흥운동군을 적극적으로
지원하기 어려웠다고 볼 수 있다.

(2) 倭의 軍事支援 失敗

일본열도 내의 倭는 百濟와 始終 우호적인 관계를 유지하였다. 특히 655년 齊明天皇이 즉위하면서 강력한 親百濟外交政策을 추진하였다. 백제와 倭의 밀접한 관계는 백제 멸망 후 부흥운동군의 파병요청과 이에 대한 倭의 적극적인 대응을 통해 확인할 수 있다.[32]

백제는 멸망 직후인 660년 9월에 達率과 沙彌 覺從을 倭에 보내 백제의 멸망 사실과 福信, 餘自進 등의 부흥운동군이 거병한 사실을 알렸다.[33] 660년 10월에는 福信이 佐平 貴智를 보내 唐軍 포로 100여 명을 齊明天皇에게 바치고 倭軍의 파병과 故王子 豊의 귀국을 요청하였다.[34] 부흥운동군의 군사원조를 요청받은 倭는 일부 세력들의 반대가 있었지만[35] 백제에 파병하기 위한 준비를 시작하였다. 倭軍의 백제파병 준비 과정과 백제부흥운동에 대한 지원 내용에 대하여는 『日本書紀』에 비교적 자세히 기록되어 있다.

『日本書紀』에 기록된 이들 기사의 사료적 성격에 다소 문제가

---

32) 백제 멸망을 전후한 시기의 백제와 倭의 외교 관계에 대해서는 다음과 같은 연구성과를 참고할 수 있다.

池內宏, 「百濟滅亡後の動亂及び唐・羅・日三國の關係」, 『滿鮮地理歷史硏究報告』 제14책, 1933 ; 『滿鮮地理歷史硏究報告』 제14책, 1933 ; 『滿鮮鮮史硏究』 上世第二冊, 1960.

林宗相, 「7世紀中葉における百濟・倭國關係」, 『古代日本と朝鮮の基本問題』, 1975.

山尾幸久, 「7世紀 中葉의 동아시아」, 『百濟硏究』 23, 1992.

鈴木靖民, 「7世紀東アジアの爭亂と變革」, 『東アジアからみた古代の日本』, 1992.

卞麟錫, 「白江口戰爭과 百濟・倭 관계 – 일본의 기존학설에 대한 재조명 – 』, 1994.

盧重國, 「7世紀 百濟와 倭와의 關係」, 『國史館論叢』 52, 1994.

延敏洙, 「百濟의 對倭外交와 王族」, 『百濟硏究』 27, 1997.

鄭孝雲, 「7世紀 中葉의 百濟와 倭」, 『百濟硏究』 27, 1997.

金鉉球, 「동아시아세계와 白村江 싸움」, 『日本學』 20, 2001.

33) 『日本書紀』 권 제26 齊明天皇 6년 9월.

34) 『日本書紀』 권 제26 齊明天皇 6년 10월.

35) 盧重國, 「7世紀 百濟와 倭와의 關係」, 『國史館論叢』 52, 1994, pp.184~185.

있지만[36] 倭軍의 파병과 부흥운동군에 대한 지원 사실을 이해하는 중요한 자료이다.

十二月丁卯朔 庚寅 天皇幸于難波宮 天皇方隨福信所乞之意 思幸筑紫 將遣
救軍 而初幸斯 備諸軍器 是歲 欲爲百濟 將伐新羅 乃勅駿河國造船 已訖(『日
本書紀』권 제26 齊明天皇 6년).

위 기사를 보면 倭의 백제파병준비는 매우 신속하게 이루어졌음을 알 수 있다. 661년 10월에 백제로부터 파병을 요청받은 齊明天皇은 그 해 12월에 이미 難波宮으로 가서 백제에 파병하기 위하여 병장기를 준비하였다. 그리고 駿河國에는 배를 만들 것을 명하여 造船을 완료하였다. 이와 같이 백제의 요청에 신속히 倭가 대응하고 天皇을 중심으로 조직적으로 준비를 시작하고 있는 것은 당시 백제와 倭의 관계가 매우 친밀하지 않았으면 불가능한 일이었다. 그러나 파병을 준비 중이던 齊明天皇이 661년 7월 筑紫의 朝倉宮에서 갑자기 죽게 된다.[37] 그런데 齊明天皇의 갑작스런 죽음에도 불구하고 倭의 백제파병 준비와 부흥운동군에 대한 지원은 중단되지 않았다. 이러한 상황은 다음 기사를 통해 살펴볼 수 있다.

八月 遣前將軍大花下阿曇比邏夫連 小花下河邊百枝臣等 後將軍大花下阿倍
引田比邏夫臣 大山上物部連熊 大山上守君大石等 救於百濟 仍送兵仗五穀(『日
本書紀』권 제27 天智天皇 元年 8월).

이 기록은 倭軍의 본격적인 파병에 앞서 부흥운동군에게 군수물자를 보냈다는 것을 알려준다. 661년 8월에 倭는 齊明天皇의 喪中

---

36) 鬼頭淸明,「白村江の戰いと律令制の成立」,『日本古代國家の形成と東アジア』, 1976,
　　p.159.
37)『日本書紀』권 제26 齊明天皇 7년 7월.

임에도 불구하고 부흥운동군에게 兵仗器와 五穀을 보냈다. 아직 천황으로 즉위하지는 않았지만 태자인 中大兄이 齊明天皇의 백제파병 결정을 그대로 이어 받아 진행하였던 것이다. 이때 倭에서 백제로 보낸 兵仗器와 五穀은 660년 12월에 이미 筑紫에 비축해둔 것으로 부흥운동군의 요청에 의한 것이었다. 660년 10월에 福信이 보낸 백제의 사신인 佐平 貴智는 齊明天皇에게 派兵과 함께 兵仗器와 軍糧米도 함께 요청하였다. 사실 백제로서는 倭軍의 파병 못지않게 군수품의 조달이 커다란 문제였다. 이는 660년 9월 5일 백제에서 온 達率과 沙彌 覺從이 백제의 멸망 사실과 부흥운동군의 봉기 사실을 전하면서 "兵盡前役 故以梧戰 新羅軍破 百濟脫其兵"이라 말한 것에서도 엿볼 수 있다. 즉 초기 부흥운동군은 몽둥이를 들고 싸웠을 정도로 兵仗器를 제대로 갖추지 못했고, 신라군의 무기를 탈취하여 武裝을 했을 만큼 군수물자 조달에 어려움을 겪고 있었다.38) 이런 상황에 처해 있던 백제가 倭에 군수물자 지원을 요청했던 것은 당연한 것이다.

　倭는 661년 9월에 大山下狹井連檳榔과 小山下秦造田來津으로 하여금 5천 명의 병사를 거느리고 故王子 豊을 호위하게 하여 귀국시켰다.39) 그리고 662년 1월에 화살 10만 쌍, 絲 오백 근, 綿 1천 근, 韋 1천 장, 볍씨 3천 곡 등 추가로 군수물자를 보냈다.40) 그리고 662년 3월에는 豊王에게 별도로 布 3백단을 보내주는41) 등 군수물자 지원이 이어졌다.

　군수물자의 지원과 함께 백제로의 파병도 신속하게 이루어졌다.

---

38)『日本書紀』권 제26 齊明天皇 6년 9월.
39)『日本書紀』권 제27 天智天皇 元年 9월.
40) 賜百濟佐平鬼室福信 矢十萬雙 絲五百斤 綿一千斤 布一千端 韋一千張 稻種三千斛(『日本書紀』권 제27 天智天皇 1년 正月).
41)『日本書紀』권 제27 天智天皇 1년 3월.

倭軍이 이전에 백제로 파병한 병력은 1천 명을 넘지 않았었다. 그런데 이때는 예전보다 훨씬 많은 대규모의 병력을 징발해 파병하였다. 倭는 국력을 기울여 백제파병을 준비하였다.[42] 662년 5월에는 大將軍大錦中阿曇比邏夫連 등이 거느린 백제구원군이 170척의 배에 타고 출병하였다.[43] 그리고 倭는 다음 해의 출병에 대비하기 위하여 무기를 수선하고 선박을 구비하고 軍糧米도 비축하였다.[44] 백제에서도 倭의 파병을 재촉하기 위하여 사신을 계속해서 보냈다. 661년 9월에 귀국한 豊王은 662년 6월에 達率 萬智 등을 보내고[45] 663년 2월에는 達率 金受를 보내 부흥운동군의 전황을 알리는[46] 한편 倭軍의 출병을 독촉했다. 그리하여 663년 3월에는 倭로부터 무려 27,000명의 대군이 파병되기에 이르렀다.[47] 그리고 663년 6월에는 출병한 倭軍이 新羅의 沙鼻岐와 奴江의 두 성을 점령하였다.[48]

倭軍이 백제에 파병하게된 동기는[49] 두 가지로 집약할 수 있다.

---

42) 연민수, 『고대한일관계사』, 1998, p.480.

43) 『日本書紀』 권 제27 天智天皇 1년 5월.

44) 是歲 爲救百濟 修善兵甲 備具船舶 儲設軍糧(『日本書紀』 권 제27 天智天皇 1년 12월).

45) 百濟遣達率萬智等 進調獻物(『日本書紀』 권 제27 天智天皇 1년 6월).

46) 百濟遣達率金受等 進調 (중략) 是月 佐平福信 上送唐俘續守言等(『日本書紀』 권 제27 天智天皇 2년 2월).

47) 遣前將軍上毛野君稚子 間人連大蓋 中將軍巨勢神前臣譯語 三輪君根麻呂 後將軍 阿倍引田臣比邏夫 大宅臣鎌柄 率二萬七千人 打新羅(『日本書紀』 권 제27 天智天皇 2년 3월).

48) 前將軍上毛野君稚子等 取新羅沙鼻岐奴江二城(『日本書紀』 권 제27 天智天皇 2년 6월).

49) 倭軍의 백제파병 동기에 대해서는 다음과 같은 연구 성과를 참고할 수 있다.
石母田正, 『日本の古代國家』, 1971.
林宗相, 「7世紀中葉における百濟・倭國關係」, 『古代日本と朝鮮の基本問題』, 1975.
鬼頭淸明, 「白村江の戰いと律令制の成立」, 『日本古代國家の形成と東アジア』, 1976.
田村圓澄, 「百濟救援考」, 『文學部論集』 5, 熊本大學文學會, 1981.
鈴木英夫, 「百濟救援の役について」, 『林陸郎先生還曆紀念 日本古代の政治と制度』, 1985.

우선 倭國 내부의 모순과 위기를 대외적 상황, 즉 백제멸망과 백제
에 대한 구원군의 파병이라는 대외적 문제를 이용하여 타개하려고
하였던 것이다. 여기에는 백제 측의 외교적 노력도 중요한 역할을
했다.50) 그리고 백제의 멸망으로 인하여 倭가 唐의 공격목표가 될
것이라는 불안감에서 당의 침입을 사전에 저지하고자 출병을 決行
하였던 것이다.51)

　　그러나 국력을 기울인 백제구원군의 파병에도 불구하고 왜군은
663년 8월에 벌어진 白江口 전투에서 참패를 당하고 말았다. 白江
口 전투에서 倭軍이 패배한 원인에 대해서는 豊王과 福信의 不和로
인하여 倭軍이 제 때에 周留城에 入城하지 못하여 羅唐軍과의 전투
를 효과적으로 수행하지 못해 패배했다는 설도 있다.52) 그러나 근
본적인 문제는 왜군의 전투능력의 한계에 있었다. 白江口 전투에
참전한 倭軍의 구성을 보면 각각의 지방호족이 동원한 國造軍의 집
합체였다.53) 國造는 일본열도 각지의 전통적인 地方豪族들인데, 그

　　山尾幸久, 『古代の日朝關係』, 1989.
　　김은택, 「7세기중엽 고대일본 야마또국가안의 조선계통 문벌들」, 『럭사과학론
　　　　문집』 16, 1991.
　　卞麟錫, 『白江口戰爭과 百濟・倭 관계』, 1994.
　　鄭孝雲, 『古代韓日政治交涉史研究』, 1995.
　　崔在錫, 「663년 白江口전쟁에 참전한 倭軍의 性格과 新羅와 唐의 戰後對外政策」,
　　　　『韓國學報』 90, 1998.
　　연민수, 『고대한일관계사』, 1998.
50) 盧重國, 「7世紀 百濟와 倭와의 關係」, 『國史館論叢』 52, 1994, p.183.
　　鄭孝雲, 『古代韓日政治交涉史研究』, 1995, p.199.
　　연민수, 『고대한일관계사』, 1998, pp.484~485.
51) 金鉉球, 「동아시아세계와 白村江 싸움」, 『日本學』 20, 2001, pp.79~83.
　　이재석, 「백제 부흥운동과 야마토 정권」, 『백제 부흥운동의 재조명』, 2002, pp.59
　　　　~61.
52) 김현구, 「白江戰爭과 그 역사적 의의」, 『백제 부흥운동과 백강전쟁』, 2003, pp.3
　　　　~4.
53) 백제구원군의 구성에 대해서는 다음과 같은 연구성과를 참고할 수 있다.

들이 氏族的 결합 하에 있는 일족과 地方豪族 시배 하에 있는 民衆
과 奴婢를 동원한 것이 國造軍의 실체였다.54) 더구나 이들은 中央
官軍이 아니라 私的인 연계를 바탕으로 이루어진 군사들로 정예병
들이 아니었다.55)

일본열도의 九州를 비롯하여 東北地方에 이르기까지 넓은 범위
에서 동원한 倭軍은 대오가 난잡하였을 뿐만 아니라 작전도 "우리
가 먼저 공격하면 저들이 스스로 물러날 것"이라는 치졸한 것이었
다.56) 그리고 전투에 앞서 기상을 살피지도 않았으며57) 羅唐軍에
비해 전투진영도 엉성하였다. 이렇듯 倭軍이 보유한 전투력은 애초
부터 정예병으로 구성된 孫仁師 등이 거느린 羅唐軍과는 비교할 수
없이 열세였다. 百濟救援을 목적으로 倭의 국력을 기울여 파견된
倭軍은 羅唐軍의 우수한 전투력에 밀려 일시에 무너졌고 백제구원
의 꿈은 여지없이 무너졌다.

3) 經濟的 基盤의 喪失

부흥운동이 시작된 초기에 부흥운동군은 "몽둥이를 들고 싸웠고,

八木充, 「百濟の役と民衆」, 『小葉田淳退官紀念國史論集』, 1970.
鬼頭淸明, 「白村江の戰いと律令制の成立」, 『日本古代國家の形成と東アジア』, 1976.
笠井倭人, 「白村江の戰と水軍の編成」, 『古代の日朝關係と日本書紀』, 2000.
도야마 미쓰오(遠山美都南) 저, 이성범 역, 『우리가 몰랐던 왜군의 백제파병 이
  야기 - 白村江戰鬪』, 2002.
54) 佐藤信, 「백강전쟁과 왜」, 『백제 부흥운동과 백강전쟁』, 2003, p.63.
55) 卞麟錫, 「七世紀 中葉 白江口戰에 참가한 日本軍의 성격에 대하여」, 『國史館論
  叢』 52, 1994, p.199.
56) 日本諸將 不觀氣像 而相謂之曰 我等爭先 彼應自退 更率日本亂伍 中軍之卒 進
  打大唐堅陣之軍 大唐便自左右夾船繞戰 須臾之際 官軍敗績(『日本書紀』 권 제27
  天智天皇 2년 8월).
57) 『日本書紀』 권 제27 天智天皇 2년 8월.

신라군을 격파한 뒤 병장기를 노획하여 무장을 갖추었다"[58]고 할 정도로 군수품의 보급과 확충이 매우 곤란하였다. 그러나 661년 3월 두량윤성 전투의 승리와 4월 19일의 賓骨壤 전투에서 신라군의 병장기를 노획한[59] 결과 어느 정도 무장을 갖추게 되었다. 그리고 南方의 諸城들이 부흥운동군의 세력권으로 들어오자[60] 백제의 남부 평야지대의 농업생산력을 바탕으로 부흥운동군은 군량미의 조달과 군수물자의 보급을 비교적 원활하게 받을 수 있었다. 그리고 倭에서 보내온 兵仗器와 군량미 등 군수물자도 부흥운동군이 활발하게 활동할 수 있는 조건이 되기에 충분했다. 이러한 풍부한 물자의 공급은 부흥운동군이 留鎭唐軍의 보급로인 熊津道를 차단하고 熊津都督府의 留鎭唐軍을 고립시키는 등 우세한 전력을 보유할 수 있는 힘의 원천이 되었다.

그러나 662년 7월 이후 眞峴城과 內斯只城 등의 요충이 羅唐軍에게 함락당하면서 전황이 부흥운동군에게 불리해지기 시작했다. 이러한 불리한 전황은 倭로부터 지원군이 도착하였음에도 불구하고 전혀 개선되지 않았다. 오히려 倭軍의 참전으로 倭軍 소용의 군량과 병장기마저 부흥운동군이 조달해야 하는 등 어려움만 가중됐다. 이러한 난국을 타개하기 위해 豊王은 반대를 무릅쓰고 避城으로 遷都를 감행할 수밖에 없었다.

662년 12월에 豊王은 農閑期를 이용하여 周留城을 나와 避城으로 옮겨갔다. 避城은 三韓에서 으뜸가는 비옥한 토지가 있는 곳으로 농사에 유리한 곳이었다. 그러나 적을 방어하기에는 너무 위험하다는 단점을 가지고 있었다. 그럼에도 불구하고 豊王이 避城으로

---

58)『日本書紀』권 제26 齊明天皇 6년 9월.
59)『三國史記』新羅本紀 太宗武烈王 8년.
60)『三國史記』新羅本紀 文武王 11년 答薛仁貴書.

옮긴 것은 부흥운동군과 왜군에게 필요한 군량미 등을 넉넉히 확보할 수 있는 곳이 필요했기 때문이다. 周留城은 방어에 유리한 천험의 요새이기는 하나 농사에 적합하지 않아 장기간의 抗戰에 필요한 물자를 얻는데 매우 어려웠다. 周留城을 떠나지 않을 수 없었던 사정은 이러한 문제가 있었기 때문이었다. 그러나 避城은 역시 적으로부터 너무 가까운 곳에 위치하고 있었기 때문에 663년 2월에 다시 周留城으로 돌아오지 않을 수 없었다.

그런데 周留城으로 돌아온 663년 2월에 백제 남방의 居列城과 居勿城, 沙平城 등 신라와의 국경에 있던 부흥운동군의 주요 거점들이 함락당하였다. 이들 거점성들은 백제남부지역의 곡창지대를 방어하는 주요 성들이었다. 이들 거점성들의 함락으로 현재의 전남북지역의 곡창지대를 방어하기가 어려워졌다. 그리고 백제의 東方城으로서 지금의 논산평야를 控除할 수 있는 중요한 요충인 德安城마저도 함락당하자 부흥운동군의 군량미와 군수물자 수급에 막대한 지장을 초래하게 되었다. 부흥운동 초기의 留鎭唐軍이 고립된 상태에서 군량과 군수물자를 지원받지 못하던 상황이 역전되어 이제 부흥운동군에게 군수물자의 조달이 至難한 문제로 떠올랐다.

그러나 부흥운동군은 군수물자의 부족문제를 극복하지 못하고 羅唐軍의 공세에 밀려 白江口 전투의 패배와 周留城 함락이라는 최악의 사태로 치달았다. 결국 부흥운동군은 豊王과 福信의 대립에서 비롯한 지도층의 內紛과 이에 따른 전력의 약화에 군수물자 부족이라는 문제까지 겹쳐 더 이상 활동을 이어가지 못하고 羅唐軍에게 진압되고 말았던 것이다.

2. 復興運動의 歷史的 性格

백제의 멸망과 부흥운동에 동아시아의 모든 국가가 참여한 것은 한국고대사상 최초이자 최대의 패권다툼을 기반으로 하였다. 백제 부흥운동의 성패는 이후 동아시아 국가들의 운명을 바꿔 놓았다.

패권다툼에서 승리한 당과 신라는 건국 이후 최대의 전성기를 맞이하게 되었고 패배한 백제는 역사 속으로 영원히 자취를 감추게 되었다. 고구려 역시 당과 신라의 연합군에게 패망하는 운명을 받아들여야만 했다. 왜는 섬에 자리 잡고 있다는 지리적인 이점 때문에 멸망을 당하지는 않았지만, 백제와 고구려와의 관계에 중점을 두던 종래의 외교정책에서 탈피하여 당과 신라와의 적극적인 외교관계 개선을 통하여 국맥을 유지할 수 있었다. 그리고 기존의 백제 중심의 외교관계에 따른 정치문화적인 폐쇄성을 극복하여 동아시아의 역사에 본격적으로 등장하는 계기가 되었다. 하지만 왜국 내에서는 壬申의 亂을 통하여 정권의 교체를 겪어야만 했다.

비록 백제부흥운동이 실패로 끝났다고 하지만 부흥운동이 갖는 역사적 의의는 간과할 수 없는 것이며 이후 한국사의 전개과정에 지대한 영향을 끼쳤다.

1) 復興運動의 歷史的 意義

백제부흥운동은 한국사상 최초로 일어난 국권회복운동이었다. 이전에도 고조선을 비롯하여 부여, 가야 등의 고대국가들이 멸망을 하였지만, 백제유민들처럼 멸망한 국가를 다시 일으켜 세우기 위하여 조직적이고 장기적인 부흥운동을 전개한 적은 없었다. 국가의 멸망과 동시에 피정복국가의 지배층은 정복국가의 피지배층으로 흡

수되거나, 일부 지배층이 정복국가의 지배층으로 재편되는 경우는 있었다. 그러나 백제와 같이 지배층의 대부분이 당과 신라에 포로가 되거나 투항한 이후에 조직적인 국가부흥운동을 전개한 것은 일찍이 없었던 일이었다. 고조선과 부여, 가야 모두 지배층의 투항으로 국가의 운명이 단절되고 말았다.

백제는 국가의 재건을 위해 유민세력들이 결집하여 부흥운동을 전개하였다. 특히 지방의 군장과 유민세력들이 부흥운동에 대거 참여함으로써 전국적인 규모에서 부흥운동을 일으켰다는 점은 매우 특기할 만한 점이다. 이들은 자신들의 세력근거지를 중심으로 부흥운동군을 조직하고 동시 다발적으로 부흥운동에 참여하였다. 그리고 점차 이들 세력을 결집시킬 수 있는 지도자를 세움으로써 一絲不亂한 지휘체계를 갖추었다. 또한 멀리 왜에 가 있던 왕족을 맞이하여 국왕으로 옹립함으로써 국가의 체제를 갖추고 투쟁하였다. 또한 단순한 무력투쟁에서 벗어나 고구려와 왜에 사신을 파견하여 청병을 하는 등 외교적인 방법을 동원하였다는 점에서 다양한 방법의 국권회복운동이 전개된 사실을 알 수 있었다.

부흥운동이 무려 4년여를 지속할 수 있었다는 것은 백제의 중앙세력에 비해 지방의 군장세력들의 역할이 매우 컸다는 것을 알 수 있다. 이는 국왕을 비롯한 중앙귀족들이 거의 당으로 끌려간 이후에도 지방세력들이 중심이 되어 장기간의 부흥운동을 수행할 수 있을 만큼 백제의 지방지배체제가 견고했음을 알려주는 단서가 된다. 이는 백제의 국력이 하루아침에 무너질 만큼 나약한 것이 아니었다는 반증이 되기도 한다. 그러므로 부흥운동은 무너진 백제왕조를 다시 세우려는 復國운동이었던 것이다. 부흥운동기의 백제는 당과 신라의 식민지였다고 볼 수는 없다. 백제고지는 백제의 유민세력들에 의해 통치되는 자치구역이었던 것이다. 또한 백제를 다시 일으켜 세우겠다는 부흥운동 의지는 후일 통일신라 말기의 혼란한 정치 상황 속에서 지방세력이 발생하는 요인의 하나가 되었고 나아가서는 후백제 건국의 이념적 토대가 되기도 하였다.

백제부흥운동으로 인해 당의 한반도 지배정책도 변경되었다. 백제유민들의 활발한 부흥운동은 백제고지에 대한 당의 통치계획을 탁상공론에 그치게 하였다. 당이 애초에 백제를 멸망시킨 이후 5도독부를 두어 백제고지에 대한 기미지배를 실현하려 하였고, 신라마저도 계림도독부로 삼아 직할통치를 시행하려던 계획은 부흥운동으로 인하여 수포로 돌아갔다. 당은 백제를 멸망시킨 후 신라와 고구려를 정벌할 계획을 가졌었다. 그러나 신라에 대한 정벌계획은 고구려 멸망이후에도 실현되지 못하였다. 오히려 신라가 한반도에서 당 세력을 축출하게 되어 불완전하나마 삼국통일을 실현할 수 있었다.

2) 復興運動의 影響

(1) 百濟故地의 荒廢化

4년여에 걸친 부흥운동은 백제고지와 백제유민들을 피폐하게 하였다. 부흥운동이 전개된 백제고지 전역은 나당군의 진압으로 인하여 황폐해지고 인구도 급격히 감소하였다. 멸망 당시 백제는 37군 200성에 76만호를 거느리고 있었다.[61] 그러나 삼국통일 후 신라가 군현제를 정비한 이후에 백제고지의 군현 수는 37군 104현으로 줄어들었다.[62] 이와 같이 통일신라에 이르러 백제고지에 설치된 현의

---

61) 백제의 국세는 고구려 멸망시의 5부 176성 69만호보다도 큰 것이었다(『三國史記』 高句麗本紀 寶藏王 27년).

62) 盧重國, 「統一期 新羅의 百濟故地支配」, 『韓國古代史研究』 1, 1988, p.142.

수가 절반으로 대폭 줄게 된 것은 부흥운동과 관련이 있는 것이다.

백제고지에서 장기간 진행된 부흥운동은 백제의 田土를 황폐하게 만들었고, 이로 인한 농업경제의 피폐는 부흥운동 실패의 원인이 되기도 하였다. 그리고 부흥운동과정에서 수많은 백제유민들이 전장에서 피해를 보게 되어 인구가 감소했고, 황폐한 토지는 농업 생산력을 저하시켰을 것이다. 또한 부흥운동의 실패와 더불어 많은 수의 유민들이 왜로 망명하거나 당과 신라의 내지로 徙民됨으로써 백제의 토지로부터 이탈된 民戶의 수도 자연 증가하게 되었다. 이러한 인적 손실은 다시 농업생산력의 감소로 이어져 백제고지의 民戶를 감소시키게 되었다. 이처럼 연이은 악순환은 결국 백제고지를 황폐화시켜 토지와 민호의 수를 급감하게 만들었다.[63] 이러한 결과로 백제고지에 새로 설치한 신라의 군현 수는 절반으로 줄어들 수밖에 없었을 것이다.

백제고지의 중심지였던 사비도성과 별부 익산지역의 황폐화는 더욱 심하였다. 사비도성은 부흥운동 초기부터 백제유민들의 주요 공략대상이었고, 별부인 익산지역도 沙吒相如가 부흥운동을 일으킨 지역이었다. 그러므로 사비와 익산은 부흥운동군의 중심거점으로서 나당군에게 철저히 진압되었을 것이다. 마지막까지 부흥운동군이 항전을 한 사비도성은 더욱 철저히 파괴되어 폐허화 되었을 것이다. 익산지역은 이후 고구려에서 4천호를 이끌고 來投[64]한 安勝을 金馬渚에 安置시킨 지역이다.[65] 신라는 백제의 別部인 금마저 지역

---

63) 부흥운동과정에서 피폐해진 백제유민들의 상황은 다음 기사를 통해 살필 수 있다.
詔劉仁軌 統兵鎭守 兵火之餘 比屋凋殘 殭屍如莽 仁軌始命瘞骸骨 籍戶口 理村聚 署官長 通道塗 立橋梁 補堤堰 復坡塘 課農桑 賑貧之 養孤老 立唐社稷 頒正朔及廟諱 民皆悅 各安其所(『三國史記』 百濟本紀 義慈王 20년).
64) 『三國史記』 高句麗本紀 寶臧王 27년.
65) 『三國史記』 新羅本紀 文武王 10년 6월.

에 고구려에서 망명한 安勝集團을 徙民시켜 안승을 高句麗王과[66] 報德國王에[67] 봉함으로써 백제 유민의 활동을 견제하고자 하였고, 결과적으로는 이 지역에서 백제 유민들을 축출하고자 하였던 것이다.

그리하여 이들 지역은 백제사의 중심지에서 지방의 군소도시로 전락할 수밖에 없었고, 이후 오랫동안 역사의 뒷무대로 사라지게 되었다.[68] 또한 부흥운동의 중심지였던 주류성과 흑치상지의 근거지였던 풍달군 등에 대해서는 『三國史記』 地理志에 有名未詳地分條에 기록되어 위치를 확인할 수 없을 정도로 철저히 파괴되었던 것이다.[69]

(2) 羅唐戰爭의 間接的 原因 提供

백제고지에 대한 지배권을 행사하고 부흥운동을 진압하는 과정에서 당과 신라는 서로 다른 입장을 보이고 있다. 신라는 김춘추와 당 태종과의 약조대로[70] 백제고지를 신라에게 넘겨줄 것이라는 기대를 하고 있었으나 당은 백제고지에 대한 기미지배를 통하여 직할 영토화 하여 지배하고자 하였던 것이다. 그리고 더 나아가서는 신라마저도 당이 직접 지배하려 하였다. 당과 신라의 백제고지를 둘러싼 대립은 부흥운동을 진압하는 과정에서 표출되었다. 사비성에 주둔한 유진당군은 늘 부흥운동군에게 포위되어 고립무원의 상태였다. 사비성에 고립된 당군은 이에 신라에게 조석으로 사자를 보내

---

66) 『三國史記』 新羅本紀 文武王 10년 7월.
67) 『三國史記』 新羅本紀 文武王 14년 9월.
68) 사비를 대신하여 웅진이 지역의 중심지가 되었고, 익산을 대신하여 전주가 등장하게 되었다.
69) 盧重國, 「三國史記의 百濟 地理關係 記事 檢討」, 『三國史記의 原典 檢討』, 1995, pp.170∼172.
70) 『三國史記』 新羅本紀 文武王 11년 7월 答薛仁貴書.

어 구원군을 요청했지만 신라는 적극적으로 구원군을 보내지 않았다. 신라는 국내에 역병이 돈다거나 전쟁에서 돌아온지 얼마 되지 않아 군사들이 지쳐 있다거나 하는 이유를 들어 당군의 청병요구를 쉽사리 들어주지 않았다. 이러한 신라의 태도는 신라 내부의 어려운 사정 때문이기도 하였으나 한편으로는 백제고지 지배를 둘러싼 당과의 갈등도 하나의 원인이었다.[71] 신라는 당초의 약속대로 백제고지를 주겠다는 약속을 어긴 당에 대한 불만이 고조되어 있었다.

백제고지를 둘러싼 나당간의 갈등은 663년 11월에 있었던 임존성 공격작전 때 드러났다. 신라군은 임존성을 공격하다가 여의치 않자 특별한 이유도 없이 철군을 하고 만 것이었다. 신라군의 이러한 행동은 당과 백제고지에 대한 지배권을 놓고 벌인 갈등의 결과였다.[72] 특히 당이 백제 태자 扶餘隆을 귀국시켜 웅진도독으로 삼고 熊嶺과 就利山에서 연거푸 신라의 문무왕과 會盟을 하게 함으로써 당의 백제고지 지배정책이 구체적으로 노정되었다. 당은 부여융을 수반으로 한 괴뢰정권을 수립하여 신라와 회맹하게 함으로써 백제와 신라를 당의 속국으로 만들어 통치하고자 하는 야욕을 드러냈던 것이다.

백제고지를 신라에게 주지 않고 괴뢰정권을 세워 신라를 견제하게 하려는 당의 책략은 장차 고구려 멸망 후에 나당군이 고구려와 백제의 영토를 놓고 벌일 전쟁의 원인이 되었던 것이다.[73] 당의 백제고지에 대한 직접지배 야욕은 문무왕 10년 당에 사신으로 간 良圖를 獄死시킨 사건에서 확연히 드러난다. 이때 당 고종은 良圖를 감옥에 가둔 까닭을 신라왕이 멋대로 백제의 토지와 유민을 취했기

---

71) 申瀅植, 「三國統一前後 新羅의 對外關係」, 『新羅文化』 2, 1985, p.16.
72) 신라군은 부흥운동을 진압하면서 官人을 두어 지키게 하면서, 백제고지를 점차 신라의 영토화 하고 있었다.
73) 李昊榮, 『新羅三國統合과 麗·濟敗亡原因研究』, 1997, pp.231~241.

때문이라고 하였다.[74]

(3) 高句麗의 滅亡 促進

당의 백제정벌은 고구려 정벌을 위한 전초전이었다. 그러므로 백제고지에서 일어난 부흥운동은 당의 고구려 정벌에 장애가 되었다. 나당연합군을 편성하여 백제를 정벌한 당의 주된 관심은 우선 백제를 공격하여 멸망시킴으로써 고구려를 외교적으로 고립시키고, 연합군인 신라로부터는 고구려의 배후를 공격하게 하며 군량을 지원받는 등의 역할을 차질 없이 수행하게 하려는 것이었다.

그러나 4년여에 걸친 백제부흥운동은 당의 고구려 정벌에 막대한 지장을 초래하였다. 고구려의 배후에서 협공작전을 전개하리라 믿었던 신라군이 부흥운동군의 활동으로 말미암아 당군에 적극적으로 호응할 수가 없었다. 신라군은 매번 부흥운동군의 공세를 감당하기에도 버거웠던 것이다. 그러므로 당은 고구려 정벌에 신라와의 협공전략을 구사하는데 차질이 생겼고, 결국 부흥운동이 완전히 소멸될 때까지는 고구려 원정을 잠정적으로 중단하지 않을 수 없었다. 그러나 부흥운동이 실패로 돌아가고 백제고지에 대한 지배권을 확립하자 당의 고구려 원정이 재개되었다. 특히 淵蓋蘇文이 사망한 666년 이후 나당연합군의 고구려 정벌이 본격적으로 재개되었다.

부흥운동이 소멸된 이후 고구려는 외교적으로도 고립되고 말았다. 백제가 부흥운동의 실패로 완전히 역사 속으로 사라지자 고구려는 당과 신라에게 포위된 채 고립될 수밖에 없었던 것이다. 또한 일본열도의 왜가 對馬島와 北九州 등지에 성곽을 축조하고 당과 신라의 침입에 대비하는 등 자국의 방어에만 급급할 수밖에 없는 상황에서 왜와 고구려의 관계 역시 실질적으로 단절될 수밖에 없었던

---

74)『三國史記』新羅本紀 文武王 10년.

것이었다. 특히 섬나라인 왜국은 이미 국력을 기울여 참진하였던 백강구 전투에서 대패한 결과, 고구려를 지원할만한 군사력을 거의 상실하였던 것이다.

이처럼 백제부흥운동이 실패로 끝난 이후 고구려는 당과 신라의 협공에 직면하게 되었고 외교적으로도 고립되게 되었다. 고구려의 외교적 고립은 나당연합군의 공격을 효과적으로 막아낼 수 없게 하였고 결국 멸망에 이르게 되었다. 즉 부흥운동은 고구려를 공격하여 멸망시키려는 당의 야욕을 저지하는 역할을 하였으며, 부흥운동의 실패는 당과 신라가 연합하여 고구려 정벌에 나서게 하는 계기가 되었던 것이다.

(4) 百濟遺民의 海外進出 促進

백제 멸망 후 일본열도로 건너간 이들의 대부분은 정치적인 망명객들이었다. 왜로 건너간 백제유민들은 663년 주류성이 함락된 후 왜군을 따라 일본으로 건너간 부류와 이후 수차례에 걸쳐 일본으로 건너간 부류가 있었다. 부흥운동이 소멸된 이후에도 백제유민들은 일본열도로 계속해서 건너갔다.

『日本書紀』에 기록된 대규모 이주만을 살펴보아도 天智天皇 4년(665) 2월에 400명이 近江國 神前郡에 이주하여 정착하였고,[75] 다음해(666) 겨울에는 2,000명이 東國으로 이주하였고,[76] 天智天皇 8년(669)에도 700여 명의 백제유민들이 近江國 蒲生郡으로 이주하여 정착하였다.[77] 일본열도로 건너간 백제유민들은 天智天皇 10년(671)에는 대규모로 관직을 수여받고 倭 조정에 관리로 등용되었다.[78] 이

---

75) 『日本書紀』 권 제27 天智天皇 4년 2월.
76) 『日本書紀』 권 제27 天智天皇 5년.
77) 『日本書紀』 권 제27 天智天皇 8년 12월.
78) 『日本書紀』 권 제27 天智天皇 10년 春正月.

를 정리해보면 <표 6>과 같다. 이들 망명 백제인들은 일본고대의
율령국가 성립에 영향을 끼쳤다. 그리고 일본의 고대문화의 발달에
도 주도적인 역할을 담당했다는 것은 이미 널리 알려진 사실이
다.79)

표 6. 倭 亡命 百濟遺民의 活動

百濟官位	人 名	倭 官位	擔當 業務
佐平	餘自信	大錦下	法官大輔
	沙宅紹明	大錦下	法官大輔
	鬼室集斯	小錦下	學職頭, 鬼室福信의 子
達率	谷那晉首	大山下	閑兵法
	木素貴子	大山下	閑兵法
	憶禮福留	大山下	閑兵法, 天智天皇 4년 8월 筑紫國에 築城
	答炑春初	大山下	閑兵法, 天智天皇 4년 8월 長門國에 築城
	炑日比子贊波羅 金羅金須	大山下	解藥
	鬼室集信	大山下	解藥
	德頂上	小山上	解藥
	吉大尙	小山上	解藥
	許率母	小山上	明五經
	角福牟	小山上	閑於陰陽
	未詳 50餘人	小山下	
	四比福夫	未詳	筑紫國에 築城

79) 박윤선, 「渡日 百濟遺民의 活動」, 『淑明韓國史論』 2, 1996, pp.110~132.
　　森公章, 「朝鮮半島をめぐる唐と倭－白村江會戰前夜－」, 『古代日本の對外認識と
　　通交』, 1998, pp.288~294.

백제 멸망 직후 당으로 끌려간 국왕을 비롯한 12,000명의 백제 유민들의 행적에 대해서는 구체적으로 알 수가 없다. 이들의 대부 분은 당의 내지로 사민되어 고단한 삶을 살아갔으리라는 추측이 가능하다. 그런데 이들 이외에도 부흥운동과정에서 당으로 끌려가 거나 당군의 일원으로 부흥운동 진압에 참여한 이들이 있다. 태자 였던 扶餘隆은 부흥운동의 진압과 백제유민의 按撫에 이용되었고, 禰軍과 法聰, 沙宅孫登은 웅진도독부에 소속된 당의 관료로 등용되 어 역시 당의 백제고지 지배에 이용되었다.[80]

당에 투항했던 인물들의 행적에 대해서는 『舊唐書』와 『新唐書』 에 기록이 남은 黑齒常之와 沙吒忠義와 같은 인물과 墓誌가 발견되 어 행적을 알 수 있는 黑齒常之의 아들 黑齒俊과 珣將軍, 難元慶 一家 등에 대해서 알 수 있다. 黑齒常之와 黑齒俊은 父子로 묘지가 남아 전하고 있으며, 珣將軍은 흑치상지의 둘째 사위로 功德記가 남아있다.[81] 이들은 모두 당에서 무장으로서 활동을 하였고 명성을 얻었다.

특히 흑치상지와 흑치준은 토번과 돌궐 원정에서 공을 쌓아 고 위 무관의 직위를 얻었다.[82] 사타충의는 돌궐과의 전쟁에서 군공을 세워 무장으로 출세를 하였고, 中宗의 태자인 節愍太子를 近侍할 정도로 당 조정 내에서의 위상도 높았다.[83] 이와 같이 당으로 간 백제유민들은 군공을 세워 무장으로 출세를 하였던 것이다.

난원경의 조부는 웅진도독부의 長史로 활동하였던 難汗이고 아 버지는 역시 웅진도독부의 支潯州[84] 刺史 등을 역임한 難武였는데,

---

80) 李道學, 「熊津都督府의 支配조직과 對日本政策」, 『白山學報』 34, 1987.
81) 韓國古代社會研究所 編, 『譯註 韓國古代金石文』 제1권, 1992, pp.577~582.
82) 李道學, 「百濟 黑齒常之墓誌銘의 檢討」, 『鄕土文化』 6, 1991.
　　李文基, 「百濟 黑齒常之 父子 墓誌銘의 檢討」, 『韓國學報』 64, 1991.
83) 『舊唐書』 권86 列傳 제36 節愍太子重俊.

모두 무장으로서 당의 백제고지지배에 이용되었다. 그리고 난원경도 당의 중앙 조정인 中書省의 관원으로 복무하기도 했으나, 역시 무장으로서 돌궐 토벌전에 공을 세우고 있다.[85]

이처럼 당으로 간 백제유민들은 문인으로 활동하기보다는 주로 무장으로서 활동하였음을 알 수 있다. 이는 이민족으로서 당에 진출한 백제유민들의 활동이 주로 무인의 길을 걸을 수밖에 없었던 사실을 보여주는 것이다.

어쨌든 백제의 멸망과 부흥운동의 실패는 백제유민들이 왜와 당으로 진출하여 활동할 수 있는 계기가 되었다는 점에서 한국민족의 해외진출사 연구에 중요한 자리를 차지한다고 할 수 있다.

---

84) 지금의 충남 서북부 지역인 예산, 당진 등에 비정되고 있다(千寬宇, 「馬韓諸國의 位置試論」, 『東洋學』 9, 檀國大學校 東洋學研究所, 1979 ; 『古朝鮮史·三韓史研究』, 1989, pp.398~408).
85) 李文基, 「百濟 遺民 難元慶 墓誌의 紹介」, 『慶北史學』 23, 2000.

제 5 장

結論

　　본고는 부흥운동에 참여하
여 활동했던 백제유민들이 어떻
게 부흥운동을 이끌어 나갔는지
에 대하여 백제사의 입장에서 정
리를 시도했다. 그리고 지명고증
등 단편적인 연구보다는 부흥운
동의 전 과정에 대해서 상세히
살펴봄으로써, 부흥운동에 대한
이해의 폭을 넓히고자 하였다.
또한 백제유민들을 주체로 부흥
운동의 전개과정을 고찰하는 한
편 신라와 당, 왜, 고구려 등 당
시 동아시아 국가들과의 관련성
도 살펴보았다. 이는 지금까지
백제부흥운동 연구가 주로 당과
신라, 왜의 입장에서 연구되던
것과는 차별되는 것으로, 본 논
문이 가진 특징의 하나이다.
　　그러나 백제유민들을 부흥
운동군으로 편제한 구체적인 방
법이나, 부흥운동군의 군사전략
과 전술 등에 대한 문제는 다루
지 못하였다. 이 부분은 필자의
능력부족에 기인한 것으로 앞으
로의 연구과제로 삼을 것이다.

제5장   結論

　이상에서 백제사의 최후를 장식했던 부흥운동의 발생과 전개, 소멸에 이르는 전 과정을 살펴보았다. 지금까지의 논의 결과를 요약하여 정리하면 다음과 같다.

　제Ⅱ장에서는 멸망 직후 백제유민들의 동향과 이들이 부흥운동에 참여하게 된 원인에 대해 살펴보았다.

　1절에서는 멸망 직후 백제유민들의 동향과 부흥운동과의 관련성에 대해서 살펴보았다. 멸망 직후 백제유민들의 동향은 크게 세 부류로 나누어진다. 첫째는, 나당연합군과의 전투에서 포로가 되거나 투항한 세력이 있다. 이들은 백제를 떠나 당과 신라로 끌려갔다. 이들 중 일부는 신라와 당에 의해 부흥운동을 진압하는 데에 이용되었다. 둘째는, 백제의 멸망과 함께 고구려와 왜로 망명한 세력이 있다. 이들은 전쟁을 피해 고구려와 왜로 망명하여 백제가 멸망한 사실을 알리고 구원을 요청하는 등 백제부흥을 위한 외교적 노력을 기울였다. 셋째는, 百濟故地에 남은 유민들이다. 이들은 당과 신라로 끌려가지 않은 일부 중앙귀족과 지방군장들, 그리고 나당연합군에 패배해 달아났던 군병들과 대부분의 백제유민들로서 부흥운동에 참여하게 된다. 이들은 처음에는 산발적으로 나당군에 저항하면서 부흥운동을 전개하였으나, 점차 福信과 道琛을 중심으로 하나의 세력으로 편제되었다.

2절에서는 부흥운동의 전개시기문제와 발생원인에 대해서 살펴보았다. 우선 부흥운동은 백제 멸망 후 백제유민들이 주체가 되어 나당군의 축출과 백제국가의 재건을 목표로 일으킨 자발적인 무장투쟁이라고 규정지었다. 또한 부흥운동의 전개기간은 백제유민들이 주체가 되어 활동했던 시기로 한정해서 이해하고자 하였다. 이런 부흥운동의 성격에 대한 규정을 바탕으로 부흥운동은 660년 7월에 일어나서 664년 3월까지 전개되었던 것으로 보았다.

부흥운동이 일어나게 된 원인은 세 가지로 정리할 수 있다. 첫째는, 나당점령군의 약탈과 살육에 따른 백제유민의 반발이었다. 둘째는, 의자왕이 나당연합군에 항복할 때의 비참한 모습은 부흥운동의 촉발제가 되었고, 백제에 대한 원망과 복수심으로 가득 차 있던 신라에게 백제를 넘겨준다는 말에 백제유민들은 더욱 분노하였던 것이다. 셋째는, 직접 전쟁의 피해를 입지 않은 지방 군장들이 기득권을 지키려고 부흥운동을 일으키게 되었던 것이다.

제Ⅲ장에서는 부흥운동의 전개에 따른 부흥운동군과 나당군의 대응에 대해서 살펴보았다.

1절에서는 부흥운동의 전개 양상과 道琛과 福信의 활동 및 豊王의 옹립 문제에 대하여 살펴봄으로써 부흥운동 지도자들의 力關係에 대해 살펴보았다. 부흥운동이 처음 일어난 시기에 대해서는 확실한 기록이 없다. 다만 660년 8월 2일에는 이미 부흥운동군이 나당군과 군사적인 충돌을 일으키고 있다. 초기 부흥운동을 주도한 주요 인물은 福信과 道琛을 필두로 餘自進, 黑齒常之, 沙吒相如, 正武 등이 있다. 이들은 출신지역이나 은거지 등을 거점으로 해서 부흥운동을 일으켰고, 지방군장들은 그들의 임지인 방성과 군성을 중심으로 거병하였다.

福信은 부흥운동의 실질적인 지도자로 任存城에서 부흥운동을 주도하고 있었고, 여기에 사찰을 기반으로 유민들을 모아 부흥운동에 참여한 승려인 道琛이 있었다. 福信과 道琛에 대해서는 당측과 신라측의 기록이 엇갈리고 있다. 이는 福信과 道琛이 초기에는 우열을 가리기 어려울 정도로 부흥운동을 대표하는 인물이었다는 것을 의미하는 동시에, 신라와 당의 입장에서 더 밀접한 관계에 있던 인물에 비중을 둔 데서 나온 기록상의 차이라고 보았다. 黑齒常之는 백제 멸망 직후 당군에 투항했다가 福信 휘하의 부흥운동군에 합류한 것으로 판명되었다.

부흥운동을 주도하던 福信은 끊어진 백제의 왕통을 잇고, 백제 유민들을 결집시킬 구심점으로 삼기 위하여 倭에 가 있던 豊을 맞이하여 국왕으로 세웠다. 豊은 武王의 왕자이며 의자왕의 王弟로 제일의 왕위계승권자였다. 더구나 倭에서 오랫동안 활동하면서 외교활동을 이끌었던 경력을 이용하여 왜의 군사적인 지원도 이끌어 낼 수 있었다.

2절에서는 부흥운동 전성기의 활동 상황과 이에 따른 나당군이 대응하는 상황에 대해 살펴보았다. 부흥운동의 발발 초기에는 부흥운동군이 공세를 펴고 留鎭唐軍은 籠城固守하는 양상을 보인다. 사비성을 포위한 부흥운동군은 나당군을 孤立無援의 상태에 이르게 하였다. 留鎭唐軍은 신라군의 원조 없이는 하루도 지탱하기 어려웠다.

부흥운동군이 활동한 지역은 초기에는 백제의 서북부지역과 사비성 인근 지역이었다. 그러나 점차로 활동영역을 넓혀 661년에 들어서면서 웅진의 동쪽지역 즉 백제의 동부지역으로까지 확대되었고, 661년 3월 이후에는 백제의 남부지역도 부흥운동군의 활동영역으로 편입되었다.

부흥운동이 맹렬한 기세를 떨칠 수 있었던 요인은 첫째, 멸망 당시 백제의 군사력이 완전히 해체되지 않았고 둘째, 지방의 군장들도 무장해제를 당하지 않아 지역적인 세력기반을 그대로 유지할 수 있었기 때문이다. 그리고 셋째, 여기에 백제유민들의 역량을 결집시킬 수 있는 지도자가 출현했다는 점이다.

웅진도독부의 留鎭唐軍은 사방을 포위당한 채 부흥운동군의 지속적인 공격에 시달렸다. 특히 신라로부터의 보급로인 熊津道가 차단되자 군량과 군수물자의 부족으로 매우 곤핍한 상태가 되었다. 그리하여 662년 2월에는 철군을 고려할 정도로 무기력한 상황이 되었다. 당시 당은 웅진도독부의 留鎭唐軍에 큰 관심을 보이지 않았다. 당은 百濟故地를 실질적으로 지배할 여력이 없었고, 의지도 부족했다. 오로지 당의 관심은 고구려원정에 있었다. 그리고 당으로서는 돌궐과 토번 등 서역과 북방이민족의 계속되는 군사적인 위협에 대책을 마련하는 것이 백제고지의 당군을 지원하는 것보다 중요한 일이었다.

3절에서는 부흥운동이 소멸되는 과정을 살펴보았다. 나당군이 부흥운동군에 대해 공세를 취하기 시작한 것은 662년 7월을 기점으로 삼을 수 있다. 이 무렵 부흥운동군 지도층의 내분으로 나당군에게 매우 유리한 국면이 조성되었다. 또한 당의 고구려원정이 잠시 중단되자 나당군은 부흥운동 진압에 눈을 돌릴 수 있게 되었다. 662년 7월에 나당군은 부흥운동군을 대파하고 동방의 거점성들을 차례로 점령하였다. 그리고 663년 2월에는 남방 거점성들도 차례로 함락시켰다. 또한 백제의 東方城이었던 덕안성도 함락시켰다. 이처럼 나당군이 부흥운동군의 거점성들을 차례로 함락시킴으로써 부흥운동은 쇠퇴할 수밖에 없었다.

여기에 663년 5월에는 孫仁師가 거느린 당의 증원군이 도착하였고, 신라군은 문무왕이 직접 출정하는 등 부흥운동군 진압에 국력을 기울였다. 나당연합군은 白江口 전투에서 승리한 후, 663년 9월에는 부흥운동의 최대거점인 주류성을 공격하여 함락시켰다. 주류성을 함락시킨 나당연합군은 다시 부흥운동군의 북방거점인 임존성을 공격하여 점령하였다. 그리고 664년 3월에 이르러 泗沘山城의 부흥운동군을 진압함으로써 백제부흥운동은 완전히 소멸되었다.

Ⅳ장에서는 부흥운동의 실패원인과 역사적 성격에 대해서 살펴보았다.

1절에서는 부흥운동이 실패로 끝나게 된 원인에 대해서 살펴보았다. 부흥운동이 실패한 원인은 첫째, 부흥운동군 지도층의 내분으로 인한 세력 약화를 들 수 있다. 661년 9월 왜국에 있던 故王子 扶餘豊을 귀국시켜 國王으로 맞이하였다. 그러나 豊이 귀국한지 얼마되지 않아 福信이 道琛을 살해하고, 다시 豊王과 福信은 부흥운동군 내부의 주도권을 둘러싸고 대립하였고, 결국 663년 6월에는 豊王이 福信을 처형하였다. 福信의 처형으로 豊王이 부흥운동군의 최고지도자가 되었지만, 부흥운동군 지도자 중에서는 沙吒相如와 黑齒常之와 같이 豊王에게 합류하기를 거부하고 唐軍에게 투항하는 자도 생겨났던 것이다.

둘째, 고구려와 왜의 부흥운동군에 대한 지원이 실패로 돌아갔다는 점이다. 고구려는 660년 11월에 신라의 七重城을 공격하였고, 661년 5월에도 말갈군과 연합하여 신라의 述川城과 北漢山城을 공격하는 등 부흥운동을 측면적으로 지원하기 위한 일련의 조치를 취했다. 그러나 고구려가 당과 전쟁을 계속하는 동안에는 백제부흥운동에 대한 지원을 하기가 어려웠다. 부흥운동에 대한 고구려의 직접적인 군사지원은 唐軍의 고구려 원정이 잠시 소강상태에 접어든 663년에 가서야 한 차례 있었다. 그러나 고구려 지원군은 孫仁師의 唐軍에게 中路에서 격파되고 말았다.

倭는 국력을 기울여 백제에 구원병을 보냈다. 그럼에도 불구하고 왜군은 663년 8월에 벌어진 白江口 전투에서 참패를 당하고 말았다. 白江口 전투에서 倭軍이 패배한 원인은 왜군의 전투능력 부족에 있었다. 倭軍의 전투력은 애초부터 정예병으로 구성된 羅唐軍과는 비교할 수 없이 열세였기 때문이었을 것이다.

셋째, 경제적인 기반의 상실을 들 수 있다. 부흥운동군은 백제 남부 평야지대의 농업생산력을 바탕으로 군량미의 조달과 군수물자의 공급을 원활하게 할 수 있었다. 그런데 663년 2월에 부흥운동군의 남방과 동방의 주요 거점성들이 신라군에게 함락당하자 군량미와 군수물자 수급에 막대한 지장을 초래하게 되었다. 결국 부흥운동군은 군수물자의 부족을 극복하지 못하고 나당군의 공세에 무너지게 되었다.

2절에서는 부흥운동이 갖는 역사적 의의와 영향에 대해 살펴보았다. 백제부흥운동은 한국사상 최초로 일어난 국권회복운동이었고, 멸망한 국가를 재건하기 위한 거국적인 무장투쟁이었음을 밝혔다. 그리고 국제적인 전쟁으로서 동아시아세계에 새로운 국제질서가 형성되는 계기가 된 사실도 알 수 있었다.

부흥운동기 백제고지는 당과 신라의 식민지가 아닌 유민세력들에 의해 통치되는 구역이었다. 부흥운동으로 인하여 당의 한반도 지배야욕은 수포로 돌아가게 되었다. 또한 백제를 다시 일으켜 세우겠다는 부흥운동 의지는 통일신라 말기의 혼란한 정치 상황 속에서 지방세력이 발생하는 요인의 하나가 되었고, 나아가서는 후백제 건국의 이념적 토대가 되기도 하였다. 그러나 4년여에 걸친 부흥운동이 실패로 돌아간 이후 백제고지는 황폐화되었고 토지와 민호의 수가 급감하였다. 그리고 부흥운동의 진압과정에서 나타난 신라와 당의 갈등은 나당전쟁의 간접적인 원인을 제공하였다 또한 부흥운동이 실패로 돌아감에 따라 당과 신라는 군사적으로 고립된 고구려 정벌을 손쉽게 추진할 수 있게 되었고, 결국 고구려를 협공하여 멸망시킬 수 있었다. 백제 멸망과 부흥운동의 실패는 백제유민들이 倭와 당으로 진출하는 원인을 제공하였다. 특히 왜로 이주해 간 백제유민들은 일본고대의 율령국가 건설과 고대문화의 발전에 주도적인 역할을 하게 되었다. 당으로 건너간 백제유민들은 일부가 무장으로 활동하여 명성을 얻기도 하였다.

이처럼 본고는 부흥운동에 참여하여 활동했던 백제유민들이 어떻게 부흥운동을 이끌어 나갔는지에 대하여 백제사의 입장에서 정리를 시도했다. 그리고 지명고증 등 단편적인 연구보다는 부흥운동의 전 과정에 대해서 상세히 살펴봄으로써, 부흥운동에 대한 이해의 폭을 넓히고자 하였다. 또한 백제유민들을 주체로 부흥운동의 전개과정을 고찰하는 한편 신라와 당, 왜, 고구려 등 당시 동아시아 국가들과의 관련성도 살펴보았다. 이는 지금까지 백제부흥운동 연구가 주로 당과 신라, 왜의 입장에서 연구되던 것과는 차별되는 것으로 본 논문이 가진 특징의 하나이다.

그러나 백제유민들을 부흥운동군으로 편제한 구체적인 방법이나, 부흥운동군의 군사전략과 전술 등에 대한 문제는 다루지 못한 것이 아쉬움으로 남는다. 이 부분은 필자의 능력부족에 기인한 것으로 앞으로의 연구과제로 삼을 것이다.

別表 · 參考文獻 · ABSTRACT · 찾아보기

別表 1. 百濟復興運動 參與 人物과 根據地

人名	身分	根據地	最後 行蹟	備考
福信	佐平	任存城	豊王에게 斬首됨.	西部 恩率
黑齒常之	達率	任存城	唐軍에 投降후 임존성 공격에 참여. 唐에 가서 武將으로 활약함.	西部人 風達郡將
道琛	浮屠	王興寺岑城	福信에게 피살됨.	
餘自進	佐平	久麻怒利城	부흥운동군 거병.	
正武	佐平	豆尸原嶽	부흥운동군 거병.	
沙吒相如	別部將	別部	唐軍에 投降후 任存城 공격에 참여함.	
助服	達率	雨述城	新羅軍에 投降후 雨述城 공격에 참여. 新羅 古陀也郡 太守 受位.	級飡이 됨.
波伽	恩率	雨述城	新羅軍에 投降후 雨述城 공격에 참여. 田宅衣物 하사받음.	級飡이 됨.
扶餘豊璋	故王子	周留城	白江口 敗戰후 高句麗로 달아남.	翹岐(紃解)
扶餘忠勝	王子	周留城	周留城 함락후 羅唐軍에 항복함.	
扶餘忠志	王子	周留城	周留城 함락후 羅唐軍에 항복함.	
塞城	佐平	周留城	周留城 함락후 倭로 건너감.	塞上(扶餘勇)
金受	達率		倭에 請兵使로 감.	
遲受信	將軍	任存城	任存城 함락후 高句麗로 달아남.	
德執得	達率	周留城	福信 斬首를 주동함.	

別表 2. 百濟復興運動 主要事件 年表

年 號			西曆	月日	主 要 事 件
新羅	唐	倭			
太宗武烈王 7년	高宗顯慶 5년	齊明天皇 6년	660년	7월 13일	百濟 泗沘城 陷落
				7월 18일	百濟 義慈王 降服
				7월~8월	福信, 黑齒常之 任存城에서 擧兵
					餘自進 久麻怒利城에서 擧兵
					正武 豆尸原嶽에서 擧兵
					道琛 王興寺岑城에서 擧兵
					沙吒相如 別部(盆山)에서 擧兵
				8월 2일	南嶺, 貞峴, □□□城 등에서 復興運動軍 擧兵
				8월 26일	蘇定方 任存城 공격하였으나 실패
				9월 3일	蘇定方 泗沘로부터 乘船廻唐
					劉仁願과 金仁泰가 泗沘城에 留鎭
				9월 5일	達率과 沙彌 覺從이 倭에 백제의 멸망과 鬼室福信, 餘自進의 擧兵을 알림
				9월 23일	부흥운동군 泗沘城 抄掠, 泗沘 南嶺에 設柵, 백제 200여 성이 호응
				9월 28일	熊津都督 王文度 三年山城에서 病死
				10월 9일	新羅 太宗武烈王이 太子와 諸將을 거느리고 尒禮城을 침
				10월 18일	尒禮城 함락되고 신라가 官守, 200여 성이 항복
				10월 30일	신라가 泗沘 南嶺을 쳐서 1,500인 斬首
				10월	鬼室福信이 왜에 佐平 貴智를 보내 唐 捕虜 100인을 바치고 乞師請救, 百濟王子 扶餘豊璋을 歸國시켜줄 것을 청함
				11월 1일	高句麗가 신라 七重城 공격 軍主 匹夫 戰死
				11월 5일	新羅 太宗武烈王이 王興寺岑城을 침
				11월 7일	王興寺岑城 함락되고 700인 斬首
				11월 22일	新羅王 백제로부터 돌아가 論功行賞

年號			西曆	月日	主要事件
新羅	唐	倭			
太宗武烈王 8년	高宗龍朔元年	齊明天皇 7년	661년	2월	부흥운동군 泗沘城을 포위함 留鎭唐軍 1천 명 부흥운동군을 치다 전멸
					신라가 사비성에 구원군을 보냄
					檢校帶方州刺史 劉仁軌 웅진도독부에 옴
				3월	道琛 등이 熊津江口 전투에서 唐羅軍에게 패하여 1만 명이 戰死함. 泗沘城의 포위를 풀고 任存城으로 후퇴함
				3월 5일	부흥운동군 豆良尹城(周留城) 남쪽에서 신라군을 대파함
				3월 12일	신라군 古沙比城 밖에서 屯치고 豆良尹城을 一朔六日동안 공격하였으나 실패
				4월 19일	부흥운동군 賓骨壤에서 新羅 大幢, 誓幢, 下州軍을 쳐서 이기고 兵仗器 노획함이 甚多
				4월	부흥운동군 角山에서 신라 下州軍, 郞幢에 패해 2,000級이 斬獲 당함
				5월 11일	고구려가 신라의 述川城, 北漢山城을 20여 일 간 공격했으나 실패함
				6월	신라 太宗武烈王 薨, 文武王 卽位
文武王元年		天智天皇稱制年		6월	唐 高宗 勅書를 보내 당군의 고구려 정벌에 신라도 거병하여 상응할 것을 요구함
					劉仁願 泗沘에서 배를 타고 鞋浦에 下陸하여 述川城에 다다름
				7월 17일	신라 고구려 정벌군 구성함
				7월	倭 齊明天皇 死, 皇太子 中大兄이 稱制
				8월	文武王의 고구려 정벌군이 始飴谷停에 다다름. 부흥운동군이 甕山城에서 신라군을 가로막음
				9월 19일	신라 文武王 熊峴停에 다다름
				9월 25일	신라군이 甕山城을 포위함
				9월 27일	甕山城이 함락당함
				9월	신라가 熊峴城을 쌓음
				9월	倭가 豊璋에게 織冠을 주고 多臣蔣敷의 누이를 妻로 삼게 하여 倭軍 5천 명으로 호위하여 백제로 귀국시킴

年 號			西曆	月日	主 要 事 件
新羅	唐	倭			
文武王元年	高宗龍朔元年	天智天皇稱制年	661년	10월	雨述城이 함락되고 1천급이 斬首됨, 達率 助服과 恩率 波伽가 항복함
				10월 29일	신라 文武王이 唐의 使臣을 맞으러 歸京
				10월	唐使가 太宗武烈王의 薨을 弔慰
					唐 含資道摠管 劉德敏이 平壤의 唐軍에 軍糧을 보낼 것을 요구하는 勅旨를 가지고 옴
				12월 10일	신라의 金仁問 등 9將軍이 軍糧을 싣고 고구려 영토로 들어감
				12월	倭軍이 백제 加巴利濱에 와서 碇泊
					熊津都督府의 양식이 다함
文武王 2年	高宗龍朔 2年	天智天皇元年	662년	1월 23일	신라군 고구려 七重河를 건너 蒜壤에 다다름. 梨峴에서 고구려군을 만나 이김
				1월 27일	倭에서 福信에게 矢 10만 쌍, 絲 500근, 綿 1,000근, 布 1,000단, 韋 1,000장, 稻種 3,000斛을 보냄
				2월 1일	신라의 金庾信 고구려 獐塞에 도착함
				2월 6일	신라의 金庾信 고구려 楊隩에서 蘇定方의 唐軍에 軍糧을 조달함, 蘇定方은 바로 歸唐撤軍
				2월	福信이 道琛을 살해함
					耽羅國主 佐平 徒冬音律이 신라에 가서 항복함
				3월 4일	倭가 百濟王 豊璋에게 布 300단을 줌
				3월	倭의 救援軍이 州柔城에 들어옴
				5월	倭가 豊璋을 보내어 왕위를 잇게 하고, 福信에게 金策을 줌
				7월	熊津의 동쪽에서 福信의 부흥운동군이 劉仁願과 劉仁軌의 唐軍에 大敗
					支羅及尹城, 大山, 沙井等柵이 함락되고 신라군이 分兵鎭守
					眞峴城이 함락되고 800級 斬首
				7월 21일	唐 孫仁師 熊津道行軍總管으로 임명
				8월	內斯只城이 함락 당함
				12월	豊璋이 州柔城에서 避城으로 옮김

年號			西曆	月日	主 要 事 件
新羅	唐	倭			
文武王3年	高宗龍朔3年	天智天皇2年	663년	2월	居列城이 함락되고 700인이 斬首 당함
					居勿城과 沙平城이 함락됨
					德安城이 함락되고 1,070級이 斬首 당함
				2월 2일	倭에 達率 金受를 보내 백제의 南畔四州가 불타고 安德 등 요지를 신라에 빼앗겼다고 알림
				2월	豊璋이 避城에서 州柔城으로 다시 돌아옴
				3월	倭의 征新羅軍 27,000명이 出征
				5월 1일	倭의 犬上君이 고구려에 가서 倭軍의 出兵을 알리고 돌아옴
				5월	唐 右威衛將軍 孫仁師 熊津道行軍總管으로 7,000명의 援兵을 거느리고 웅진도독부에 옴
				6월	倭軍이 신라의 沙鼻岐, 奴江의 두 성을 빼앗음
				6월	豊王이 福信을 잡아 죽임
				7월 17일	羅唐軍이 熊津州에서 合兵
				8월 13일	羅唐軍이 周留城에 다다름
				8월 17일	羅唐軍이 周留城을 포위함
				8월 27일	백제와 倭軍이 白江口戰에서 패함
				8월 28일	豊王 고구려로 달아남
				9월 7일	周留城이 唐軍에 함락됨
				9월 11일	백제유민 牟弖를 출발
				9월 13일	백제유민 弖禮에 다다름
				9월 25일	백제유민 및 倭軍 弖禮城을 떠나 倭로 향함
				9월	黑齒常之와 沙吒相如 唐軍에 投降
				10월 21일	羅唐軍이 任存城을 공격, 遲受信이 방어함
				11월 4일	신라군 班師
				11월	任存城 함락, 遲受信은 고구려로 달아남
文武王4年	高宗麟德元年	天智天皇3年	664년	3월	泗沘山城의 부흥운동군 熊津都督에게 攻破됨.

參考文獻

1. 史 料

『三國史記』, 民族文化推進會, 1982.

『三國遺事』, 民族文化推進會, 1982.

『高麗史』, 亞細亞文化社, 1983.

『新增東國輿地勝覽』, 民族文化推進會, 1969.

『大東地志』, 忠南大學校 百濟研究所, 1982.

『周書』, 景仁文化社, 1975.

『隋書』, 景仁文化社, 1975.

『北史』, 景仁文化社, 1975.

『舊唐書』, 景仁文化社, 1975.

『新唐書』, 景仁文化社, 1975.

『翰苑』, 湯淺幸孫 校釋, 國書刊行會, 1983.

『通典』, 新興書局(臺灣), 1963.

『冊府元龜』, 中華書局, 1988.

『資治通鑑』, 上海古籍出版社, 1987.

『日本書紀』, 岩波書店, 1970.

『續日本記』, 岩波書店, 1989.

『新撰姓氏錄』, (佐伯有淸著,『新撰姓氏錄の研究』), 吉川弘文館, 1962.

『二十五史抄』, 檀國大學校 東洋學研究所, 1977.

『百濟史料集』, 百濟文化開發研究院, 1985.

『中國正史朝鮮傳 譯註』 1~4, 國史編纂委員會, 1988.

『譯註 韓國古代金石文』 Ⅰ~Ⅲ, 韓國古代社會研究所, 1992.

『韓國古代金石文資料集』Ⅰ~Ⅲ, 國史編纂委員會, 1995.

2. 發掘 및 調査報告書

公州大學校 博物館・忠淸南道 燕崎郡,『雲住山城』, 1996.

公州大學校 博物館・忠淸南道 燕崎郡,『燕岐 雲住山城』, 1998.

公州大學校 博物館,『就利山』, 1998.

국립공주박물관·충남대학교박물관·대전광역시상수도사업본부,『大田 月坪洞
　　遺蹟』, 1999.

국립부여박물관,『서천 장암진성』, 1997.

상명여자대학교 박물관·홍성군청,『洪城郡 長谷面 一帶 山城 地表調査報告
　　書』, 1995.

상명대학교 박물관·홍성군,『洪城 石城山城建物址 發掘調査報告書』, 1998.

沈正輔·孔錫龜,『鷄足山城 精密地表調査報告書』, 大田直轄市·大田工業大學
　　鄕土文化研究所, 1992.

安承周·徐程錫, 『聖興山城門址發掘調査報告書』, 忠南發展研究院·忠淸南道,
　　1996.

禮山郡·忠南發展研究院,『禮山 任存城－文化遺蹟 精密 地表調査－』, 2000.

李南錫·徐程錫,『雲住山城』, 公州大學校 博物館, 1996.

全榮來,『우금(周留)山城 關聯遺蹟 地表調査報告書』, 圓光大學校 馬韓百濟文化
　　研究所·扶安郡, 1995.

全榮來,『冬老古城과 兆陽城－보성군 조성면의 역사와 유적－』, 전남보성군 조
　　성면 조양축제추진위원회, 1998.

전영래·박현수,『부안 우금산성내 건물지 발굴조사 보고서』, 부안군·전주대
　　학교 박물관, 1999.

忠南大學校 百濟研究所·論山市, 『論山 黃山벌 戰蹟地』, 2000.

忠南大學校 百濟研究所·大田廣域市,『鷄足山城 發掘調査 略報告』, 1998 ;『鷄
　　足山城 2次 發掘調査略報告書』, 1999.

忠淸南道 舒川郡·(財)忠淸埋藏文化財研究院,『乾芝山城』, 1998.

忠淸南道 舒川郡·(財)忠淸埋藏文化財研究院,『韓山 乾芝山城』, 2001.

忠淸南道·忠南大學校 博物館,『百濟 義慈王墓 찾기 現地調査』, 1995.

한국천문연구원,『삼국시대 연력표』, 2002.

3. 著 書

(1) 國文

金在鵬,『百濟周留城의 研究』, 燕岐郡, 1995.

國防軍史研究所,『羅唐戰爭史』, 1999.

국사편찬위원회, 『한국사』 6, 탐구당, 1995.

국사편찬위원회, 『한국사』 9, 탐구당, 1998.

盧重國, 『百濟政治史研究』, 一潮閣, 1988.

朴性興, 『洪州 周留城考』, 洪城郡, 1994.

朴性興, 『洪州周留城考-百濟復興戰의 歷史地理的 考察-』, 洪城郡, 1995.

卞麟錫, 『白江口戰爭과 百濟·倭 관계-일본의 기존학설에 대한 재조명-』, 한울, 1994.

李道學, 『새로 쓰는 百濟史』, 푸른역사, 1997.

徐程錫, 『百濟의 城郭』, 學研文化社, 2002.

成周鐸, 『百濟城址研究』, 서경문화사, 2002.

申采浩, 『朝鮮上古史(下)』, 丹齋 申采浩先生 紀念事業會, 1986.

신형식, 『新羅史』, 梨花女子大學校 出版部, 1985.

申瀅植, 『韓國古代史의 新研究』, 一潮閣, 1984.

연민수, 『고대한일관계사』, 혜안, 1998.

李昊榮, 『新羅三國統合과 麗·濟敗亡原因研究』, 書景文化社, 1997.

이도학, 『백제장군 흑치상지 평전』, 주류성, 1996.

李萬烈, 『講座 三國時代史』, 知識産業社, 1976.

全榮來, 『百濟最後決戰場의 研究-白村江에서 大野城까지-』, 新亞出版社, 1996.

全榮來, 『周留城·白江 位置比定에 관한 新研究』, 扶安郡, 1976.

전춘원·방학봉·리종훈, 『중조일관계사(상)』, 연변대학출판사, 1994.

鄭孝雲, 『古代韓日政治交涉史研究』, 學研文化社, 1995.

도야마 미쓰오(遠山美都南) 저, 이성범 역, 『우리가 몰랐던 왜군의 백제파병 이야기-白村江戰鬪』, 제이앤씨, 2002.

(2) 外國文

鬼頭淸明, 『白村江-東アジアの動亂と日本-』, 教育社, 1981.

鬼頭淸明, 『日本古代國家の形成と東アジア』, 校倉書房, 1976.

今西龍, 『百濟史研究』, 近澤書店, 1934.

金鉉球, 『大化政權の對外關係研究』, 吉川弘文館, 1985.

石母田正, 『日本の古代國家』, 岩波書店, 1971.

山尾幸久, 『古代の日朝關係』, 塙書房, 1989.

森公章, 『「白村江」以後-國家危機と東アジア外交-』, 講談社, 1998.

小林惠子, 「白村江の戰いと壬申の亂」, 現代思潮社, 1987.

夜久正雄, 『白村江の戰 – 七世紀 東アジアの動亂 –』, 國民文化研究會, 1974.

鈴木英夫, 『古代の倭國と朝鮮諸國』, 靑木書店, 1996.

鈴木治, 『白村江 – 古代日本の敗戰と藥師寺の謎 –』, 學生社, 1995.

4. 論 文

(1) 國文

John C. Jamieson, 「羅唐同盟의 瓦解」, 『歷史學報』 44, 1969.

姜鍾元, 「階伯의 政治的 性格과 황산벌 전투」, 『論山 黃山벌 戰蹟地』, 忠南大學校 百濟研究所·論山市, 2000.

강종원, 「百濟時代의 任存城」, 『禮山 任存城』, 禮山郡·忠南發展研究院, 2000.

강종원, 「百濟 黑齒家의 成立과 黑齒常之」, 『百濟研究』 38, 忠南大學校 百濟研究所, 2003.

강헌규, 「백제의 雨述郡(/城)·甕山城 및 그 주변 지명과 고려 이후의 鷄足山(/城)에 대하여」, 『百濟文化』 25, 公州大學校 百濟文化研究所, 1996.

金福順, 「三國의 諜報戰과 僧侶」, 『韓國佛敎文化思想史』 上, 가산 이지관스님 화갑기념논총, 1992

金善民, 「『日本書紀』에 보이는 豊璋과 翹岐」, 『日本歷史研究』 11, 日本歷史研究會, 2000.

金善民, 「百濟王氏 成立過程의 再檢討」, 『淑大史論』 22, 淑明女子大學校 史學科, 2000.

金壽泰, 「百濟 義子慈王代의 政治變動」, 『韓國古代史研究』 5, 韓國古代史研究會, 1991.

金壽泰, 「百濟의 滅亡과 唐」, 『百濟研究』 22, 忠南大學校 百濟研究所, 1991.

金壽泰, 「文武王」, 『韓國史市民講座』 13, 一潮閣, 1993.

金壽泰, 「百濟 義慈王代 王族의 動向」, 『百濟研究』 28, 忠南大學校 百濟研究所, 1999.

金壽泰, 「新羅 文武王代의 對服屬民 政策 – 百濟遺民에 대한 官等授與를 中心으로 –」, 『新羅文化』 16, 東國大學校 新羅文化研究所, 1999.

김수태, 「웅진 도독부의 백제 부흥운동」, 『백제 부흥운동의 재조명』, 공주대학교, 2002.

김수대, 「燕岐地方의 百濟復興運動」, 『先史와 古代』 19, 韓國古代學會, 2003.

金榮官, 「羅唐聯合軍의 百濟侵攻戰略과 百濟의 防禦戰略」, 『STRATEGY 21』 2-2, 한국해양전략연구소, 1999.

金榮官, 「百濟의 熊津遷都 背景과 漢城經營」, 『忠北史學』 11·12합집, 忠北大學校 史學會, 2001.

金榮官, 「滅亡 直後 百濟遺民의 動向」, 『典農史論』 7, 서울市立大學校 國史學科, 2001.

金榮官, 「百濟復興運動의 失敗 原因」, 『先史와 古代』 19, 韓國古代學會, 2003.

金榮官, 「百濟復興運動의 發生 背景」, 『史學志』 36, 檀國史學會, 2003.

金榮官, 「百濟復興運動의 盛勢와 唐軍의 對應」, 『韓國古代史研究』 35, 韓國古代史學會, 2004.

金瑛洙, 「古代 諜者考」, 『軍史』 27, 國防部 戰史編纂委員會, 1993.

金英心, 「6~7세기 百濟의 地方統治體制」, 『韓國古代社會의 地方支配』, 신서원, 1997.

金英心, 「百濟 地方統治體制 研究」, 서울대학교 대학원 박사학위논문, 1997.

金英心, 「忠南地域의 百濟 城郭 研究-地方統治와 관련하여-」, 『百濟研究』 30, 忠南大學校 百濟研究所, 1999.

金瑛河, 「新羅의 百濟統合戰爭과 體制變化-7세기 동아시아의 國際戰과 사회변동의 一環-」, 『韓國古代史研究』 16, 韓國古代史學會, 1999.

김은숙, 「백제부흥운동이후 天智朝의 국제관계」, 『日本學』 15, 東國大學校 日本學研究所, 1996.

김은택, 「7세기중엽 고대일본 야마또국가안의 조선계통 문벌들」, 『력사과학론문집』 16, 과학백과사전종합출판사, 1991.

金在鵬, 「全義 周留城考證」, 『燕岐地區古蹟研究調查報告書-全義篇-』, 1981.

金在鵬, 「百濟 周留城研究」, 『백제 주류성의 연구현황과 과제』, 공주교육대학교 박물관·공주문화원, 1999.

金周成, 「義慈王代 政治勢力의 變動과 百濟滅亡」, 『百濟研究』 19, 忠南大學校 百濟研究所, 1988.

金周成, 『百濟泗沘時代 政治史研究』, 전남대학교 대학원 박사학위논문, 1990.

金周成, 「연기 불상군 명문을 통해 본 연기지방 백제유민의 동향」, 『백제 불교의 새로운 연구』, 한국고대학회, 2000.

김주성, 「百濟의 武王과 익산」, 『益山 雙陵과 百濟古墳의 諸問題』, 圓光大學校

馬韓百濟文化硏究所, 2000.

김주성, 「백제 사비시대의 익산」, 『韓國古代史硏究』 21, 韓國古代史學會, 2001.

김주성, 「백제부흥전쟁기의 사료상에 보이는 몇가지 의문점」, 『先史와 古代』 19, 韓國古代學會, 2003.

金鉉球, 「日唐關係의 成立과 羅日同盟」, 『金俊燁敎授華甲紀念中國學論叢』, 1983.

金鉉球, 「古代 韓(新羅)·日關係의 一考察－大化改新과 新羅·日本·唐 三國간의 協力體制 성립을 中心으로－」, 『大東文化硏究』 23, 成均館大學校 大東文化硏究所, 1988.

金鉉球, 「白村江싸움 전야의 동아시아정세」, 『師大論集』 21, 고려대학교 사범대학, 1997.

金鉉球, 「白村江싸움 직후 일본의 大陸關係의 재개－신라와의 관계를 중심으로－」, 『日本歷史硏究』 8, 日本歷史硏究會, 1998.

金鉉球, 「동아시아세계와 白村江 싸움」, 『日本學』 20, 東國大學校 日本學硏究所, 2001.

김현구, 「白江戰爭과 그 역사적 의의」, 『백제 부흥운동과 백강전쟁』, 공주대학교 백제문화연구소, 2003.

羅幸柱, 「古代 朝日關係에 있어서의 '質'의 意味－특히 '質'의 파견목적을 중심으로－」, 『建大史學』 8, 建國大學校 史學會, 1993.

盧道陽, 「百濟周留城考」, 『明知大論文集』 12, 1980.

盧重國, 「統一期 新羅의 百濟故地支配」, 『韓國古代史硏究』 1, 韓國古代史硏究會, 1988.

盧重國, 「百濟復興運動과 福信」, 『恩山別神祭 韓日學術大會 발표요지』, 은산별신제보존회, 1992.

盧重國, 「7世紀 百濟와 倭와의 關係」, 『國史館論叢』 52, 國史編纂委員會, 1994.

盧重國, 「『三國史記』의 百濟 地理關係 記事 檢討」, 『三國史記의 原典檢討』, 韓國精神文化硏究院, 1995.

盧重國, 「百濟 滅亡後 復興軍의 復興戰爭硏究」, 『歷史의 再照明』, 한림대학교 한림과학원, 1995.

盧重國, 「신라 통일기 九誓幢의 성립과 그 성격」, 『韓國史論』 41·42, 서울대학교 국사학과, 1999.

노중국, 「復興百濟國의 성립과 몰락」, 『백제 부흥운동의 재조명』, 공주대학교, 2002.

都守熙,「白·熊·泗沘·伎伐에 대하여」,『百濟研究』14, 忠南大學校 百濟研究
所, 1983.

馬 馳,『『舊唐書』「黑齒常之傳」의 補闕과 考辨」,『百濟의 中央과 地方』, 忠南
大學校 百濟研究所, 1997.

閔德植,「唐 柴將軍 精舍草堂碑에 대한 檢討」,『百濟文化』31, 公州大學校 百
濟文化研究所, 2002.

朴性興,「唐津 白村江과 洪州 周留城-百濟復興戰史의 歷史地理的 考察-」,
『백제 주류성의 연구현황과 과제』, 공주교육대학교 박물관·공주문화원,
1999.

朴淳發,「鷄足山城 國籍 ; 新羅인가 百濟인가-최근 고고학자료를 중심으로-」,
『대전·충청학 연구 어떻게 할 것인가?』, 1998, 대전·충청학 연구센터/
대덕구청.

朴淳發,「鷄足山城에 대한 新知見-발굴조사 결과를 통해 확인된 고고학자료
에 대한 검토-」,『대전문화』7, 大田廣域市史編纂委員會, 1998.

박윤선,「渡日 百濟遺民의 活動」,『淑明韓國史論』2, 淑明女子大學校 韓國史學
科, 1996.

朴漢濟,「七世紀 隋唐 兩朝의 韓半島進出經緯에 대한 一考」,『東洋史學研究』
43, 1993.

朴賢淑,「백제 泗沘時代의 지방통치체제연구」,『韓國史學報』, 고려사학회, 1996.

朴賢淑,「百濟 泗沘時代의 地方統治와 領域」,『百濟의 地方統治』, 학연문화사,
1998.

朴賢淑,「百濟 地方統治體制 研究」, 고려대학교 대학원 박사학위논문, 1996.

方香淑,「百濟故土에 대한 唐의 支配體制」,『李基白先生古稀紀念 韓國史學論
叢(上)』, 一潮閣, 1994.

拜根興,「新羅 文武王代의 對唐外交」,『新羅文化』16, 東國大學校 新羅文化研
究所, 1999.

卞麟錫,「7c 白江口戰의 序說的 考察-역사용어의 사용을 중심으로-」,『富山
史叢』1, 釜山産業大史學會, 1985.

卞麟錫,「七世紀 中葉 白江口戰의 研究史的 檢討」,『富山史叢』2, 釜山産業大
史學會, 1986.

卞麟錫,「七世紀 中葉 日本의 白江口戰 派兵의 性格에 관한 考察」,『人文論叢』
2, 아주대학교, 1991.

卞麟錫,「7世紀 中葉 白江口戰에 있어서의 日本의 敗因에 관한 考察」,『東方學志』75, 延世大學校 國學研究院, 1992.

卞麟錫,「7세기 중엽 白江口戰을 둘러싼 東아시아의 國際情勢」,『人文論叢』4, 아주대학교, 1993.

卞麟錫,「白江口戰爭을 통해 본 古代 韓日관계의 接點－白江·白江口의 역사지리적 고찰을 중심으로－」,『東洋學』24, 檀國大學校 東洋學研究所, 1994 ;『省谷論叢』25, 성곡학술문화재단, 1995.

卞麟錫,「七世紀 中葉 白江口戰에 참가한 日本軍의 성격에 대하여」,『國史館論叢』52, 國史編纂委員會, 1994.

山尾幸久,「7世紀 中葉의 동아시아」,『百濟研究』23, 忠南大學校 百濟研究所, 1992.

서정호,「백강의 위치에 대하여」,『력사과학』166, 과학백과사전출판사, 1998.

徐程錫,「百濟 5方城의 位置에 대한 試考」,『백제문화의 고고학적 연구』, 호서고고학회, 2000.

서정석,「부흥운동기 백제의 군사활동과 산성」,『백제 부흥운동의 재조명』, 공주대학교, 2002.

서정석,「백제 白江의 위치」,『白山學報』69, 白山學會, 2004.

成周鐸,「百濟末期 國境線에 대한 考察」,『百濟研究』21, 忠南大學校 百濟研究所, 1990.

成周鐸,「百濟僧道琛의 思想的 背景과 復興活動」,『恩山別神祭 韓日學術大會 발표요지』, 은산별신제보존회, 1992.

新川登龜男,「백강전쟁과 고대 동아시아」,『백제 부흥운동과 백강전쟁』, 공주대학교 백제문화연구소, 2003.

申瀅植,「三國統一前後의 對外關係」,『新羅文化』2, 東國大學校 新羅文化研究所.

沈正輔,「百濟復興軍의 主要據點에 關한 研究」,『百濟研究』14, 忠南大學校 百濟研究所, 1983.

沈正輔,「百濟 豆陵尹城에 대하여」,『大田開放大論文集』1, 1984.

沈正輔,「雨述城考」,『尹武炳博士 回甲紀念論叢』, 通川文化社, 1984.

沈正輔,「百濟復興軍의「熊津道」에 관한 연구」,『大田開放大論文集』3, 1985.

沈正輔,「百濟故地 帶方州考」,『百濟研究』18, 忠南大學校 百濟研究所, 1987.

沈正輔,「中國側史料를 통해 본 白江의 位置問題」,『震檀學報』66, 1988.

沈正輔, 「「白江」의 位置에 대히어」, 『韓國上古史學報』 2, 1989.

沈正輔, 「白江의 위치에 대하여」, 『百濟史의 理解』, 學研文化社, 1991.

沈正輔, 「한밭의 城郭」, 『大田의 城郭』, 大田直轄市, 1993.

沈正輔, 「백제의 부흥운동」, 『백제의 역사』, 충청남도·공주대학교 백제문화연구소, 1995.

沈正輔, 「대전지방의 백제부흥운동」, 『대전문화』 5, 大田廣域市史編纂委員會, 1996.

沈正輔, 「三國史記 文武王 答書에 나타나는 「熊津道」에 대하여」, 『黃山 李興鍾博士 華甲紀念 史學論叢』, 1997.

沈正輔, 「白江과 周留城」, 『乾芝山城』, 忠淸南道 舒川郡·(財)忠淸埋藏文化財研究院, 1998.

沈正輔, 「鷄足山城의 地政學的 位置와 그 性格」, 『대전·충청학 연구 어떻게 할 것인가?』, 1998, 대전·충청학 연구센터/대덕구청.

沈正輔, 「계족산성에 대한 고고학적인 조사의 문제점과 그 성격」, 『대전문화』 8, 大田廣域市史編纂委員會, 1999.

沈正輔, 「周留城考」, 『백제 주류성의 연구현황과 과제』, 공주교육대학교 박물관·공주문화원, 1999.

沈正輔, 「百濟 周留城考」, 『百濟文化』 28, 公州大學校 百濟文化研究所, 1999.

심정보, 「任存城과 百濟復興運動」, 『禮山 任存城』, 禮山郡·忠南發展研究院, 2000.

沈正輔, 「百濟復興運動과 任存城」, 『백제 부흥운동의 재조명』, 공주대학교, 2002.

심정보, 「白江에 대한 研究現況과 問題點」, 『백제 부흥운동과 백강전쟁』, 공주대학교 백제문화연구소, 2003.

梁起錫, 「三國時代 人質의 性格에 대하여」, 『史學志』 15, 檀國大學校 史學科, 1981.

梁起錫, 「百濟 歷史의 展開」, 『百濟의 彫刻과 美術』, 公州大學校 博物館·忠淸南道, 1992.

梁起錫, 「百濟 扶餘隆 墓誌銘에 대한 檢討」, 『國史館論叢』 62, 國史編纂委員會, 1995.

梁起錫, 「百濟 扶餘隆 墓誌銘의 '百濟 辰朝人'」, 『金顯吉教授定年紀念鄉土史學論叢』, 1997.

양종국, 「7세기 동아시아의 국제정세와 百濟 義慈王」, 『백제 부흥운동의 재조명』, 공주대학교, 2002.

양종국, 「7세기 중엽 義慈王의 정치와 동아시아 국제관계의 변화-義慈王에 대한 평가(1)-」, 『百濟文化』 31, 공주대학교 백제문화연구소, 2002.

양종국, 「義慈王과 百濟 멸망의 역사적 의미-義慈王에 대한 평가(2)-」, 『湖西史學』 36, 湖西史學會, 2003.

양종국, 「의자왕 후예들의 과거와 현재」, 『백제 의자왕에 대한 재조명』, 백제정책연구소 · 공주대학교 백제문화연구소, 2004.

양종국, 『백제 멸망의 진실』, 주류성, 2004.

延敏洙, 「改新政權의 성립과 동아시아 外交-乙巳의 정변에서 白村江전투까지-」, 『日本歷史研究』 6, 1997 ; 『고대한일관계사』, 혜안, 1998.

延敏洙, 「百濟의 對倭外交와 王族」, 『百濟研究』 27, 忠南大學校 百濟研究所, 1997.

鈴木靖民, 「7世紀 中葉 百濟의 政變과 東아시아」, 『百濟史의 比較研究』, 忠南大學校 百濟研究所, 1993.

俞元載, 「百濟 加林城 研究」, 『百濟論叢』 5, 百濟文化開發研究院, 1996.

유원재, 「百濟 黑齒氏의 黑齒에 대한 檢討」, 『百濟文化』 28, 公州大學校 百濟文化研究所, 1999.

유원재, 「백제부흥운동과 주류성」, 『백제 주류성의 연구현황과 과제』, 공주교육대학교 박물관 · 공주문화원, 1999.

李基白, 「三國時代의 社會構造와 身分制度」, 『韓國古代史論』, 一潮閣, 1995.

李道學, 「羅唐同盟의 性格과 蘇定方被殺說」, 『新羅文化』 2, 東國大學校 新羅文化研究所, 1985.

李道學, 「熊津都督府의 支配조직과 對日本政策」, 『白山學報』 34, 1987.

李道學, 「百濟 黑齒常之墓誌銘의 檢討」, 『우리문화』 8, 1991 ; 『鄕土文化』 6, 鄕土文化研究會, 1991.

李道學, 「唐橋 蘇定方 被殺說의 歷史的 意義」, 『金甲周教授回甲紀念史學論叢』, 1994.

李道學, 「『日本書紀』의 百濟義慈王代 政變記事의 檢討」, 『韓國古代社會의 地方支配-韓國古代史研究』 11, 韓國古代史研究會, 1997.

李道學, 「百濟復興運動의 시작과 끝, 任存城」, 『百濟文化』 28, 公州大學校 百濟文化研究所, 1999.

李道學, 「'百濟復興運動'에 관한 몇 가지 檢討」, 『東國史學』 38, 東國史學會,

2002.

李道學, 「百濟 祖國回復戰爭期의 몇 가지 爭點 檢討」, 『백제 부흥운동과 백강
　　전쟁』, 공주대학교 백제문화연구소, 2003.

李文基, 「百濟 黑齒常之 父子 墓誌銘의 檢討」, 『韓國學報』 64, 一志社, 1991.

李文基, 「泗沘時代 百濟의 軍事組織과 그 運用」, 『百濟研究』 28, 忠南大學校
　　百濟研究所, 1998.

李文基, 「百濟 遺民 難元慶 墓誌의 紹介」, 『慶北史學』 23, 慶北史學會, 2000.

李成市, 「軍事組織과 指揮体系」, 『百濟史上의 戰爭』, 忠南大學校 百濟研究所,
　　1998.

이재석, 「백제 부흥운동과 야마토 정권」, 『백제 부흥운동의 재조명』, 공주대학
　　교, 2002.

李鍾學, 「新羅 三國統一의 軍事的 考察」, 『軍史』 8, 國防部 戰史編纂委員會,
　　1984.

李鍾學, 「周留城·白江의 位置比定에 관하여 – 軍事史學的 研究方法에 의한 考
　　察」, 『軍史』 52, 國防部 軍史編纂研究所, 2004.

李昊榮, 「麗·濟連和說의 檢討」, 『慶熙史學』 9·10합집, 慶熙大學校 史學科,
　　1982.

李昊榮, 「百濟敗亡原因論」, 『慶熙史學』 15, 慶熙大學校 史學科, 1987.

李昊榮, 「삼국통일」, 『한국사』 9, 국사편찬위원회. 1998.

李弘植, 「百濟人名考」, 『韓國古代史의 研究』, 新丘文化社, 1971.

이희진, 「백제의 멸망과정에 나타난 군사상황의 재검토」, 『史學研究』 64, 韓國
　　史學會, 2001.

林炳泰, 「新羅의 三國統一」, 『한국사』 2, 국사편찬위원회, 1984.

張忠植, 「金泉 彌勒庵 柴將軍碑의 調査」, 『韓國古代史研究』 15, 韓國古代史學
　　會, 1999.

全榮來, 「三國統一戰爭과 百濟復興運動 – 周留城·白江의 軍事地理學的 考察 –」,
　　『軍史』 4, 國防部 戰史編纂委員會, 1982.

全榮來, 「百濟南方境域의 變遷」, 『千寬宇先生還曆紀念韓國史學論叢』, 정음문화
　　사, 1986.

全榮來, 「周留城·白江과 扶安地方」, 『백제 주류성의 연구현황과 과제』, 공주
　　교육대학교 박물관·공주문화원, 1999.

田中俊明, 「王都로서의 泗沘城에 대한 豫備的 考察」, 『百濟研究』 21, 忠南大學

校 百濟研究所, 1990.

田中俊明, 「百濟後期 王都泗沘의 防禦體系」, 『사비도성과 백제의 성곽』, 국립
　　부여문화재연구소, 2000.

井上秀雄, 「百濟와 日本－百濟王朝 百濟復興軍과 大和王朝－」, 『恩山別神祭
　　韓日學術大會 발표요지』, 은산별신제보존회, 1992.

鄭永鎬, 「金庾信의 百濟攻擊路研究」, 『史學志』 6, 檀國大學校 史學科, 1972.

鄭永鎬, 「新羅南川停址의 研究」, 『邊太燮博士回甲紀念史學論叢』, 三英社, 1985.

鄭載潤, 「新羅의 百濟故地 점령 정책－完山州 설치 배경을 중심으로－」, 『國史
　　館論叢』 98, 國史編纂委員會, 2002.

鄭早苗, 「鬼室集斯에 대하여」, 『恩山別神祭 韓日學術大會 발표요지』, 은산별신
　　제보존회, 1992.

鄭孝雲, 「7世紀代 韓日關係의 研究(上)－白江口戰에의 倭軍派遣動機를 中心으
　　로－」, 『考古歷史學誌』 5·6합집, 東亞大學校 博物館, 1990.

鄭孝雲, 「7世紀代 韓日關係의 研究(下)－白江口戰에의 倭軍派遣動機를 中心으
　　로－」, 『考古歷史學誌』 7, 東亞大學校 博物館, 1991.

鄭孝雲, 「天智朝의 對外政策에 대한 一考察－白江口戰後의 對外關係를 中心으
　　로－」, 『韓國上古史學報』 14, 1993.

鄭孝雲, 「'白江戰鬪'와 新羅의 韓半島 三國統一」, 『古代韓日政治交涉史研究』,
　　學研文化社, 1995.

鄭孝雲, 「7世紀 中葉의 百濟와 倭」, 『百濟研究』 27, 忠南大學校 百濟研究所,
　　1997.

佐藤信, 「백강전쟁과 왜」, 『백제 부흥운동과 백강전쟁』, 공주대학교 백제문화
　　연구소, 2003.

池憲英, 「豆良尹城에 대하여」, 『百濟研究』 3, 忠南大學校 百濟研究所, 1972.

池憲英, 「産長山下 地名考(上)－豆良尹城에 對하여(續)－」, 『百濟研究』 4, 忠南
　　大學校 百濟研究所, 1973.

千寬宇, 「馬韓諸國의 位置試論」, 『東洋學』 9, 檀國大學校 東洋學研究所, 1979 ;
　　『古朝鮮史·三韓史研究』, 一潮閣, 1989.

崔根泳, 「地方勢力形成의 諸要因」, 『統一新羅時代의 地方勢力研究』, 신서원,
　　1990.

崔在錫, 「663년 白江口전쟁에 참전한 倭軍의 性格과 新羅와 唐의 戰後對外政
　　策」, 『韓國學報』 90, 1998.

崔在錫,「鈴木英夫의 古代 韓日關係史 연구비판」,『百濟研究』29, 忠南大學校 百濟研究所, 1999.

崔在錫,「『日本書紀』에 나타난 백제왕 豊에 관한 기사에 대하여」,『百濟研究』 30, 忠南大學校 百濟研究所, 2000.

崔孝軾,「百濟의 滅亡과 復興運動」,『統一期의 新羅社會研究』, 東國大學校 新羅文化研究所, 1987.

韓　昇,「당과 백제의 전쟁 : 배경과 성격」,『백제 부흥운동과 백강전쟁』, 공주대학교 백제문화연구소, 2003.

胡　戟,「中國水軍与白江口之戰」,『百濟史上의 戰爭』, 忠南大學校 百濟研究所, 1998 ;「中國 水軍과 白江口 戰鬪」,『百濟史上의 戰爭』, 書景文化社, 2000 再收錄.

洪州鄕土文化研究會 編,「홍주 주류성고」,『洪州의 故地名研究』, 洪城文化院, 1989.

黃壽永,「忠南燕岐石像調査-百濟遺民에 의한 造像活動-」,『韓國佛像의 研究』, 三和出版社, 1973.

黃淸連(金善昱 譯),「「扶餘隆墓誌」에서 본 唐代 韓中關係」,『百濟史의 比較研究』, 忠南大學校 百濟研究所, 1993.

(2) 外國文

輕部慈恩,「百濟都城及び百濟末期의戰跡に關する歷史地理的檢討」,『百濟遺跡の研究』, 吉川弘文館, 1971.

高寬敏,「百濟王子豊璋と倭國」,『古代朝鮮諸國と倭國』, 雄山閣出版, 1997.

光岡雅彦,「白村江はどこか」,『支石墓の謎』, 學生社, 1979.

鬼頭淸明,「7世紀後半의國際政治史試論」,『朝鮮史研究會論文集』 7, 1970 ;『古代の日本と朝鮮』, 1974.

鬼頭淸明,「白村江の戰いと律令制の成立」,『日本古代國家の形成と東アジア』, 校倉書房, 1976.

鬼頭淸明,「白村江の戰いと山陽道」,『大和朝廷と東アジア』, 吉川弘文館, 1994.

今西龍,「百濟略史」,『百濟史研究』, 近澤書店, 1934.

今西龍,「周留城考」,『百濟史研究』, 近澤書店, 1934.

今西龍,「白江考」,『百濟史研究』, 近澤書店, 1934.

大原利武,「朝鮮歷史地理」,『朝鮮一般史』, 朝鮮總督府, 1924.

大原利武,「百濟故地における唐の州縣考」,『朝鮮』159, 朝鮮總督府, 1928.

渡邊康一,「百濟王子豊璋の來朝目的」,『國史學研究』19, 1993.

末松保和,「百濟の故地に置かれた唐の州縣について」,『靑丘學叢』 19, 1935 ; 『靑丘史草』, 笠井出版印刷社, 1966.

武田幸男,「六世紀における朝鮮三國の國家体制」,『東アジアにおける日本古代 史講座－朝鮮三國と倭國－』4, 學生社, 1980.

山口照吉,「百濟の白江と白江口(白村江)について」,『歷史と地理』23－6, 1929.

山尾幸久,「朝鮮三國の軍區組織」,『古代朝鮮と日本』, 龍鷄書舍, 1974.

山尾幸久,「百濟復興戰朝の日朝關係」,『古代の日朝關係』, 塙書房, 1989.

山尾幸久,「六四〇年代の東アジアとヤマト國家」,『靑丘學術論集』 2, 韓國文化 研究振興院, 1992.

森公章,「朝鮮半島をめぐる唐と倭－白村江會戰前夜－」,『古代を考える 唐と日 本』, 1992 ;『古代日本の對外認識と通交』, 吉川弘文館, 1998.

西本昌弘, 「豊璋と翹岐－大化改新前後の倭國と百濟－」, 『ヒストリア』 107, 1985.

石曉軍,「唐日白江之戰的兵力及幾個地名考」,『狹西師大學報』1983－3.

小田省吾,「朝鮮上世史」,『朝鮮一般史』, 朝鮮總督府, 1924.

新藏正道,「「白村江の戰」後の天智朝外交」,『史泉』71, 1990.

嚴佐之,「唐代中日白江之戰及其對兩國關係的影響」,『華東師範大學學報』1986－1.

余又蓀,「白江口之戰」,『大陸雜誌』十五卷 十期, 1957 ;『隋唐五代中日關係史』, 臺灣 商務印書館, 1963.

鈴木祥造,「齊明・天智朝の朝鮮問題－百濟救援戰爭の歷史的 意義」,『大阪學藝 大學紀要』1, 1952.

鈴木英夫,「百濟救援の役について」,『林陸郎先生還曆紀念 日本古代の政治と制 度』, 續群書類完成會, 1985.

鈴木英夫,「大化改新 直前の倭國と百濟」,『古代の倭國と朝鮮諸國』, 靑木書店, 1996.

鈴木英夫, 「百濟復興運動と倭王權－鬼室福信斬首の背景－」, 『朝鮮社會の史的 展開と東アジア』, 山川出版社, 1996.

鈴木靖民,「百濟救援の役後の百濟および高句麗の使について」,『日本歷史』241, 1968.

鈴木靖民,「百濟救援の役後の日唐交涉－天智紀唐關係記事の檢討－」,『續日本古

代史論集』上, 1972.

鈴木靖民, 「對新羅關係と遣唐使」, 『古代對外關係史の研究』, 吉川弘文館, 1985.

鈴木靖民, 「7世紀東アジアの爭亂と變革」, 『東アジアからみた古代の日本』, 角川書店, 1992.

栗原益男, 「七・八世紀の東アジア世界」, 『隋唐帝國ど東アジア世界』, 汲古書店, 1979.

利光三津夫, 「百濟亡命政權考」, 『法學硏究』 35－12, 慶應義塾大學 法學硏究會, 1962 ; 『律令制とその周邊』, 1967.

林宗相, 「7世紀 中葉における百濟・倭國關係」, 『古代日本と朝鮮の基本問題』, 學生社, 1975.

笠井倭人, 「白村江の戰と水軍の編成」, 『古代の日朝關係と日本書紀』, 吉川弘文館, 2000.

長瀨一平, 「白村江敗戰後における「百濟王權」について」, 『千葉史學』 6, 千葉歷史學會, 1985.

田村圓澄, 「百濟救援の歷史的意義」, 『日本佛教史』 4, 1983.

田村圓澄, 「百濟救援考」, 『文學部論集』 5, 熊本大學文學會, 1981.

井上秀雄, 「百濟の滅亡と白村江の戰い」, 『變動期の東アジアと日本－遣隋使から日本國の成立－』, 日本書籍, 1983.

池内宏, 「百濟滅亡後の動亂及び唐・羅・日三國の關係」, 『滿鮮地理歷史硏究報告』 제14책, 1933 ; 『滿鮮鮮史硏究』 上世第二冊, 吉川弘文館, 1960.

直木孝次郎, 「近江朝末年における日唐關係－唐使・郭務悰の渡來を中心に」, 『古代日本と朝鮮・中國』, 講談社, 1988.

直木孝次郎, 「百濟滅亡後の國際關係－とくに郭務悰の來日をめぐって」, 『朝鮮學報』 147, 1993.

津田左右吉, 「百濟戰役地理考」, 『朝鮮歷史地理』 上, 南滿洲鐵道株式會社, 1913.

村尾次郎, 「白村江の戰」, 『軍事史學』 7－1, 1971.

坂元義種, 「白村江の戰い－百濟の滅亡を中心に－」, 『歷史讀本』 28－19, 1983.

八木充, 「百濟の役と民衆」, 『小葉田淳退官紀念國史論集』, 1970.

韓 昇, 「唐平百濟前後東亞國際形勢」, 『唐研究』 1, 北京大學, 1995.

胡口靖夫, 「百濟豊璋王について」, 『國學院雜誌』 80－4, 1979.

A study on the Restoration Movement of Baekje Dynasty

Kim, Young-kwan

This study is designed to examine the whole aspects of the Restoration Movement of Baekje dynasty(百濟) from its start and development to the end at the viewpoint of Baekje history.

The summary of the study is as the followings:

The drifting people right after the collapse of Baekje dynasty were categorized into three groups. The first group was those who were prisoners of war captured by the La-Tang combined forces(羅唐聯合軍). They were forced to leave Baekje and taken to Tang(唐) and Silla(新羅) and some of them was used as a task force to get rid of the Movement. The second one was those who took refuge in Japan(倭)and Goguryo(高句麗). They asked for political asylum and informed the collapse of nation. At the same time they asked salvation army and continued to make diplomatic efforts for the restoration of their nation. The third one was those who remained in their territory. They were nobles in the government, heads of local military forces, soldiers fled from the battle, and drifting people, who took part in the Movement. At the first stage, they confronted La-Tang forces irregularly and deployed the Movement. But gradually they grew into a big force relying on two leaders, Boksin and Dochim.

The Restoration Movement was the armed struggle by the drifting people of Baekje who participated in voluntarily in order to remove the La-Tang forces and reconstruct Baekje.

The period of the Movement was from July of 660 to March of 664. The causes of the Movement lied in the three factors. The first was repulsion of ruthless massacre and looting by the La-Tang forces. The second was rage at the misery of king Euija(義慈王) when he was captured, and the news that Baekje would be taken over by Silla which had a grudge and a revenge against Baekje. The third was the fact that the heads of local military forces, who did not have direct damage from the war, gave rise to the Movement to secure their vested rights.

There was no precise records about the uprising time of the Movement. However, it could be said that the Movement started right after the collapse of Baekje judging from the record that there was a military conflict between the Restoration Movement forces and La-Tang combined forces in the second of August, 660.

The major leaders of the first stage of the Movement were Boksin and Dochim followed by Yeojajin(餘自進), Heukchisangji(黑齒常之), Satasangyeo(沙吒相如), and Jungmoo(正武). They gave rise to the Movement based on their home town and refuges and in case of the heads of local military forces, they started it in the castles and forts which they were assigned in.

As for Boksin(福信), as an actual leader of the Movement, he led it in the Imjon Castle(任存城). As for Dochim(道琛), he was a buddhist monk based on the temples. The records of Tang and Silla regarding both of them shows a big difference, which means that the attitudes of both countries made a difference according to the degree of intimacy of them when each country described them. As for Heukchisangji, it was verified that he had surrendered to Tang right after the collapse of Baekje and later joined the Movement under Boksin's troops.

Boksin brought Pung(豊) from Japan and made him a king in order to keep the succession of kingship and to elect him as a symbolic center of the Movement to gather the scattered people. As the first heir to the throne, Pung was a prince of King Moo(武王) and a brother of King Euija. Moreover, he had a capability to draw a military support from Japan based on the diplomatic experiences during his stay in Japan.

At the beginning of the Movement, the Restoration Movement forces took an initiative in attacking the Tang forces. Instead, the Tang forces remained in the castles and forts and tried to depend themselves.

The activity areas of the Movement covered northwest regions and near the Sabi Castle(泗沘城) in the beginning. Later, it reached to the east side of Woongjin(熊津), the east regions of Baekje in the year of 661. After March of 661, it included the southern regions of Baekje.

The success of the Movement was drawn from the three facts. Firstly, the Baekje's military forces were not completely destroyed when it was fallen. Secondly, the heads of local military forces were not disarmed and kept their power over the regions. Thirdly, there were leaders who gathered the powers of wandering people. The Tang forces under the Woongjin Command(熊津都督府) were surrounded and were continually attacked by the Movement forces. Especially, when the Woongjin route(熊津道), the main supply route from Silla was blocked by the Movement forces, Tang forces were in lack of food and war materials. In February of 662, they fell into a powerless situation and took a consideration of withdrawal. Tang had no great interest in the Tang forces of the forts. Tang had not enough power and no will to rule over the Baekje territory. They only concerned about invasion of Goguryo. Moreover, it was more important to prepare the counterplans against the military threat of Arabic and northern nations than to send reinforcements to Tang forces in the forts of Baekje.

It was in July of 662 that La-Tang combined forces started to counterattack the Movement forces. At that time, there was a conflict between leader groups of the Movement. Tang's military expedition temporarily stopped and they diverted their attention to subduing the Movement.

In July of 662, La-Tang forces defeated the Movement forces

and seized the strategic points of the east side in succession. In February of 663, those of the southern regions were also fallen into the hand of La-Tang forces including the Dukan Castle(德安城), the eastern fortifications. As a result, the Movement was to be weakened according to the success of La-Tang forces.

Both countries made their efforts to subdue the Movement in such a way that Tang's reinforcements lead by General Son,InSa(孫仁師) arrived in May of 663 and King Munmoo(文武王) of Silla participated in the battle in person. After victory at the battle of Baekganggu(白江口), in September of 663, La-Tang combined forces took the Juryu Castle(周留城), the key strategic point of the Movement. After that, they attacked and seized the Imjon Castle, the northern strategic point. In March of 664, with suppressing the forces of the Sabi Castle(泗沘山城), the Movement was completely terminated. The reasons of failure in the Movement were as the followings : intraparty conflict ; failure of Goguryo and Japan in supporting ; and loss of economic basis.

The Movement was the first restoration movement of its sovereignty in the Korean history and an armed struggle to reconstruct the collapsed nation. As an international warfare, it became a turning point to form a new international order in the East Asian world.

In the period of the Movement, the Baekje territory was not ruled by Tang and Silla but by the drifting people of Baekje. The Movement failed Tang in taking over the whole Korean peninsula. The will of Movement to reconstruct Baekje became one of elements to awake the potential local power in the end of Unified Silla dynasty(統一新羅). Furthermore, it provided an ideological base to establish the Hubaekje(後百濟).

However, the failure of the 4 year long Movement left most lands devastated and the number of farming lands and houses was sharply dropped. The conflict between Tang and Silla in the course of subduing the Movement provided a indirect cause of La-Tang war(羅唐戰爭). The failure of the Movement also made them invade and conquer Goguryo easily.

The collapse of Baekje and failure of the Movement drived the wandering people to Tang and Japan. Especially the drifting people who moved to Japan played a great role in construction of ancient Japanese nation ruled by laws and in development of ancient culture. Some of those who moved to Tang had fame as military heads.

찾아보기

지은이

● 金 榮 官

忠北 淸原 出生
忠北大學校 史學科 卒業
檀國大學校 大學院 史學科 文學碩士
檀國大學校 大學院 史學科 文學博士
仁川市立博物館 學藝硏究士
서울市立大學校 博物館 學藝硏究士
서울歷史博物館 學藝硏究官
서울歷史博物館 遺物管理課長, 展示運營課長
漢城百濟博物館 建立推進班長 歷任

주요 논문
「三國爭覇期 阿旦城의 位置와 영유권」
「羅唐聯合軍의 百濟侵攻戰略과 百濟의 防禦戰略」
「百濟의 熊津遷都 背景과 漢城 經營」
「滅亡 直後 百濟遺民의 動向」 등

百濟復興運動硏究

초판인쇄일 : 2005년 3월 25일
초판발행일 : 2005년 3월 30일

저　　자 : 김영관
발 행 인 : 김선경
발 행 처 : 도서출판 서경문화사
편　　집 : 김현미·조시내
표　　지 : 김윤희
필　　름 : 프린텍
인　　쇄 : 한성인쇄
제　　책 : 반도제책사
등록번호 : 1-1664호
주　　소 : 서울시 종로구 동숭동 199-15 105호
전　　화 : 02-743-8203, 8205
팩　　스 : 02-743-8210
메　　일 : sk8203@chollian.net

ISBN 89-86931-86-9　　93900
* 파본은 본사나 구입처에서 교환하여 드립니다.

정가　15,000원